Die Notgeschäftsführung im Personengesellschaftsrecht

Zivilrechtliche Schriften
Beiträge zum Wirtschafts-, Bank- und Arbeitsrecht

Herausgegeben von Arnd Arnold, Timo Fest,
Jan Lieder und Hartmut Oetker

Begründet von Peter Kreutz und Dieter Reuter

Band 90

Diego Villegas Millar

Die Notgeschäftsführung im Personengesellschaftsrecht

Eine Untersuchung der Notgeschäftsführungsrechte im Wandel durch das MoPeG

PETER LANG

Berlin - Bruxelles - Chennai - Lausanne - New York - Oxford

Bibliografische Information der Deutschen Nationalbibliothek
Die Deutsche Nationalbibliothek verzeichnet diese Publikation in der Deutschen Nationalbibliografie; detaillierte bibliografische Daten sind im Internet über http://dnb.d-nb.de abrufbar.

Zugl.: Freiburg (Breisgau), Univ., Diss., 2024

D 25
ISSN 0941-147X
ISBN 978-3-631-92926-1 (Print)
E-ISB 978-3-631-92959-9 (E-PDF)
E-ISBN 978-3-631-92960-5 (E-PUB)
DOI 10.3726/b22519

Verlegt durch Peter Lang GmbH, Berlin, Deutschland

info@peterlang.com – www.peterlang.com

Die vorliegende Arbeit ist meiner Familie und den Personen gewidmet, die mich nicht nur während dieser Arbeit unterstützt haben, sondern auch darüber hinaus stets für mich da waren und sich einen besonderen Platz in meinem Herzen verdient haben.

Vorwort und Danksagungen

Die vorliegende Arbeit wurde von der Rechtswissenschaftlichen Fakultät der Albert-Ludwigs-Universität Freiburg im Breisgau als Dissertation angenommen. Die mündliche Prüfung fand am 08. März 2024 statt.

Mein ganz besonderer Dank gilt meinem Doktorvater Prof. Dr. Jan Lieder, LL.M. (Harvard), der mich bei der Themenfindung unterstützt und bereits während meiner Tätigkeit an seinem Lehrstuhl als Wissenschaftlicher Mitarbeiter gefördert und motiviert hat. Seine engagierte Betreuung und Förderbereitschaft waren von großem Wert für mich. Sein offenes Ohr und seine Fähigkeit, auf die jeweiligen Bedürfnisse seiner Mitarbeiter einzugehen, möchte ich besonders hervorheben.

Mein weiterer Dank gilt Prof. Dr. Hanno Merkt, LL.M. (Univ. of Chicago), dessen Vorlesungen mich bereits seit meinem ersten Semester an der Albert-Ludwigs-Universität Freiburg im Breisgau begleitet haben und der damit früh, großen Einfluss auf mein Verständnis für juristische Zusammenhänge genommen hat. Dank seiner Tätigkeit als Zweitgutachter dieser Arbeit hat sich der Kreis meiner juristischen Ausbildung geschlossen.

Zudem möchte ich mich bei allen Mitarbeiterinnen und Mitarbeitern der Universität bedanken, die im Hintergrund mit meinem Dissertationsprojekt befasst waren und bei Prof. Dr. Sebastian Krebber für die Übernahme meiner mündlichen Prüfung.

Nachdem ich meine wissenschaftliche Tätigkeit vorerst abgeschlossen hatte, bedanke ich mich bei meinen derzeitigen Kollegen, die mich nach meinem Berufseinstieg doch noch zur Promotion motivieren konnten.

Weiter bedanken möchte ich mich bei meinen ehemaligen Kollegen am Lehrstuhl, meinen Lerngruppen und Studienfreunden. Auch wenn wir inzwischen weit verstreut sind und ich Freiburg hinter mir gelassen habe, werde ich dank ihnen immer mit einem lachenden Auge auf die intensive Studienzeit und Referendarausbildung zurückblicken.

Schließlich bedanke ich mich bei meinen langjährigen Freunden. Sie begleiten mich seit Schulzeiten und auch wenn sie nur wenig Einblicke in die juristische Ausbildung und diese Arbeit gehabt haben, sind sie ein konstanter und unschätzbar wichtiger Teil meines Lebens. Die Erfahrungen und Momente, die wir geteilt haben und noch teilen werden, werde ich stets in meinem Herzen tragen. Meine Freundschaften mit diesen Personen sind eines der großen Wunder in meinem Leben.

Auch wenn wir nur einen Abschnitt unseres Lebens gemeinsam verbracht haben, möchte ich mich auch bei meiner langjährigen Partnerin bedanken, die mich in den schweren Zeiten der juristischen Ausbildung und auch bei diesem Projekt unterstützt hat.

Zuletzt gebührt mein Dank meiner Familie. Von klein auf hat sie mich gefördert, unterstützt und war immer für mich da. Sie hat es mir in jeder Hinsicht ermöglicht, meinen eigenen Weg gehen und meine Träume verwirklichen zu können. Ihre Liebe und Fürsorge haben mich stets begleitet. Sie ist mein sicherer Hafen, in den ich immer zurückkehren kann und von wo aus ich Kraft, Zuversicht und Inspiration tanken kann. Dank ihnen konnte ich unbeschwert aufwachsen und frei von Sorgen eigene Entscheidungen treffen. Dieses Glück ist nur schwer in Wort zu fassen, aber ich bin voller Dankbarkeit und Demut, wenn ich mir vor Augen führe, welch ein Privileg es ist, die Möglichkeit zu haben, ein Leben voller bedingungsloser Liebe, selbstbestimmt und frei von Vorhalten und Verurteilung führen zu können. Meiner Großmutter habe ich es zu verdanken, dass ich mich voll und ganz auf mein Studium fokussieren konnte. Meine Tante Brigitte überschüttet mich und meine Schwester mit Hilfsbereitschaft, Güte und Großzügigkeit. Und auch wenn ich Teile meiner Familie nur selten sehe, weiß ich, dass ich immer einen Platz in deren Herzen hatte und habe. Meine kleine Schwester Carolina, die als promovierte Medizinerin mit gutem Beispiel vorangegangen ist, begeistert mich mit ihrer Fähigkeit und ihrem Mut, sich immer wieder neu zu erfinden. Auch wenn ich nicht immer für sie da war, wird mich nie etwas von ihr trennen können. Und schließlich sind da meine Eltern, Gerardo und Petra: Mein Vater Gerardo, dessen Sicht auf die Welt eine Inspiration und Wegweiser ist und meine Mutter Petra, die mit Hingabe und Aufopferungsbereitschaft der Rückhalt dieser Familie ist. Ihnen allen gebührt meine herzlichste Dankbarkeit. Diese Arbeit ist das Resultat ihres Rückhalts und ihrer Liebe.

Stuttgart, im November 2024 *Diego Villegas*

Inhaltsübersicht

Inhaltsverzeichnis

Abkürzungsverzeichnis

a. A.	andere Ansicht
AcP	Archiv für die civilistische Praxis
BadLR	Badisches Landrecht
BayObLG	Bayerisches Oberstes Landesgericht
BB	Betriebs-Berater
BeckOGK	Beck-online-Großkommentar
BeckOK	Beck-online-Kommentar
BeckRS	Beck-Rechtsprechung
BFH	Bundesfinanzhof
BGB	Bürgerliches Gesetzbuch
BGB a. F.	Bürgerliches Gesetzbuch in der bis zum 31.12.2023 geltenden Fassung
BGB-E	BGB-Entwurf
BGH	Bundesgerichtshof
BGHZ	Entscheidungen des Bundesgerichtshofes in Zivilsachen
BMJV	Bundesministerium der Justiz und für Verbraucherschutz
BR-Drs.	Bundesrat-Drucksache
bspw.	beispielsweise
BT-Drs.	Bundestag-Drucksache
DB	Der Betrieb
ders.	derselbe
dies.	dieselbe
DNotZ	Deutsche Notar-Zeitschrift
DStR	Deutsches Steuerrecht
ErbR	Erbrecht
FD-MietR	Fachdienst Miet- und Wohnungseigentumsrecht
ff.	fortfolgende
Fn.	Fußnote
GbR	Gesellschaft bürgerlichen Rechts

GBO a. F.	Grundbuchordnung in der bis zum 31.12.2023 geltenden Fassung
GesR	Gesellschaftsrecht
GStB	Gestaltende Steuerberatung
GWR	Gesellschafts- und Wirtschaftsrecht
Halbs.	Halbsatz
HdB	Handbuch
HGB	Handelsgesetzbuch
HGB a. F.	Handelsgesetzbuch in der bis zum 31.12.2023 geltenden Fassung
HGB-E	HGB-Entwurf
i. V. m.	in Verbindung mit
JA	Juristische Arbeitsblätter
JW	Juristische Woche
JZ	Juristenzeitung
KG	Kommanditgesellschaft
LMK	Kommentierte BGH-Rechtsprechung Lindenmaier-Möhring
Ls.	Leitsatz
MAH	Münchener Anwaltshandbuch
MDR	Monatsschrift für Deutsches Recht
m. E.	meines Erachtens
MittBayNot	Mitteilungen des Bayerischen Notarvereins
MoPeG	Gesetz zur Modernisierung des Personengesellschaftsrechts
m. w. N.	mit weiteren Nachweisen
NJW	Neue Juristische Wochenschrift
NJW-RR	Neue Juristische Wochenschrift Rechtsprechungs-Report
NZG	Neue Zeitschrift für Gesellschaftsrecht
NZM	Neue Zeitschrift für Miet- und Wohnungsrecht
OHG	Offene Handelsgesellschaft
OLG	Oberlandesgericht
PartGG	Partnerschaftsgesellschaftsgesetz

PersGesR	Personengesellschaftsrecht
RG	Reichsgericht
RGRK	Reichsgerichtsrätekommentar
RGZ	Entscheidungen des Reichgerichts in Zivilsachen
Rn.	Randnummer
ROHGE	Entscheidungen des Reichs-Oberhandelsgerichts
u. U.	unter Umständen
vgl.	vergleiche
VIZ	Zeitschrift für Vermögens- und Immobilienrecht
Vorbem.	Vorbemerkungen
WEG	Wohnungseigentumsgesetz
WM	Zeitschrift für Wirtschafts- und Bankrecht
z. B.	zum Beispiel
ZEV	Zeitschrift für Erbrecht und Vermögensnachfolge
ZGR	Zeitschrift für Unternehmens- und Gesellschaftsrecht
ZHR	Zeitschrift für das gesamte Handels- und Wirtschaftsrecht
ZIP	Zeitschrift für Wirtschaftsrecht
zit.	zitiert
ZJS	Zeitschrift für das Juristische Studium
ZPO	Zivilprozessordnung
ZRP	Zeitschrift für Rechtspolitik
ZWE	Zeitschrift für Wohnungseigentumsrecht

§ 1 Einleitung

A. Gegenstand und Ziele der Arbeit

Der „Mauracher Entwurf“[1] zur Modernisierung des Personengesellschaftsrechts aus dem April 2020 läutete eine vom Schrifttum lang geforderte Reform[2] des Personengesellschaftsrechts ein.[3] Die nachfolgenden Konkretisierungen des Entwurfs erfüllten nicht alle Erwartungen,[4] die Änderungen sind jedoch größtenteils zu befürworten.[5] Am 17.08.2021 wurde das fertige MoPeG (Gesetz zur Modernisierung des Personengesellschaftsrechts) schließlich im Bundesgesetzblatt veröffentlicht.[6] Es trat am 01.01.2024 mit dem Ziel in Kraft, das Personengesellschaftsrecht zu verändern. Insbesondere das geschriebene Recht der GbR wurde grunderneuert.[7] Während die Neuerungen teilweise weitreichende Veränderungen mit sich brin-

---

1 Der Gesetzentwurf der Expertenkommission zur Modernisierung des Personengesellschaftsrecht vom 20.04.2020 ist abrufbar auf der Seite des BMJV.

2 Als Grundlage dienen der Reform die Erörterungen des 71. Deutschen Juristentages in Essen. Gutachterlich aufgearbeitet wurde der Reformbedarf durch *Carsten Schäfer*, „Empfiehlt sich eine grundlegende Reform des Personengesellschaftsrechts?“, vgl. *Schäfer*, NJW-Beilage 2016, 45.

3 So konstatiert *Heckschen*: „*Wissenschaft, Politik und die Praxis sind sich einig, dass das Personengesellschaftsrecht dringend reformiert werden muss.*“, *Heckschen*, NZG 2020, 761; zuvor *Karsten Schmidt*, ZHR 177 (2013), 712, 713: „*Sollten wir nicht endlich dafür sorgen, dass unsere Gesetze das Recht der Personengesellschaften wieder richtig abbilden und auch für die künftige Rechtsfortbildung anschlussfähig ordnen?*“.

4 Gefordert wird weiterhin die Abschaffung des Prinzips der Selbstorganschaft, vgl. *Lieder*, ZRP 2021, 34, 36 oder fehlende Regelungen zu Stimmrechtsverboten, vgl. *Heckschen*, GWR 2021, 1, 3; kritisiert wird ferner das Festhalten an der Gesamtgeschäftsfuhrung und -vertretungsbefugnis, vgl. *Wertenbruch*, NZG 2019, 407, 408. Zur Selbstorganschaft bzw. zur Öffnung der Fremdorganschaft siehe *Schöne*, in: BeckOK, BGB 2024, § 715 Rn. 8 ff.

5 Vgl. nur *Bachmann*, NZG 2020, 612, 619, der von einem „großen Wurf“ spricht; ebenso *Lieder*, ZRP 2021, 34, 37; *Habersack*, ZGR 2020, 539, 568; *Schulteis*, GWR 2021, 112, 119; in diesem Sinne auch *Noack*, NZG 2020, 581, 585.

6 Bundesgesetzblatt Jahrgang 2021, Teil I Nr. 53, S. 3436.

7 Der Regierungsentwurf vom 20.01.2021 umfasst 356 Seiten und bringt 134 Änderungen in Gesetzen und Verordnungen mit sich. Die §§ 705 ff. BGB werden umfassend neugestaltet und in drei Untertitel aufgeteilt. Einen Überblick über die Änderungen gibt z. B. *Schulteis*, GWR 2021, 112 ff.

gen sollen,[8] verfolgten andere Änderungen lediglich das Ziel, das Recht der GbR an die faktischen Gegebenheiten anzunähern und das bisherige Regelungskonzept auf das von Rechtsprechung und Praxis fortentwickelte Niveau anzuheben.[9] Im Zuge dessen wurde auch das Institut der Notgeschäftsführungsbefugnis im Rahmen des § 715a BGB erstmals für die GbR kodifiziert.[10]

I. Gegenstand der Arbeit und Forschungslücke

Die Neukodifikation der Notgeschäftsführungsrechte ist Gegenstand der vorliegenden Arbeit. Seit den Zeiten des Reichsgerichts[11] für die GbR weitgehend anerkannt, ist das Institut der Notgeschäftsführungsbefugnis in seiner Herleitung strittig und in seiner Anwendung nicht frei von Widersprüchen geblieben. Rechtsprechung und Literatur beschränken sich vielfach auf die pauschale Wiedergabe veralteter Reichsgerichtsrechtsprechung. Aufgrund der bislang untergeordneten Bedeutung der Notgeschäftsführung war eine vertiefte Auseinandersetzung mit den herrschenden Leitlinien nicht erforderlich.[12] Infolgedessen ist die Aussagekraft der bisherigen Erkenntnisse gering und zu hinterfragen. An der Schnittstelle zum Prozessrecht, namentlich der Gesellschafterklage, haben sich hingegen zahlreiche Meinungen herausgebildet, welche die Rechtsfortbildung vorantreiben.[13] Die Grenzen zur Notgeschäftsführung wurden dadurch jedoch weiter verwischt. Das Institut krankt daher an der dominanten Präsenz der Gesellschafterklage und der Übertragung der dort geltenden Grundsätze. An einer losgelösten und unbefangenen Würdigung fehlt es indes. Erschwerend kommt hinzu, dass das Recht der GbR seit den frühen reichsgerichtlichen Entscheidungen selbst zahlreichen

---

8 Man denke nur an die Einführung des Gesellschaftsregisters für die rechtsfähige GbR.

9 *„Der Entwurf setzt sich zum Ziel, die vom Bundesgerichtshof anerkannte Rechtsfähigkeit der Gesellschaft bürgerlichen Rechts im Gesetz kohärent nachzuvollziehen und die Diskrepanzen zum geschriebenen Recht im Interesse der Rechtssicherheit zu beseitigen. Auf diese Weise soll der als gesichert anzusehende Erkenntnisstand um die Rechtsnatur der Gesellschaft bürgerlichen Rechts im Gesetz abgebildet und das geltende Recht innerhalb des bestehenden Systems […] konsolidiert werden“* – BT-Drs. 19/27635, S. 100; vgl. auch *Bachmann*, NZG 2020, 612; *Fleischer*, DStR 2021, 430, 438; *Noack*, NZG 2020, 581.

10 Der Gesetzesentwurf wurde am 25.06.2021 durch den Bundesrat gebilligt, BR-Drs. 567/21.

11 Vgl. RGZ 112, 361.

12 *Bergmann* spricht insoweit von einem überraschend unerforschten Phänomen, *Bergmann*, WM 2019, 189.

13 Die Schnittstellen zwischen Gesellschafterklage und Notgeschäftsführung werden an geeigneter Stelle beleuchtet, ohne dabei jedoch den Anspruch zu haben, die Gesellschafterklage weiter auszuformen, siehe hierzu unter § 1E.

materiellen Änderungen unterworfen war. Die bisherigen Leitlinien sind daher kontextbezogen und lassen sich nur bedingt und keinesfalls pauschal übertragen. Denn je stärker die Entwicklung voranschreitet und durch andere Institute geprägt ist, desto weniger kann verlässlich auf frühere Rechtsgedanken rekurriert werden. Der Wandel im Recht der GbR verwässert die Aussagekraft der früheren Leitlinien. Inwiefern diese noch fruchtbar gemacht werden können, soll im Rahmen dieser Arbeit untersucht werden.

II. Gang der Untersuchungen

Mit der erstmaligen Kodifizierung des Notgeschäftsführungsrechts und der Konsolidierung des Rechts der GbR bricht eine neue Zeitrechnung an. Die bisher durch Rechtsprechung und Literatur entwickelten Grundsätze stehen auf dem Prüfstand und müssen im Lichte des neuen Leitbilds der GbR neu interpretiert werden. Hier soll die vorliegende Arbeit ansetzen. Zur Einführung in die Materie erfolgt eine begriffliche Annäherung an das Institut der Notgeschäftsführung. Dazu werden zunächst die Notgeschäftsführungsrechte im Recht der WEG, der Erbengemeinschaft und der Bruchteilsgemeinschaft beleuchtet (§ 2 Vorüberlegungen und Grundlagen). Die Gegenüberstellung innerhalb von verschiedenen Rechtsgebieten erleichtert die Identifizierung von übergeordneten Problemfeldern, Leitlinien und Strukturprinzipien. Das Recht der Bruchteilsgemeinschaft ist dabei von besonderer Bedeutung, fußte die Notgeschäftsführung im Personengesellschaftsrecht doch vor der Kodifikation auf dem Recht der Bruchteilsgemeinschaft. Nachfolgend wird die historische Entwicklung des Notgeschäftsführungsrechts im Rahmen der GbR und der OHG aufbereitet (§ 3 Die Notgeschäftsführung im Personengesellschaftsrecht nach früherem Recht). Maßgeblich ist das Recht der GbR, welches sich jedoch direkt auf das Recht der Personenhandelsgesellschaften auswirkt. Dabei soll dargestellt werden, wie sich die zur Bruchteilsgemeinschaft entwickelten Leitlinien, durch das Recht der GbR und anschließend durch das Recht der OHG zogen. Die Aufbereitung dient dem Ziel, die etablierten Grundsätze und deren Übertragbarkeit auf das Personengesellschaftsrecht zu überprüfen, sowie Schwachstellen aufzudecken, die aus der Übertragung resultieren. Im Ergebnis wird dadurch die Aussagekraft der Leitlinien in Frage gestellt und somit der Weg für eine modernere Gestaltung des Notgeschäftsführungsrechts im Rahmen der Personengesellschaften geebnet werden. Daran anknüpfend werden die neuen Regelungen des MoPeG untersucht (§ 4 Die Notgeschäftsführung nach dem MoPeG). Der Fokus liegt dabei auf einer zeitgemäßen Interpretation und Auslegung der neuen Regelungen, die dazu dient, die aufgedeckten Schwachstellen und Problemfelder interessengerecht aufzulösen. Parallel schwingt die Frage mit, inwieweit die Kodifizierung die bisherigen dogmatischen Unschärfen beheben und die Rechtsanwendung erleichtern kann. Abschließend sollen die gefundenen Ergebnisse in den Kontext der Modernisierung des Personengesellschaftsrechts eingeordnet werden (§ 5 Einordnung und Bewertung der Normen und Ergebnisse im Gesamtkontext des neuen Personen(handels)gesellschaftsrechts). Die Thesen dieser Arbeit, welche die jeweiligen Kapitel abschließen, werden am Ende der Arbeit nochmals gesammelt dargestellt.

III. Ziele der Arbeit

Die Notgeschäftsführung gilt als etabliertes Instrument zur Überwindung von Notlagen aufgrund von handlungsunfähigen Gesellschaften. Diese Arbeit wird aufzeigen, dass die Leitlinien der früheren *lex lata* Fragen aufwerfen, die angesichts geringer Resonanz in Schrifttum und Rechtsprechung bisher nicht aufgearbeitet wurden. Durch das MoPeG und die Kodifizierung der Notgeschäftsführung müssen die bisherigen Erkenntnisse erneut gewürdigt werden. Die große Gefahr liegt dabei in der pauschalen Übertragung der altbekannten, durch das Recht der Bruchteilsgemeinschaft maßgeblich geprägten Grundsätze, ohne dabei die rasanten Entwicklungen im Recht der GbR von der Gelegenheitsgesellschaft zur unternehmenstragenden Gesellschaft ausreichend zu berücksichtigen. Mit dem MoPeG bietet sich daher die Chance, die Schwachstellen des bisherigen Rechts zu identifizieren und hinter sich zu lassen. Die durch die Gesetzesänderung hervorgerufene Zäsur bietet die Möglichkeit, die dogmatisch unzureichende Übertragung von Rechtsgrundsätzen endgültig aufzugeben und aus dieser Erkenntnis neue gesellschaftsrechtsautonome Leitlinien zu entwickeln. Die vorliegende Arbeit will hier den Stein des Anstoßes darstellen und eine Basis für die weitere Entwicklung des personengesellschaftsrechtlichen Notgeschäftsführungsrechts bilden. Inwieweit die Kodifizierung ausreichend oder in diesem Kontext zu bewerten ist, soll dabei ebenfalls beleuchtet werden.

B. Methodisches Vorgehen

Die Arbeit verortet sich im Fluß zwischen Rechtsgeschichte, Rechtsdogmatik und Rechtspolitik. Dies ist primär der Einführung des MoPeGs geschuldet, welches mit seinem Inkrafttreten neues Recht geschaffen hat. Im Zentrum der Untersuchung soll die rechtsdogmatische Analyse des früheren Notgeschäftsführungsrechts stehen.[14] Ziel ist es, die Grundstrukturen der ehemaligen *lex lata* he-

14 Denn im Grundsatz verfolgte der Gesetzgeber nur das Ziel, die bisherigen Leitlinien kasuistischen Ursprungs in geschriebenes Recht zu gießen.

rauszubilden. Denn das Notgeschäftsführungsrecht ist kasuistischen Ursprungs. An einer vertieften rechtsdogmatischen Auseinandersetzung fehlt es bislang. Hinzu kommt, dass auch das Recht der GbR durch weitreichende Kasuistik geprägt wurde. Trifft Notgeschäftsführungsrecht auf BGB-Gesellschaft, fand man sich weit abseits des geschriebenen Rechts wieder. Die Bildung von Dogmen wurde dadurch erschwert. Es verwundert daher nicht, dass es an Rechtssicherheit und -klarheit fehlt. Noch größere Bedeutung erlangt ein rechtsdogmatisches System, wenn – wie hier – ein Wandel des geschriebenen Rechts vollzogen wurde. Denn gerade dann braucht es fundierter Leitlinien und Maßstäbe, um Widersprüche bei der Anwendung und Auslegung der reformierten Normen zu vermeiden. In diesem Sinne verfolgt die Arbeit auch einen rechtspolitischen Ansatz. Vor dem rechtsdogmatischen Hintergrund muss das neue nunmehr geltende Recht in einen Kontext gesetzt werden. Dies gilt zum einen für die Rechtssetzung durch das MoPeG, als auch für die Weiterentwicklung und Optimierung des zukünftig geltenden Rechts.

Als Ausgangspunkt für eine rechtsdogmatische und rechtspolitische Betrachtung dient eine im Ansatz rechtshistorische Betrachtung. Gerade die jüngere Entwicklungsgeschichte des Instituts des Notgeschäftsführungsrechts soll Erkenntnisse liefern, um das geltende Recht nachzuvollziehen und zu verhindern, dass sich etwaige überholte Ansätze weiter fortsetzen.

Das Notgeschäftsführungsrecht erfährt im Personengesellschaftsrecht nur eine geringe Resonanz. Die gewonnenen Erkenntnisse sind bisher nur rechtstheoretischer Natur. An geeigneter Stelle werden allerdings auch rechtspraktische Denkanstöße geliefert werden.

§ 2 Vorüberlegungen und Grundlagen

A. Die Notgeschäftsführung in Abgrenzung zur Geschäftsführung

Zur Einführung soll das Institut der Notgeschäftsführung von der Geschäftsführung in der Personengesellschaft abgegrenzt werden.

I. Die Geschäftsführung in personeller Hinsicht

Die Geschäftsführungsbefugnis ist Ausfluss der Gesellschafterstellung und resultiert unmittelbar aus dem Gesellschaftsvertrag.[15] Die Gesellschafter selbst sind die geborenen Geschäftsführer.[16] Das Gesetz geht bei der BGB-Gesellschaft von Gesamtgeschäftsführungsbefugnis aus. Hieran hat sich trotz vielfacher Kritik auch durch das MoPeG nichts geändert.[17] Hintergrund ist die persönliche Haftung der Gesellschafter und deren enges gesellschaftsvertragliches Band. Geschäftsführungsmaßnahmen sollen von allen Gesellschaftern gemeinsam getroffen werden, um das persönliche Haftungsrisiko abzumildern. Kann unter den Gesellschaftern keine Einigung erzielt werden, hat die Maßnahme zu unterbleiben. Im Rahmen der Personenhandelsgesellschaften hingegen billigt der Gesetzgeber den Gesellschaftern Einzelgeschäftsführungsbefugnis zu, vgl. § 116 Abs. 3 HGB. Um der Schnelligkeit des Handelsverkehrs Rechnung zu tragen, ist eine Berechtigung zur alleinigen Handlungsbefugnis notwendig. Als Kontrollelement hat der Gesetzgeber den anderen Geschäftsführern die Möglichkeit des Widerspruchs eingeräumt, § 116 Abs. 3 Satz 3 HGB. Widerspricht ein anderer Geschäftsführer der Maßnahme muss diese unterbleiben. Dieser Mechanismus ist Ausfluss der Gleichberech-

---

15 *Schäfer*, in: MünchKommBGB, § 709 Rn. 3; *v.Gramm*, in: BGB-RGRK, § 709 Rn. 4; Staudinger/*Habermeier* (2003) Vorbem. §§ 705–740 Rn. 15.

16 *Lieder*, in: Oetker, HGB, § 114 Rn. 2. So schon: *Flume*, Personengesellschaft, S. 129 f: „*Weil die Gesamthandsgesellschaft als Personengruppe aus den Personen der Gesellschafter besteht, haben diese auch mit Selbstverständlichkeit die Handlungshoheit für die Gesellschaft.*"

17 Vgl. die Beschlüsse des 71. Deutschen Juristentages, 71. Deutscher Juristentag 2016, Beschluss III.12 O 221.

tigung der geschäftsführenden Gesellschafter.[18] Die bisherigen Grundsätze der Geschäftsführung haben sich durch das MoPeG nicht verändert.[19]

Unabhängig von der gesetzlichen Vorstellung können die Gesellschafter abweichende vertragliche Vereinbarungen treffen. Ausgangspunkt der vorliegenden Arbeit wird regelmäßig die Gesamtgeschäftsführungsbefugnis sein.

II. Die Geschäftsführung in sachlicher Hinsicht

Auf sachlicher Ebene ist die Geschäftsführung weder im BGB noch im HGB definiert. Sie umschreibt Tätigkeiten zur Verwirklichung des Gesellschaftszwecks.[20] Sie befugt den Gesellschafter dazu, alle rechtsgeschäftlichen oder tatsächlichen Handlungen vorzunehmen, soweit sie dem Gesellschaftszweck dienen und nicht die Grundlagen der Gesellschaft selbst berühren.[21] Die Geschäftsführungsbefugnis ist „Pflichtrecht".[22] Mit dem Recht zur Geschäftsführung geht auch die Pflicht einher, die Geschäftsführung am Zwecke der Gesellschaft auszurichten und persönliche Interessen diesem unterzuordnen.[23] Dies ist Ausprägung der Treuepflicht, welche den Gesellschafter im Verhältnis zur Gesellschaft bzw. zur Gesamtheit der Gesellschafter verpflichtet.[24] In den durch die Pflicht zur sorgfältigen Geschäftsführung und der Treuepflicht gesetzten Grenzen steht die Geschäftsführung im Ermessen des Geschäftsführers.[25] In der Konsequenz ist die Zweckmäßigkeit einer Geschäftsführungsmaßnahme gerichtlich nicht überprüfbar.[26]

---

18 BGH, NJW 1986, 844.

19 Die alten Regelungen zur Geschäftsführung fanden sich in § 709 Abs. 1 BGB a. F. und § 115 Abs. 1 Halbs. 1 HGB a. F. Sie sind nunmehr in § 715 BGB und § 116 HGB geregelt.

20 *Jickeli*, in: MünchKommHGB, § 114 Rn. 6; *Zöllner*, Schranken mitgliedschaftlicher Stimmrechtsmacht, S. 14.

21 *Jickeli*, in: MünchKommHGB, § 114 Rn. 6; *Lieder*, in: Oetker, HGB, § 114 Rn. 4.

22 *Schäfer*, in: MünchKommBGB, § 709 Rn. 29; *Jickeli*, in: MünchKommHGB, § 114 Rn. 39.

23 *Schäfer*, in: MünchKommBGB, § 709 Rn. 30.

24 *Schäfer*, in: MünchKommBGB, § 705 Rn. 233; *Lieder*, in: Oetker, HGB, § 114 Rn. 30.

25 *Schäfer*, in: MünchKommBGB, § 709 Rn. 30; vgl. auch *Lieder*, in: Oetker, HGB, § 114 Rn. 31. Vgl. zum Spannungsverhältnis zwischen Geschäftsführung als privatautonome Entscheidungskompetenz und Treuepflichtbindung, *Flume*, Personengesellschaft, S. 257 ff.

26 BGH, NJW 1972, 862, 863; BGH, NJW 1986, 844; OLG Stuttgart, NZG 2007, 102 Ls.; *Schäfer*, in: MünchKommBGB, § 709 Rn. 42.

III. Die Notgeschäftsführung

Das Notgeschäftsführungsrecht durchbricht die gesellschaftlichen Geschäftsführungsbefugnisse. Es schafft eine Möglichkeit, Geschäftsführungsmaßnahmen vorzunehmen, zu denen der Gesellschafter sonst personell nicht befugt wäre. Im Personengesellschaftsrecht finden sich demnach zwei potenzielle Adressaten des Notgeschäftsführungsrechts. Zum einen kann der Geschäftsführer adressiert werden, der die Maßnahme aufgrund der Gesamtgeschäftsführungsbefugnis nicht allein vornehmen kann. Zum anderen kann auch ein von der Geschäftsführung ausgeschlossener Gesellschafter gezwungen sein, eine Maßnahme vorzunehmen.

Da der Notgeschäftsführer zwangsläufig die gesellschaftsvertragliche Ordnung der Geschäftsführung durchbricht, muss die Notgeschäftsführung auf Ausnahmefälle beschränkt bleiben und bedarf in jedem Fall einer Rechtfertigung. Denn sonst bestünde die Gefahr, dass ein Gesellschafter die Geschäftsführung unter dem Deckmantel der Notgeschäftsführung unterwandert. Das Recht muss daher auf besondere Notfälle beschränkt bleiben.

B. Grundprinzipien der Notgeschäftsführung

In Folgenden soll der Versuch unternommen werden, sich dem Institut der Notgeschäftsführung begrifflich anzunähern und (verbands-) übergreifende Grundprinzipien zu identifizieren, die im Nachgang fruchtbar gemacht werden können. Untersucht werden sollen die WEG, die Miterbengemeinschaft und die Bruchteilsgemeinschaft. Denn es sind gerade deren Notgeschäftsführungsrechte, in deren Radius sich das der Personengesellschaften bewegt. Im Schrifttum wird in diesem Zusammenhang des Öfteren von „Notverwaltungsrechten" gesprochen, um in der vom Gesetz vorgegebenen Terminologie zu bleiben.[27] Verwaltungsrechte regeln gemeinhin Verwaltungsentscheidungen und Verwaltungsmaßnahmen.[28] Verwaltung kann Rechtsbeziehungen nach außen und nach innen umfassen. Soweit die Verwaltung sich auf das Innenverhältnis bezieht, ist im Kern

27 Vgl. § 18 WEG, der die Verwaltung und Benutzung regelt, ebenso § 744 Abs. 2 und § 2038 BGB, die ebenfalls von Verwaltung sprechen.

28 Zur WEG: *Hügel*, in: BeckOK, BGB 2024, § 18 WEG Rn. 2; zur Bruchteilsgemeinschaft: *Karsten Schmidt*, in: MünchKommBGB, § 745 Rn. 2; *Hadding*, in: Soergel (1985), BGB, § 744 Rn. 2; zur Erbengemeinschaft: *Gergen*, in: MünchKommBGB, § 2038 Rn. 15.

die Geschäftsführung betroffen.[29] Die Notverwaltungsrechte sollen im Rahmen dieser Arbeit nicht unberücksichtigt gelassen werden, könnten sie doch weitere Erkenntnisse liefern. Insbesondere dient das Verständnis vom Recht der Bruchteilsgemeinschaft dazu, die dogmatischen Unschärfen der Notgeschäftsführung im Recht der GbR zu identifizieren. Denn das Notgeschäftsführungsrecht der GbR basierte bis zum 31.12.2023 maßgeblich auf einer analogen Anwendung des Rechts der Bruchteilsgemeinschaft.[30] Eine spezifische oder umfassende Aufarbeitung der einzelnen Notgeschäftsführungsrechte ist nicht Gegenstand der Arbeit, da dies den Rahmen sprengen würde. Vielmehr liegt der Fokus auf der Herausarbeitung von Schwachstellen und Grundsätzen, die sich eventuell auf das Recht der Personengesellschaften übertragen lassen.[31]

I. Die Notgeschäftsführung im WEG

Im Wohnungseigentumsgesetz bildet § 18 WEG die zentrale Norm, welche die Zuständigkeiten im Innenverhältnis voneinander abgrenzt. Ausgangspunkt ist die Zuständigkeit der Gemeinschaft der Wohnungseigentümer.[32] In § 18 Abs. 3 WEG findet sich eine gesetzliche Regelung zur Notgeschäftsführung:

> *Jeder Wohnungseigentümer ist berechtigt, ohne Zustimmung der anderen Wohnungseigentümer die Maßnahmen zu treffen, die zur Abwendung eines dem gemeinschaftlichen Eigentum unmittelbar drohenden Schadens notwendig sind.*

Für den Verwalter dient § 27 Abs. 1 Nr. 2 WEG zur Begründung des Notgeschäftsführungsrechts.

1. *Maßnahme zur Schadensabwehr*

Voraussetzung für die Notgeschäftsführung ist, dass dem gemeinschaftlichen Eigentum oder dem Gemeinschaftsvermögen ein Schaden droht.[33] Die getroffenen

---

29 Vgl. *Gergen*, in: MünchKommBGB, § 2038 Rn. 15; *v.Gramm*, in: BGB-RGRK, §§ 745, 746 Rn. 2; vgl. *Saenger*, in: Schulze, BGB, § 744 Rn. 2; *Hadding*, in: Soergel (1985), BGB, § 744 Rn. 2; *Löhnig*, JA 2007, 262; *Rüscher*, in: MünchKommWEG, § 18 Rn. 3.

30 Siehe hierzu die Ausführung in dieser Arbeit unter § 3 A. III.

31 Vgl. zu verbandsübergreifender Untersuchung *Zöllner*, Schranken mitgliedschaftlicher Stimmrechtsmacht, S. 4: „*Sie vertieft nicht nur unser Wissen um die innere Verwandtschaft der einzelnen Verbandsarten, sondern läßt […] vor allem die einzelnen praktischen Problemstellungen schärfer hervortreten.*“

32 *Skauradszun*, in: BeckOGK, WEG, § 18 Rn. 1.

33 *Elzer*, in: BeckOK, WEG, § 18 Rn. 129; *Skauradszun*, in: BeckOGK, WEG, § 18 Rn. 54 für Beispiele siehe Rn. 57.

Maßnahmen müssen notwendig sein, um den Schaden zu verhindern. Die bloße Nützlichkeit reicht nicht.[34] Der Maßstab ist objektiv aus der Sicht eines vernünftigen und wirtschaftlich denkenden Beobachters zum Zeitpunkt der Handlung zu bestimmen.[35] Notwendig ist die Maßnahme darüber hinaus, wenn der Notgeschäftsführer einen Anspruch auf die Maßnahme hatte, was der Fall sein kann, wenn die Maßnahme die einzige war, welche den Grundsätzen einer ordnungsmäßigen Verwaltung entsprach. Dies setzt eine Ermessensreduktion auf null voraus.[36]

2. *Unmittelbarkeit des Schadenseintritts*

Der Schaden muss dem Wortlaut nach unmittelbar drohen. Ein Eingreifen muss daher erforderlich sein, um den Schaden noch abwenden zu können. Dies setzt voraus, dass ohne ein sofortiges Tun das gemeinschaftliche Eigentum oder das Gemeinschaftsvermögen negativ beeinträchtigt werden würden.[37] Im Umkehrschluss bedeutet dies, dass alleine die Möglichkeit, den Verwalter oder die anderen Miteigentümer zu konsultieren, die Notgeschäftsführung regelmäßig ausschließt.[38] Denn dann droht der Schaden nicht unmittelbar. Schon durch das Kriterium der Unmittelbarkeit wird also ein Rangverhältnis zwischen der Notgeschäftsführung und der herkömmlichen Verwaltung des Gemeinschaftseigentums geschaffen. Die Notgeschäftsführung kann nur subsidiär zur Anwendung gelangen, wenn eine Gefahrenlage vorliegt, die so dringend ist, dass der ordnungsgemäße Weg über den Verwalter oder die Zustimmung der Wohnungseigentümer nicht möglich ist. Eine zeitlich nachgelagerte Notgeschäftsführung soll dadurch jedoch nicht per se ausgeschlossen werden.[39] Vielmehr kann sich das Notgeschäftsführungsrecht auch

---

34 Vgl. OLG Schleswig, BeckRS 2010, 21914; *Elzer*, in: BeckOK, WEG, § 18 Rn. 132.; *Skauradszun*, in: BeckOGK, WEG, § 18 Rn. 56.

35 *Elzer*, in: BeckOK, WEG, § 18 Rn. 132; *Skauradszun*, in: BeckOGK, WEG, § 18 Rn. 56.

36 Vgl. *Elzer*, in: BeckOK, WEG, § 18 Rn. 132; zum Ermessen und dessen Grenzen in der WEG insbesondere *Falkner*, ZWE 2023, 237, 238.

37 *Elzer*, in: BeckOK, WEG, § 18 Rn. 130. *Grunewald* sieht dadurch größere Einschränkungen der Notgeschäftsführungsbefugnisse als bei der Bruchteilsgemeinschaft, vgl. *Grunewald*, in: Festschrift Aderhold 2021, 89, 91; ebenso *Sommer*, in: Festschrift Drasdo 2023, 235.

38 Vgl. BGH, NJW 2016, 1310, Rn. 7; OLG München, ZWE 2008, 384, 385; *Elzer*, in: BeckOK, WEG, § 18 Rn. 131; *Hügel*, in: BeckOK, BGB 2024, § 18 WEG Rn. 11; *Skauradszun*, in: BeckOGK, WEG, § 18 Rn. 55.

39 Vgl. auch *Bub*, ZWE 2009, 245, 246, der das Unmittelbarkeitskriterium als zeitliches Kriterium verstanden haben will; auch *Hügel*, in: BeckOK, BGB 2024, § 18 WEG Rn. 11 hält eine nachgelagerte Notgeschäftsführung für denkbar; *Rüscher*, in: Münch-

dynamisch verhalten. Kann ein Verwalter nicht erreicht werden, spricht zwar die Tatsache, dass genügend Zeit vorhanden war, den Verwalter zu konsultieren, gegen die Eilbedürftigkeit der Maßnahme und damit gegen eine Rechtfertigung der Maßnahme. Im selben Zug kann die Tatsache, dass der Verwalter nicht erreicht wurde und damit handlungsunfähig ist, die Lage verschärfen und weiteres Warten unzumutbar machen.[40] Ausschlaggebend ist immer die Sicht eines vernünftigen Wohnungseigentümers zum Zeitpunkt der Maßnahme und ob ein verständiger Wohnungseigentümer in Anbetracht des unmittelbar bevorstehenden Schadens handeln würde. Die pauschale Behauptung, die Kenntnis des Verwalters von der Gefahrenlage schließe die Notgeschäftsführung aus,[41] ist aufgrund der Dynamik der Notlage mit Vorsicht zu genießen.

3. *Eingriff in das System der Willensbildung*

Das Notgeschäftsführungsrecht des Einzelnen stellt einen Eingriff in die Kompetenzordnung dar.[42] Denn es obliegt grundsätzlich der Wohnungseigentümergemeinschaft und dem Verwalter das Gemeinschaftseigentum instand zu halten.[43] Es rechtfertigt sich durch die Notlage, die im Interesse aller behoben werden soll. Das System der Willensbildung soll jedoch nicht leichtfertig unterlaufen werden. Der Notgeschäftsführer soll nur dort und dann tätig werden, wenn es die dazu berufenen Organe nicht vermögen. Ihr Entscheidungsmonopol hingegen darf nicht unterwandert werden. Dieses Rangverhältnis ergibt sich aus der grundlegenden Entscheidung des Gesetzgebers die Willensbildung in der WEG der Eigentümerversammlung zu verantworten.[44] Das Tatbestandsmerkmal der Unmittelbarkeit präzisiert diese gesetzgeberische Wertung. Ein unmittelbarer Schaden ist zumin-

---

KommWEG, § 18 Rn. 132. So wohl auch *Sommer*, in Festschrift Drasdo 2023, 235, 238 der objektiv daran anknüpfen möchte, ob die Gefahrenlage durch die Konsultation des Verwalters beseitigt wurde oder nicht.

40 BayObLG, ZWE 2001, 418; *Bub*, ZWE 2009, 245, 246; wohl auch *Hügel*, in: BeckOK, BGB 2024, § 18 WEG Rn. 11.

41 So bspw.: OLG Hamburg, BeckRS 2007, 240; in diese Richtung auch OLG Celle, ZWE 2002, 369, 370; wohl auch *Elzer*, in: BeckOK, WEG, § 18 Rn. 131.

42 Vgl. hierzu die „Nadelöhrdoktrin" von *Skauradszun*, ZWE 2020, 105. Zuvor *Skauradszun*, NJW 2016, 1314.

43 BayObLG, ZWE 2001, 418; OLG München, NJW-RR 2008, 534, 535; *Rüscher*, in: MünchKommWEG, § 18 Rn. 132.

44 Zur Wohnungseigentümerversammlung als Willensbildungsorgan, vgl. *Rüscher*, in: MünchKommWEG, § 18 Rn. 7 ff. Ebenso *Sommer*, in: Festschrift Drasdo 2023, 235, 236.

dest dann nicht zu erwarten, wenn die Konsultation des Verwalters zeitlich möglich ist. Ein sofortiges Handeln ist dann mangels Eilbedürftigkeit nicht geboten.[45] Die eigenmächtige Notgeschäftsführung eines Wohnungseigentümers scheidet aus, denn eine Umgehung der Willensbildungsorgane wäre nicht gerechtfertigt. In der Theorie besteht für eine Notgeschäftsführung auch kein Bedürfnis, da die Wohnungseigentümergemeinschaft geeignete Maßnahmen zur Gefahrenabwehr beschließen kann.

a) Kollision zwischen dem System der Willensbildung und Gefahrenabwehr

In der Praxis können die Interessen zwischen Notgeschäftsführer und Eigentümergemeinschaft jedoch divergieren. Die Dynamik einer Gefahrenlage kann dazu führen, dass sich das Notgeschäftsführungsrecht des Einzelnen und das Entscheidungsmonopol der Eigentümergemeinschaft überschneiden. Deren Interessen können kollidieren, wenn Differenzen über die Notwendigkeit einer Maßnahme bestehen und die Gemeinschaft im Kollektiv keine Einigkeit erzielen kann oder aus anderen Gründen keine Entscheidung über Maßnahmen zur Gefahrenabwehr trifft. Es treffen dann das Interesse an der Gefahrenabwehr und das System der Willensbildung aufeinander. Dabei kann eine objektive Notlage den Notgeschäftsführer zur Vornahme der Maßnahme ermächtigen, wobei gleichzeitig das Entscheidungsmonopol der Eigentümerversammlung nicht ausgehebelt werden darf. Eine solche Kollision des Gefahrenabwehrrechts mit dem System der Willensbildung macht eine umfassende Interessenabwägung anhand des Einzelfalles erforderlich.

b) Interessenabwägung

Eine Interessenabwägung hat sich dabei an folgenden Grundsätzen zu orientieren: Will man die Wohnungseigentümerversammlung als oberstes Organ der Willensbildung nicht entmachten, kann eine Notgeschäftsführungsbefugnis nur in Ausnahmefällen greifen.[46] Gleichzeitig darf nicht verkannt werden, dass eine ordnungsgemäße Schadensabwehr regelmäßig den Grundsätzen einer ordnungsgemäßen Verwaltung entsprechen wird, auf die der Einzelne einen Anspruch nach

45 So BayObLG, ZWE 2001, 418; OLG Celle, ZWE 2002, 369, 370; OLG Hamburg, BeckRS 2007, 240; mit diesem Gedanken wohl auch *Elzer*, in: BeckOK, WEG, § 18 Rn. 131.

46 *Skauradszun*, ZWE 2020, 105, 106.

§ 18 Abs. 2 Nr. 1 WEG hat.[47] Auch dieser Anspruch setzt voraus, dass zwischen den Interessen der Gesamtheit der Eigentümer und den Interessen des Einzelnen ein angemessener Ausgleich gefunden wird.[48] Der Ermessensspielraum, ob der Schaden abgewendet werden soll, also das Entschließungsermessen, wird regelmäßig auf null reduziert sein. Insoweit kann das Notgeschäftsführungsrecht mit einem Anspruch gegen die Wohnungseigentümergemeinschaft auf Durchführung der Gefahrenabwehrmaßnahme einhergehen. Die Treuepflicht der Wohnungseigentümer untereinander, verpflichtet diese, zumutbare Erhaltungsmaßnahmen zu ergreifen.[49] Drohende Schäden können das Notgeschäftsführungsrecht demnach auch zu einer Pflicht zum Tätigwerden verdichten. Erleidet der Einzelne einen Schaden, weil die Wohnungseigentümergemeinschaft eine notwendige Verwaltungsmaßnahme schuldhaft nicht vornimmt, haftet die Gemeinschaft zudem auf Schadensersatz.[50]

Ausgehend von diesen Leitlinien, sind nachfolgende Kriterien im Rahmen einer Einzelfallbetrachtung zu berücksichtigen: Sind die zuständigen Organe informiert, haben jedoch noch keinen Willen gebildet und verschärft sich die Gefahrenlage, kann ein eigenmächtiges Handeln des Notgeschäftsführers eine Umgehung der Willensbildungsorgane rechtfertigen. Als Argument hierfür lässt sich anführen, dass die Wohnungseigentümer nicht vor vollendete Tatsachen gestellt werden und weniger schutzbedürftig sind.[51] Der Notgeschäftsführer ist nicht gehalten, den Schaden eintreten zu lassen. Denn es hätte die Möglichkeit bestanden, die Gefahr im Rahmen gemeinschaftlicher Verwaltung und Verantwortung abzuwehren. Im Umkehrschluss darf die Dynamik der Gefahrenlage nicht dazu führen, dass der Notgeschäftsführer eigenmächtig Maßnahmen durchsetzt, die einer gerichtlichen Entscheidung zeitlich zugänglich gewesen wären. Ein solches Vorgehen wäre einer bewussten Umgehung der Willensbildung gleichzusetzen. Dauert der gefahrträchtige Zustand schon länger an, ist daher wenig Raum für

47 Inhaltlich geht es dabei um unaufschiebbare „Pflichterhaltungen", wie bspw. die Instandsetzung eines Daches, *Skauradszun*, in: BeckOGK, WEG, § 18 Rn. 44. Dabei sind die Umstände des Einzelfalls unter Berücksichtigung der allseitigen Interessen abzuwägen. Maßgeblich ist eine objektiv vernünftige Beurteilung, welche das geordnete Zusammenleben der Gemeinschaft im Blick hat, vgl. *Hügel*, in: BeckOK, BGB 2024, § 18 WEG Rn. 6.

48 *Schmid*, NZM 2011, 865, 866.

49 *Schirrmacher*, NJW 2018, 3348, 3350; *Bub*, ZWE 2009, 245 m. w. N.

50 *Hügel*, in: BeckOK, BGB 2024, § 18 WEG Rn. 10.

51 In diesem Sinne wohl auch: *Bub*, ZWE 2009, 245, 246.

eine Notgeschäftsführung gegeben.[52] Gleiches gilt, wenn die Gemeinschaft schon einen gegensätzlichen Willen gebildet hat. Dann ist in der Regel der Weg über eine gerichtliche Entscheidung gangbar und zumutbar.[53] Hat die Gemeinschaft bereits einen gegensätzlichen Willen gebildet und ist die Gefahrenlage so dringlich, dass eine gerichtliche Überprüfung des Beschlusses nicht rechtzeitig zu erreichen ist, ist die Notgeschäftsführung nur dann gerechtfertigt, wenn hinsichtlich der Maßnahme kein Ermessen bestand. Diese Situation kann nur in Extremfällen auftreten. Denn maßgeblich ist, dass ein verständiger Wohnungseigentümer mit der Gefahrenabwehr nicht länger zuwarten würde.[54] Bei einem feststehenden gegensätzlichen Willen der Gemeinschaft, spricht vieles dafür, dass keine Gefahrenlage vorliegt, die einen verständigen Wohnungseigentümer zum Handeln veranlassen würde.

In diesem Zusammenhang ist auch das Urteil des BGH vom 14.06.2019 – V ZR 254/17[55] zu berücksichtigen. Der BGH verweigerte dem Wohnungseigentümer den Kostenersatz für eigenmächtige Instandsetzungsmaßnahmen am Gemeinschaftseigentum. Entscheidend war die Umgehung der gesetzlichen Kompetenzzuweisung.[56] Ein Kostenersatzanspruch stehe mit der Kompetenzzuweisung an die Gemeinschaft der Wohnungseigentümer im Widerspruch.[57] Dies gelte auch dann, wenn die Instandsetzungsmaßnahmen ohnehin hätten vorgenommen werden müssen.[58] Grund dafür sei der der Gemeinschaft der Eigentümer zustehende Gestaltungsspielraum. Denn selbst wenn das Ermessen, ob eine Maßnahme durchzuführen sei, bereits auf null reduziert sei, sei hinsichtlich der Art und Weise der Instandsetzung[59] immer noch ein Gestaltungsspielraum vorhanden.[60]

---

52 OLG Frankfurt, ZWE 2009, 123, 125; *Skauradszun*, in: BeckOGK, WEG, § 18 Rn. 55; im Grundsatz zustimmend: *Sommer*, in: Festschrift Drasdo 2023, 235, 237.

53 *Skauradszun*, in: BeckOGK, WEG, § 18 Rn. 55. In einem solchen Fall wäre eine Beschlussersetzungsklage nach § 44 Abs. 1 Satz 2, i. V. m. § 18 Abs. 2 WEG statthaft.

54 OLG Hamm, ZWE 2009, 369, 372.

55 BGH, NJW 2019, 3780.

56 In Abgrenzung hierzu stellte der BGH zuletzt fest, dass sich der Verwalter auf die zivilrechtlichen Ausgleichsansprüche berufen könne, da das Kompetenzverhältnis und Pflichtenprogramm zwischen Eigentümer und Gemeinschaft sich nicht auf das Verhältnis zwischen Verwalter und Gemeinschaft übertragen lassen, vgl. BGH, BeckRS 2021, 49308 insb. Rn. 16.

57 BGH, NJW 2019, 3780 Rn. 7, 10.

58 BGH, NJW 2019, 3780 Rn. 13.

59 Bspw. ob die Maßnahmen mit anderen Arbeiten durchgeführt werden oder welche Handwerker beauftragt werden, BGH, NJW 2019, 3780 Rn. 15.

60 BGH, NJW 2019, 3780 Rn. 15.

Es sei dem Eigentümer in solchen Fällen immer noch zumutbar, das gesetzlich vorgeschriebene Verfahren einzuhalten.[61] Relevanz kam dieser Entscheidung insofern zu, weil der BGH noch vier Jahre zuvor einen Ersatzanspruch bejaht hatte, wenn die Maßnahme ohnehin hätte vorgenommen werden müssen.[62] Diese Rechtsprechung hat der BGH ausdrücklich aufgegeben. Allerdings betont der BGH, dass ein Ersatzanspruch aus Notgeschäftsführung nicht ausgeschlossen sei.[63] Deren Voraussetzungen lägen jedoch nicht vor. Dennoch muss der Notgeschäftsführer in diesen Fällen umsichtig agieren. Denn die Notgeschäftsführung bezieht sich nur auf das zwingend Erforderliche.[64] Dem Notgeschäftsführer wird man daher anraten müssen, in einem solchen Ausnahmefall nur die Maßnahmen vorzunehmen, die akut zur Gefahrenabwehr notwendig sind, etwa solche, die den Schadenseintritt verzögern und parallel dazu einen Beschluss der Wohnungseigentümerversammlung zu erzwingen.[65] Anderenfalls läuft der vermeintliche Notgeschäftsführer Gefahr, auf seinen Kosten sitzen zu bleiben. Als Kontrollfrage bietet *Skauradszun* an, ob das sofortige Handeln notwendig war und ob auch nur das Nötigste zur Schadensabwehr vorgenommen wurde.[66]

4. *Rechtsfolgen*

Liegen die Voraussetzungen der Notgeschäftsführung vor, ist der Handelnde nach herrschender Meinung nicht ermächtigt, die anderen Wohnungseigentümer schuld- oder sachenrechtlich zu binden. Er handelt stattdessen im eigenen Namen.[67] Eine rechtsgeschäftliche Verpflichtung durch den Notgeschäftsführer mit einer potenziell unbegrenzten Haftung der Wohnungseigentümer wird als

---

61 BGH, NJW 2019, 3780 Rn. 16.

62 BGH, NJW 2016, 1310.

63 BGH, NJW 2019, 3780 Rn. 16 am Ende; zustimmend *Bub/Pramataroff*, FD-MietR 2019, 420749; pointiert führt *Schnellbacher* aus: „*Dafür muss aber wirklich ‚Feuer unterm Dach' sein*", *Schnellbacher*, ZWE 2019, 484, 485.

64 Praxishinweis zu BGH, Urteil vom 14.06.2019 – V ZR 254/17, NJW-Spezial 2019, 577, 578.

65 In diese Richtung, wenn auch nicht in Bezug auf die Notgeschäftsführung, auch: *Zühlsdorff*, LMK 2019, 421239: „*Zugleich führt die Entscheidung jedoch dazu, dass Wohnungseigentümer im eigenen Interesse noch größere Sorgfalt auf die Frage verwenden müssen, ob beabsichtigte Maßnahmen nicht doch der gemeinschaftlichen Verwaltung unterliegen.*" Zum Umfang der Gefahrenabwehrmaßnahmen auch *Sommer*, in: Festschrift Drasdo 2023, 235, 239 ff.

66 *Skauradszun*, ZWE 2020, 105, 106.

67 *Elzer*, in: BeckOK, WEG, § 18 Rn. 137; *Hügel*, in: BeckOK, BGB 2024, § 18 WEG Rn. 11; *Rüscher*, in: MünchKommWEG, § 18 Rn. 136; *Skauradszun*, in: BeckOGK, WEG,

unbillig empfunden.[68] Ihm steht ein Anspruch auf Ersatz der anteiligen Kosten gegen die Gemeinschaft der Wohnungseigentümer zu.[69]

5. *Fazit*

Das Notgeschäftsführungsrecht im Rahmen der WEG kann nur zur Anwendung gelangen, wenn dem Gemeinschaftseigentum ein unmittelbarer Schaden droht. Die Umgehung der gesetzlichen Kompetenzzuweisung muss auf Notsituationen beschränkt bleiben und bedarf der Rechtfertigung. Soweit es dem Einzelnen zeitlich zumutbar ist, hat er die Entscheidung zur Schadensabwehr der Wohnungseigentümergemeinschaft zu überlassen. Weigert sich diese allerdings treuwidrig, die Gefahr abzuwehren, kann der Notgeschäftsführer, soweit die Maßnahme eilbedürftig ist, in Ausnahmefällen auch gegen den Willen der Eigentümergemeinschaft tätig werden. Er handelt dabei jedoch mit dem Risiko, seinen Kostenersatzanspruch nicht durchsetzen zu können, wenn die konkrete Maßnahme nicht notwendig war. Soweit die Voraussetzungen der Notgeschäftsführung objektiv vorlagen, ist die Vornahme der Maßnahme durch den Notgeschäftsführer im Innenverhältnis gerechtfertigt. Er kann seine Kosten von der WEG ersetzt verlangen.

Daraus lassen sich zwei Funktionen des Notgeschäftsführungsrechts ableiten. In seiner primären Funktion ist das Notgeschäftsführungsrecht Gefahrenabwehrrecht, mit welchem dem Kollektiv drohende Gefahren zugunsten der Gemeinschaft abgewendet werden können. Dahinter schwingt allerdings auch ein Gedanke des Individualrechtsschutzes mit. Die Minderheit kann unter den Voraussetzungen des Notgeschäftsführungsrechtes ihren Anspruch auf ordnungsgemäße Verwaltung durchsetzen, selbst wenn die Mehrheit sich gegen die Maßnahme entscheidet. Dieser Rechtsreflex kann nur in Extremfällen greifen, wenn die Maßnahme unmittelbar zur Gefahrenabwehr erforderlich ist. Hierbei hat der Notgeschäftsführer jedoch umsichtig zu agieren, denn der Wohnungseigentümergemeinschaft steht die Entscheidungskompetenz nach billigem Ermessen zu,

---

§ 18 Rn. 58; *Sommer*, in: Festschrift Drasdo 2023, 235, 241; **a. A.** *Bub*, ZWE 2009, 245, 248, der auch ein Notvertretungsrecht anerkennen will.

68 *Schirrmacher*, NJW 2018, 3348, 3350. Dieser Gedanke der persönlichen Haftung kommt auch bei der Gesamtgeschäftsführungsbefugnis der GbR-Gesellschafter zum Ausdruck.

69 BGH, NZM 2019, 415 Rn. 5; OLG München, NJW-RR 2008, 534, 535; *Elzer*, in: BeckOK, WEG, § 18 Rn. 138 f.; *Hügel*, in: BeckOK, BGB 2024, § 18 WEG Rn. 11; *Rüscher*, in: MünchKommWEG, § 18 Rn. 137; *Bub*, ZWE 2009, 245, 250 f.

welches innerhalb der Grenzen des Wirtschaftlichkeitsgebots nur eingeschränkt überprüfbar ist.[70]

II. Das Notverwaltungsrecht in der Erbengemeinschaft

Die zentrale Norm für die Verwaltung der Erbengemeinschaft ist § 2038 BGB. Die Verwaltung des Nachlasses umfasst nach allgemeiner Meinung alle rechtlichen und tatsächlichen Maßnahmen, die der Erhaltung und Vermehrung des Nachlasses dienen.[71] Soweit davon das Innenverhältnis der Miterben zueinander betroffen ist, ist § 2038 BGB als Regelung der Geschäftsführung anzusehen.[72]

1. Notwendige Erhaltungsmaßnahmen

Die Verwaltung des Nachlasses steht den Erben gemeinschaftlich zu, vgl. § 2038 Abs. 1 Satz 1 BGB. Als Gesamthandsgemeinschaft verwalten sie den Nachlass zusammen.[73] Unter Verweis auf die Regelungen zur Bruchteilsgemeinschaft ordnet § 2038 Abs. 2 in Verbindung mit § 745 Abs. 1 BGB an, dass Maßnahmen der ordnungsgemäßen Verwaltung mit Stimmmehrheit beschlossen werden. Außerordentliche Maßnahmen sind von der Zustimmung aller Miterben abhängig.[74] Die Notgeschäftsführung ist in § 2038 Abs. 1 Satz 2 Halbs. 2 BGB geregelt: Die zur Erhaltung notwendigen Maßregeln kann jeder Miterbe ohne Mitwirkung der anderen treffen. Das Notgeschäftsführungsrecht dient dazu, Schäden vom Nachlass oder auch einzelnen Nachlassgegenständen abzuwenden.[75] Nicht umfasst werden Maßnahmen, die lediglich der Verbesserung des Nachlasses dienen.[76] Maßgeblich ist die Sicht eines vernünftig und wirtschaftlich denkenden Beurteilers, wobei auch die wirtschaftliche Bedeutung des Nachlasses zu berücksichtigen

---

70 Bei Erhaltungsmaßnahmen ist daher eine Kosten-Nutzen-Analyse erforderlich, vgl. *Elzer*, in: BeckOK, WEG, § 18 Rn. 69.

71 *Löhnig*, JA 2007, 262.

72 *Löhnig*, JA 2007, 262.

73 *Weidlich*, in: Grüneberg, § 2038 Rn. 1.

74 *Lohmann*, in: BeckOK, BGB 2024, § 2038 Rn. 1.

75 *Lohmann*, in: BeckOK, BGB 2024, § 2038 Rn. 10. Dabei ist laut BGHZ 6, 76, 81 f. = BGH, NJW 1952, 1252, 1253 zu beachten, dass Maßnahmen, die der Erhaltung eines einzelnen Nachlassgegenstandes dienen, in Kontext zum Gesamtnachlass gesehen werden müssen. Aufwendungen zur Erhaltung einzelner Gegenstände müssen daher auch für die Erhaltung des Gesamtnachlasses erforderlich sein.

76 *Lohmann*, in: BeckOK, BGB 2024, § 2038 Rn. 10.

ist.[77] Das Notgeschäftsführungsrecht verhält sich diesbezüglich dynamisch. Der BGH führte dazu aus:

> *Maßregeln, die in normalen Zeiten ohne weiteres als zur Erhaltung notwendig anzusehen sind, können diesen Charakter in Zeiten wirtschaftlicher Not verlieren. Andererseits können Maßregeln für die Erhaltung eines Gegenstandes in solcher Weise unerläßlich [sic!] sein, daß [sic!] sie u. U. ohne Rücksicht auf die wirtschaftlichen Verhältnisse in jedem Falle zur Erhaltung notwendig sind.*[78]

2. *Eilbedürftigkeit der Erhaltungsmaßnahme*

Als Eingriff in das Recht zur gemeinschaftlichen Verwaltung der anderen Miterben bedarf das Notgeschäftsführungsrecht einer Rechtfertigung im Einzelfall. Die Kompetenz der Erbengemeinschaft darf nicht ohne Weiteres unterlaufen werden. Inwieweit die Eilbedürftigkeit der Maßnahme das Notgeschäftsführungsrecht einschränkt, ist umstritten.

a) *Meinungsstand*

Laut einer frühen Entscheidung des BGH soll es unabhängig von den weiteren Voraussetzungen der Notgeschäftsführung nicht alleine auf die Dringlichkeit der Maßnahme ankommen.[79] Dies würde die Nachlassverwaltung unnötig erschweren.[80] Abzuwägen seien das Interesse der Miterben, an der Maßnahme mitzuwirken gegen die Notwendigkeit der Maßnahme.[81] Je weniger intensiv sich die Maßnahme auf die übrigen Miterben auswirke, desto geringer sei deren Interesse daran mitzuwirken. Im Umkehrschluss lässt sich daraus ableiten, dass weniger intensive Maßnahmen nicht zwangsläufig so dringlich sein müssen, dass die Zustimmung der Miterben nicht mehr eingeholt werden kann. Eine Maßnahme kann jedoch auch einen derartigen Eingriff darstellen, dass sie nur vorgenommen werden kann, wenn sie so dringlich ist, dass die Zustimmung der Miterben nicht mehr erreicht werden kann.[82] Enger als der BGH sah dies später

---

77 BGHZ 6, 76, 81 f. = BGH, NJW 1952, 1252, 1253; *Lohmann*, in: BeckOK, BGB 2024, § 2038 Rn. 10.

78 BGHZ 6, 76, 81 f. = BGH, NJW 1952, 1252, 1253.

79 Vgl. BGHZ 6, 76, 81 f. = BGH, NJW 1952, 1252, 1253; OLG Hamm, Beschluss v. 13.11.1984 – 14 W 200/84 = OLGZ 85, 226 Ls.

80 BGHZ 6, 76, 81 f. = BGH, NJW 1952, 1252, 1253.

81 BGHZ 6, 76, 81 f. = BGH, NJW 1952, 1252, 1253.

82 Vgl. zu diesem Aspekt BGHZ 6, 76, 81 f. = BGH, NJW 1952, 1252, 1253.

das OLG Nürnberg[83]. Dieses verwies auf den Ausnahmecharakter des Notgeschäftsführungsrechts und darauf, dass eine Alleinentscheidungsbefugnis mit dem Gesamthandscharakter der Erbengemeinschaft an und für sich nicht vereinbar sei. Das Notgeschäftsführungsrecht könne nur zur Anwendung gelangen, wenn die Maßnahme unaufschiebbar, also ein Beschluss der Erbengemeinschaft nicht mehr einzuholen sei.[84] Auch in der Literatur herrscht Streit darüber, ob das Notgeschäftsführungsrecht zwingend voraussetzt, dass ein Mehrheitsbeschluss nicht mehr rechtzeitig eingeholt werden kann oder ob auf das Kriterium der Eilbedürftigkeit bei geringer Eingriffsintensität verzichtet werden kann.[85] Zuletzt äußerte sich der BGH in einem *Obiter Dictum* dahingehend, dass zumindest bedeutsame Maßnahmen mit einhergehenden Verpflichtungen der Miterben nur dann notwendig sein könnten, wenn sie so dringend seien, dass die Zustimmung der anderen Miterben nicht mehr erreicht werden könnte.[86]

b) Stellungnahme

Gegen das Erfordernis der Dringlichkeit einer Maßnahme spricht, dass der Norm ein solches Tatbestandsmerkmal nicht entnommen werden kann. Auch im Rahmen der Diskussion um § 744 Abs. 2 BGB wird angenommen, dass die Maßnahme nur notwendig, nicht aber eilbedürftig sein muss.[87] Andererseits herrscht unter den Stimmen, welche die Eilbedürftigkeit nicht voraussetzen, weitestgehend Einigkeit darüber, dass zumindest bei bedeutenden Maßnahmen ein Mehrheits-

---

83 OLG Nürnberg Urt. v. 16.07.2014 – 12 U 2267/12, BeckRS 2014, 15189.

84 OLG Nürnberg Urt. v. 16.07.2014 – 12 U 2267/12, BeckRS 2014, 15189.

85 Zum Streitstand: *Grunewald*, in: Festschrift Aderhold 2021, 89, 91. Für die Maßgeblichkeit der Eilbedürftigkeit: *Bengel*, ZEV 2002, 484, 486 f.; *Flechtner*, in: Burandt/Rojahn, ErbR, § 2038 Rn. 34; *Koslowski*, in: MAH ErbR, § 26 Rn. 69, einschränkend aber in Rn. 71; *Roth*, NJW-Spezial 2020, 39; dagegen: *Rißmann/Szalai*, in: BeckOGK, BGB, § 2038 Rn. 55; *Weidlich*, in: Grüneberg, § 2038 Rn. 11; *Löhnig*, JA 2007, 262; *Lohmann*, in: BeckOK, BGB 2024, § 2038 Rn. 10, allerdings mit Verweis auf den Vorrang des Mehrheitsbeschlusses; unklar insoweit: *Gergen*, in: MünchKommBGB, § 2038 Rn. 58 und *Bartholomeyczik*, in: Festschrift Reinhardt 1972, 13, 33. Letzterer sieht in der Notverwaltung den ersten Schritt zur Umsetzung einer Maßnahme: „*Will ein Miterbe die Erbengemeinschaft zu einer Verfügung veranlassen, so muß [sic] er zunächst prüfen, ob er nicht das Recht zu einem Notverpflichtungs- und Notverfügungsgeschäft […] hat.*"

86 BGH, NJW 2023, 1059, Rn. 8. Ob dies auch im Rahmen des § 744 Abs. 2 BGB gelten müsste, wurde offengelassen.

87 Siehe hierzu *Löhnig*, JA 2007, 262. Zu dieser Thematik im Rahmen des § 744 BGB siehe § 2 B. III. 5.

beschluss vorrangig ist.[88] Unterlaufen werden darf diese Kompetenz im Grundsatz nicht. Eine Differenzierung zwischen unbedeutenden und bedeutenden Eingriffen in das Verwaltungsrecht der Erbengemeinschaft schafft indes Rechtsunsicherheit. Auch diese Einschränkung ergibt sich nicht aus dem Gesetz. Systematisch lässt sich zumindest hervorheben, dass das Notgeschäftsführungsrecht eine Durchbrechung des gemeinsamen Verwaltungsrechts ist, welches nur in Ausnahmefällen zur Anwendung gelangen soll. Auch teleologisch lässt sich anführen, dass eine solche Ausnahmeregelung subsidiär zur gemeinsamen Verwaltung und restriktiv angewendet werden muss.

Zu berücksichtigen ist ferner, dass jeder Miterbe die Mitwirkung an erforderlichen Maßnahmen der ordnungsgemäßen Verwaltung verlangen kann, vgl. § 2038 Abs. 1 Satz 2 Halbs. 1 BGB. Neben der Ordnungsmäßigkeit der Maßnahme muss auch die Erforderlichkeit selbiger gegeben sein, um eine Mitwirkungspflicht zu begründen.[89] Diese muss durch besondere Umstände begründet werden. Die Ordnungsmäßigkeit beurteilt sich aus der Sicht eines objektiven, wirtschaftlich und vernünftig denkenden Beurteilers.[90] Die Erforderlichkeit ist gegeben, wenn der Nachlass ohne die Maßnahme wirtschaftlich beeinträchtigt wäre.[91] Die Mitwirkung kann gerichtlich erzwungen werden, soweit ein Mehrheitsbeschluss nicht erreicht werden kann.[92] Die Leistungsklage ist auf Mitwirkung an der konkreten Maßnahme gerichtet. Die Rechtskraft des Urteils ersetzt die Zustimmung des beklagten Erben, § 894 ZPO.[93] Da Notgeschäftsführungsmaßnahmen auch nur solche der ordnungsgemäßen Verwaltung sein können,[94] kann der Handelnde seine geplanten Maßnahmen im Rahmen der erforderlichen ordnungsgemäßen Verwaltung auch gerichtlich erzwingen. Denn was zur Erhaltung notwendig ist,

---

88 Vgl. die Nachweise unter Fn. 83.

89 BGH, Urteil vom 28.09.2005 – IV ZR 82/04, BGHZ 164, 181 Rn. 12 = ZEV 2006, 24 Rn. 12.

90 BGH, Urteil vom 28.09.2005 – IV ZR 82/04, BGHZ 164, 181 Rn. 27 = ZEV 2006, 24 Rn. 27.

91 BGH, Urteil vom 28.09.2005 – IV ZR 82/04, BGHZ 164, 181 Rn. 28 = ZEV 2006, 24 Rn. 28.

92 *Lohmann*, in: BeckOK, BGB 2024, § 2038 Rn. 8; *Gergen*, in: MünchKommBGB, § 2038 Rn. 44; *Weidlich*, in: Grüneberg, § 2038 Rn. 8.

93 *Lohmann*, in: BeckOK, BGB 2024, § 2038 Rn. 8; *Gergen*, in: MünchKommBGB, § 2038 Rn. 44; *Löhnig*, JA 2007, 262, 263.

94 BGHZ 6, 76, 81 f. = BGH, NJW 1952, 1252, 1253; *Gergen*, in: MünchKommBGB, § 2038 Rn. 58; *Flechtner*, in: Burandt/Rojahn, ErbR, § 2038 Rn. 33; *Rißmann/Szalai*, in: BeckOGK, BGB, § 2038 Rn. 54; *Bartholomeyczik*, in: Festschrift Reinhardt 1972, 13, 28.

wird auch im Rahmen einer ordnungsgemäßen Verwaltung erforderlich sein.[95] Soweit eine Maßnahme nicht eilbedürftig ist, besteht für ein Notgeschäftsführungsrecht folglich kein Bedürfnis, da der Klageweg offensteht. Teilweise wird dieses Argument herangezogen, um zu begründen, weshalb die Eilbedürftigkeit keine notwendige Voraussetzung der Notgeschäftsführung sein soll.[96] Denn soweit es der Notgeschäftsführer ohnehin nicht billigen muss, dass die Mehrheit sein Recht entwertet, dann könne er es auch ohne vorherige Konsultation wahrnehmen. Der systematische Vorrang des Mehrheitsbeschlusses lässt sich dadurch aber nicht entkräften. Auch der Vergleich mit dem Recht der Bruchteilsgemeinschaft geht fehl.[97] Dort wird auf den Wortlaut des § 744 Abs. 2 BGB verwiesen. Der Teilhaber kann dort die Einwilligung zu einer Notgeschäftsführungsmaßnahme im Voraus verlangen. Würde man die Eilbedürftigkeit als zwingendes Tatbestandsmerkmal voraussetzen, würde dieser Anspruch ins Leere laufen.[98] § 744 BGB ist von der Verweisung des Rechts der Erbengemeinschaft jedoch ausdrücklich ausgenommen, vgl. § 2038 Abs. 2 BGB. Es ist daher zu fordern, dass dieser nach wie vor die Möglichkeit gegeben wird, über die Maßnahme systemkonform zu entscheiden. Soweit ein Mehrheitsbeschluss rechtzeitig eingeholt werden kann, ist dieses Vorgehen zur Notgeschäftsführung folglich vorrangig. Für eine Umgehung der Mehrheit bei unbedeutenden Maßnahmen besteht keine Rechtfertigung.

3. Kollision zwischen dem System der Willensbildung und dem Interesse an notwendiger Erhaltungsmaßnahme

Wie im Recht der Wohnungseigentümergemeinschaft ist zu hinterfragen, ob ein Miterbe sich auf sein Notgeschäftsführungsrecht berufen kann, wenn die Erbengemeinschaft konsultiert wurde, aber keine Maßnahme zur Gefahrenabwehr einleitet. Auf der einen Seite streitet das Notgeschäftsführungsrecht als unentziehbares Individualrecht für einen Vorrang der Notgeschäftsführung.[99] Denn der einzelne Miterbe muss nicht respektieren, dass sein Erhaltungsrecht am Nachlass „*aus Unkenntnis, mangelndem Urteilsvermögen, Kurzsichtigkeit, Geiz oder Desinteresse*“ konterkariert wird.[100] Im Einklang damit steht der Gedanke, dass sich

---

95 *Bartholomeyczik*, in: Festschrift Reinhardt 1972, 13, 28.
96 Staudinger/*von Proff* (2021) § 744 Rn. 23; *Löhnig*, JA 2007, 262.
97 *Löhnig*, JA 2007, 262.
98 Vgl. hierzu *Schirrmacher*, NJW 2018, 3348 f.
99 *Löhnig*, JA 2007, 262.
100 *Löhnig*, JA 2007, 262; vgl. Staudinger/*von Proff* (2021) § 744 Rn. 23; Staudinger/*Löhnig* (2020) § 2038 Rn. 30. Vgl. auch *Bartholomeyczik*, in: Festschrift Reinhardt 1972, 13,

das Notgeschäftsführungsrecht auch zu einer Pflicht zum Tätigwerden verdichten kann.[101] Handelt ein Miterbe schuldhaft nicht, so kann er der Erbengemeinschaft auf Schadensersatz haften.[102] Notwendige Maßnahmen könnte der Miterbe daher sogar gegen den Widerspruch der übrigen Miterben durchsetzen.[103] Auf der anderen Seite entspricht es nicht dem Sinn und Zweck der Notgeschäftsführung, Maßnahmen gegen den Willen der Erbengemeinschaft durchzusetzen.[104] Sie ist als Ausnahmeregelung zur Gefahrenabwehr konzipiert, die nur die Handlungsfähigkeit herstellen, nicht aber als Instrument zur Durchsetzung von umstrittenen Maßnahmen dienen soll.[105] In diesem Sinne würde ein ablehnender Mehrheitsbeschluss das Notgeschäftsführungsrecht sperren.[106] Etwas anderes kann nur dann gelten, wenn Zeitablauf oder neue Tatsachen darauf schließen lassen, dass der entgegenstehende Wille der Erbengemeinschaft nicht mehr mit der neuen Sachlage übereinstimmt.[107] Eine Handlungsbefugnis wird man bei einem entgegenstehenden Willen der Erbengemeinschaft nur in eilbedürftigen Ausnahmesituationen zulassen dürfen.

4. *Rechtsfolgen*

Soweit die Voraussetzungen der Notverwaltung vorliegen, kann der Notgeschäftsführer nicht nur Geschäftsführungsmaßnahmen treffen, sondern auch die Erbengemeinschaft rechtsgeschäftlich nach außen vertreten.[108] Ebenso kann

---

28: „*Es [das Gesamthandsprinzip in der Miterbengemeinschaft] verwirklicht wohlverstandenen Egoismus, der zum sozialen Hebel wird.*"

101 *Lohmann*, in: BeckOK, BGB 2024, § 2038 Rn. 11; *Gergen*, in: MünchKommBGB, § 2038 Rn. 57; *Flechtner*, in: Burandt/Rojahn, ErbR, § 2038 Rn. 33; *Rißmann/Szalai*, in: BeckOGK, BGB, § 2038 Rn. 61.

102 *Gergen*, in: MünchKommBGB, § 2038 Rn. 57; *Lohmann*, in: BeckOK, BGB 2024, § 2038 Rn. 11, *Bengel*, ZEV 2002, 484, 486; *Roth*, NJW-Spezial 2020, 39.

103 LG Berlin, NJW 1961, 1406, 1408; **a. A.** Staudinger/*Löhnig* (2020) § 2038 Rn. 31.

104 *Rißmann/Szalai*, in: BeckOGK, BGB, § 2038 Rn. 59; ähnlich *Gergen*, in: MünchKommBGB, § 2038 Rn. 58.

105 *Rißmann/Szalai*, in: BeckOGK, BGB, § 2038 Rn. 59; Staudinger/*Löhnig* (2020) § 2038 Rn. 31.

106 *Rißmann/Szalai*, in: BeckOGK, BGB, § 2038 Rn. 59; Staudinger/*Löhnig* (2020) § 2038 Rn. 31; ähnlich *Gergen*, in: MünchKommBGB, § 2038 Rn. 58.

107 *Rißmann/Szalai*, in: BeckOGK, BGB, § 2038 Rn. 59.

108 *Gergen*, in: MünchKommBGB, § 2038 Rn. 63; *Lohmann*, in: BeckOK, BGB 2024, § 2038 Rn. 11; *Bengel*, ZEV 2002, 484, 486; *Roth*, NJW-Spezial 2020, 39; *Bartholomeyczik*, in: Festschrift Reinhardt 1972, 13, 27 f.; kritisch schon zur Außenwirkung von Mehrheitsbeschlüssen: *Jülicher*, AcP 175 (1975), 143.

er Verfügungsgeschäfte vornehmen.[109] Hintergrund dieser weiten Handlungsbefugnis ist die beschränkte Haftung. Denn wird im Namen der Erbengemeinschaft ein Rechtsgeschäft vorgenommen, werden die Miterben nur mit dem Gesamthandsvermögen verpflichtet.[110] Dem Miterben steht unter der Voraussetzung der Notgeschäftsführung ein Aufwendungsersatzanspruch nach § 2038 Abs. 2 in Verbindung mit § 748 BGB zu.[111] Hinsichtlich des Aufwendungsersatzanspruches außerhalb der Notgeschäftsführung gibt sich der BGH – im Vergleich zum WEG-Recht – aufgeschlossener. Erhaltungsmaßnahmen im Bereich des WEG-Rechts seien von verschiedenen Entscheidungsmöglichkeiten geprägt, insbesondere da das Rechtsverhältnis auf Dauer angelegt sei.[112] Auf das Recht der Erbengemeinschaft, seien diese Grundsätze nicht übertragbar;[113] hier beschränke sich die Entscheidungskompetenz auf einzelne konkrete Maßnahmen, für die ein Aufwendungsersatzanspruch sogar dann in Betracht komme, wenn die Maßnahme nicht von der Notgeschäftsführung gedeckt sei.[114]

5. *Fazit*

Das Notgeschäftsführungsrecht bei der Erbengemeinschaft unterscheidet sich nicht wesentlich von dem Notgeschäftsführungsrecht der WEG. Als Gefahrenabwehrrecht dient es dem einzelnen Miterben dazu, in dringlichen Fällen Gefahren vom Nachlass abzuwenden. Soweit es zeitlich möglich ist, muss zuvor die Erbengemeinschaft konsultiert werden. Eigenmächtig handeln kann der Miterbe nur in dringlichen Fällen. Bildet die Erbengemeinschaft einen gegensätzlichen Willen, kann eine Notgeschäftsführung – wenn überhaupt – nur in Einzelfällen in Betracht kommen.

---

109 BGH, NJW 2010, 765 Rn. 29; *Gergen*, in: MünchKommBGB, § 2038 Rn. 64; *Löhnig*, JA 2007, 262, 263; *Lohmann*, in: BeckOK, BGB 2024, § 2038 Rn. 11; *Bengel*, ZEV 2002, 484, 486; *Roth*, NJW-Spezial 2020, 39; *Bartholomeyczik*, in: Festschrift Reinhardt 1972, 13, 27 f.

110 *Gergen*, in: MünchKommBGB, § 2038 Rn. 29; zustimmend *Grunewald*, in: Festschrift Aderhold 2021, 89, 97; vgl. zur den Folgeansprüchen: *Frieser/Potthast*, NJW 2021, 124.

111 *Rißmann/Szalai*, in: BeckOGK, BGB, § 2038 Rn. 133, 98.

112 BGH, NJW 2021, 157 Rn. 11 ff.

113 BGH, NJW 2021, 157 Rn. 11 ff.

114 BGH, NJW 2021, 157 Rn. 10 ff.

III. Die Notgeschäftsführung in der Bruchteilsgemeinschaft

Auch die Bruchteilsgemeinschaft kennt eine Form der Notverwaltung. Für das Recht der Personengesellschaften ist diese von besonderer Bedeutung, da die gesellschaftsrechtliche Notgeschäftsführungsbefugnis vor der Einführung des MoPeG maßgeblich auf einer analogen Anwendung des Rechts der Bruchteilsgemeinschaft fußte.[115] Für das Verständnis des bisherigen Rechts und damit auch zur Schaffung eines Problembewusstseins bei der Anwendung der Notgeschäftsführungsrechte nach dem MoPeG ist das Recht der Bruchteilsgemeinschaft daher elementar.

1. *Überblick*

Ausgangspunkt ist § 744 BGB, der die Verwaltung eines gemeinschaftlichen Gegenstandes regelt. Das grundlegende Prinzip findet sich in § 744 Abs. 1 BGB wieder: Die Verwaltung steht allen Teilhabern gemeinschaftlich zu. Gemeinschaftlich meint einstimmig.[116] Gemeinschaftlich verwalten können die Teilhaber durch gemeinsames Handeln oder durch einen einstimmigen Beschluss oder Vereinbarung.[117] Aufgeweicht wird dieser Grundsatz in mehrfacher Hinsicht. Nach § 745 Abs. 1 BGB kann ein mehrheitlicher Beschluss gefasst werden, soweit eine der Beschaffenheit des Gegenstandes entsprechende ordnungsgemäße Verwaltung und Benutzung in Rede steht. Vorrang haben stets die Vereinbarungen der Teilhaber. Von diesen kann nicht durch Mehrheitsbeschluss abgewichen werden. Sind derartige Vereinbarungen nicht vorhanden, kann die Bruchteilsgemeinschaft durch Mehrheitsbeschlüsse handeln, vgl. § 745 Abs. 1 BGB. Fehlen auch solche Beschlüsse, kann jeder Teilhaber sein Recht auf entsprechende Verwaltung und Benutzung verlangen, vgl. § 745 Abs. 2 BGB. Das Notgeschäftsführungsrecht bleibt davon unberührt. Hintergrund dieser auf den ersten Blick schwer verständlichen Regelung ist folgender Interessenkonflikt. Auf der einen Seite muss die Gemeinschaft vor einzelnen Teilhabern geschützt werden, die im Rahmen des Einstimmigkeitsprinzips die Verwaltung des Gegenstandes durch eine Blockadehaltung unmöglich machen. Mehrheitsbeschlüsse schaffen hier

---

115 Siehe § 3 A. III.

116 *Bergmann*, WM 2019, 189; Staudinger/*vonProff* (2021) § 744 Rn. 2 f.; *Fehrenbacher*, in: BeckOGK, BGB, § 744 Rn. 10.

117 Soweit die Beschlüsse einstimmig gefasst werden, ist die Unterscheidung zwischen Vereinbarung und Beschlüssen zu vernachlässigen, vgl. *Karsten Schmidt*, in: MünchKommBGB, § 745 Rn. 15; Staudinger/*vonProff* (2021) § 744 Rn. 11; *Aderhold*, in: Erman, BGB, § 744 Rn. 4; *Fehrenbacher*, in: BeckOGK, BGB, § 744 Rn. 10.

Abhilfe (§ 745 Abs. 1 BGB). Auf der anderen Seite muss der einzelne Teilhaber vor Mehrheitsbeschlüssen geschützt werden, die in erheblichem Maße auf sein Teilhaberecht einwirken (§ 744 Abs. 1 BGB). Mehrheitsentscheidungen sind daher nur im Rahmen einer ordnungsgemäßen Verwaltung und Benutzung zulässig, wodurch die Minderheit geschützt wird.[118]

Eine direkte Mitwirkungspflicht dem § 2038 Abs. 1 Satz 2 Halbs. 1 BGB entsprechend kennt das Recht der Bruchteilsgemeinschaft nicht. Daraus folgt allerdings nicht, dass keine Pflicht bestehen würde, an Maßregeln, die zur ordnungsmäßigen Verwaltung erforderlich sind, mitzuwirken.[119] Soweit die Gemeinschaft einen Beschluss gefasst hat, ergibt sich die Mitwirkungspflicht direkt aus dem Beschluss. Fehlt es an einem Beschluss, kann jeder Teilhaber nach § 745 Abs. 2 BGB eine dem Interesse aller Teilhaber nach billigem Ermessen entsprechende Verwaltung und Benutzung verlangen.[120]

2. *Notwendige Erhaltungsmaßnahmen*

§ 744 Abs. 2 BGB regelt das Notgeschäftsführungsrecht. Notwendige Erhaltungsmaßnahmen,[121] welche zur Erhaltung der Substanz oder des wirtschaftlichen Wertes des Gegenstandes erforderlich sind, begründen ein Handlungsrecht des einzelnen Teilhabers, auch ohne die Einwilligung der übrigen Teilhaber. Das Recht beschränkt sich auf notwendige Erhaltungsmaßnahmen, nur nützliche oder in diesem Sinne wertsteigernde Maßnahmen sind davon nicht umfasst.[122] Die ab-

---

118 Siehe zu diesem Interessenkonflikt: *Fehrenbacher*, in: BeckOGK, BGB, § 745 Rn. 3.

119 Staudinger/*Huber* (1986) § 744 Rn. 18; **a. A.** *Karsten Schmidt*, in: MünchKommBGB, § 745 Rn. 2; *Fehrenbacher*, in: BeckOGK, BGB, § 744 Rn. 3; *Eberl-Borges*, Erbauseinandersetzung, S. 35; differenzierend *Schnorr*, Bruchteilsgemeinschaft, S. 220.

120 *„Nicht erforderlich ist, dass die Maßnahme die Interessen jedes Miterben „bestmöglich" oder optimal wahrt"*, OLG München Hinweisbeschluss v. 6.10.2010 – 7 U 3661/10, BeckRS 2010, 29843.

121 Notwendige Erhaltungsmaßnahmen sind immer ordnungsgemäß; hieraus folgt, dass alles, was mehrheitlich nicht beschlossen werden kann, auch nicht nach § 744 Abs. 2 BGB durchgesetzt werden kann, vgl. auch OLG Karlsruhe, NJW-RR, 2006, 1600, 1601.

122 BGH, NZM 2008, 319 Rn. 11; OLG Hamm, NZG 2000, 642, 643; Staudinger/*vonProff* (2021) § 744 Rn. 21; *Hadding*, in: Soergel (1985), BGB, § 744 Rn. 4; *Karsten Schmidt*, in: MünchKommBGB, § 745 Rn. 42. Strittig ist insoweit, ob auch nicht wirtschaftliche Aspekte miteinbezogen werden können, so insb. Staudinger/*vonProff* (2021) § 744 Rn. 22, Staudinger/*Langhein* (2008) § 744 Rn. 22. Auch *Schnorr* erkennt Affektionsinteressen an, vgl. *Schnorr*, Bruchteilsgemeinschaft, S. 271.

solute Grenze bildet der Maßstab des § 745 Abs. 3 BGB, wonach eine wesentliche Veränderung von den Teilhabern nicht verlangt werden kann.[123]

Der Begriff der notwendigen Erhaltungsmaßnahme setzt eine Würdigung der konkreten Umstände des Einzelfalls voraus.[124] Maßgeblich ist, ob ein vernünftiger Teilhaber die Maßnahme zur Erhaltung für notwendig erachtet, wobei ein wirtschaftlicher Standpunkt einzunehmen ist.[125] Werden die getätigten Aufwendungen nicht durch die Nutzungsmöglichkeiten oder einen Erlös gedeckt, ist die Maßnahme in der Regel nicht notwendig.[126] Die Beispiele sind mannigfaltig.[127] So kann das Ersetzen einer kaputten Heizung für ein gemeinschaftlich gehaltenes Grundstück eine notwendige Erhaltungsmaßnahme sein.[128] Obwohl dadurch eine Umgestaltung stattfindet, ist die Maßnahme notwendig in Bezug auf das Grundstück.[129] Hingegen ist der Austausch von defekten Heizöfen durch eine Zentralheizung nicht mehr als notwendige Erhaltungsmaßnahme einzustufen.[130] Unter Berücksichtigung der damit einhergehenden Umgestaltung und den zugrundeliegenden Kosten war die Maßnahme zu gravierend, um diese als notwendig einzustufen. Rechtsterminologisch lässt sich diese Argumentation damit umschreiben, dass der Teilhaber nicht das „mildeste unter den verfügbaren Mittel“ ausgewählt hatte. Abgesehen von klassischen Reparaturmaßnahmen kommt daneben auch eine Klageerhebung,[131] die Abwendungen einer Zwangsvollstreckung durch Zahlungen[132] oder Rechtsbehelfe gegen Zwangsvollstreckungsmaßnahmen in Betracht.[133] Zuletzt kann auch die Erstellung eines Brandschutzkonzepts[134] oder ein Gebäudeabriss[135] eine notwendige Erhaltungsmaßnahme darstellen.

---

123 OLG Hamm, NZG 2000, 642, 643; *Fehrenbacher*, in: BeckOGK, BGB, § 744 Rn. 20 f.

124 *Fehrenbacher*, in: BeckOGK, BGB, § 744 Rn. 20 f.

125 Staudinger/*vonProff* (2021) § 744 Rn. 21; *Fehrenbacher*, in: BeckOGK, BGB, § 744 Rn. 20 f.

126 OLG Hamm, NZG 2000, 642, 643; *Fehrenbacher*, in: BeckOGK, BGB, § 744 Rn. 21.

127 Siehe zu weiteren Beispielen insbesondere: Staudinger/*vonProff* (2021) § 744 Rn. 24; *Fehrenbacher*, in: BeckOGK, BGB, § 744 Rn. 23.

128 BVerfG, NJW 1999, 1387, 1388.

129 *Fehrenbacher*, in: BeckOGK, BGB, § 744 Rn. 20.

130 OLG München, BeckRS 2002, 30266055.

131 BGHZ 94, 117, 121 = NJW 1985, 1826, 1827; BGH, NJW 2011, 451, 452 Rn. 10.

132 BGHZ 94, 117, 121 = NJW 1985, 1826, 1827.

133 BHG, NZM 2008, 319 f.

134 OLG Dresden, BeckRS 2019, 32244, im Ergebnis allerdings dies verneinend, da die Notwendigkeit des Konzepts für einige Gebäudeteile nicht gegeben war.

135 OLG Dresden, Urt. vom 10.11.2020 – 4 U 1355/18 -, juris. Der Abriss des Nebengebäudes war im Rahmen einer Gesamtbetrachtung für die weitere Nutzung des Grundbesitzes notwendig, vgl. Rn. 8 ff.

3. *Das Notgeschäftsführungsrecht als Individualrecht*

Dogmatischer Kern der Notgeschäftsführungsbefugnis ist das Erhaltungsrecht der Teilhaber. Dieses ist unentziehbares Individualrecht eines jeden Teilhabers.[136] Es entspringt unmittelbar aus der Mitberechtigung[137] und dient dazu, das Recht des Teilhabers auf Werterhaltung zu sichern.[138] Der Notgeschäftsführer, der Maßnahmen zur Erhaltung vornimmt, wahrt also sein eigenes Recht an dem Gegenstand bzw. dem Recht.[139] Im Ausgangspunkt ist die Rechtsbeziehung der Teilhaber untereinander wesentlich durch diese einzelnen Erhaltungsrechte geprägt. Denn die Bruchteilsgemeinschaft wurzelt allein in der gemeinsamen Teilhaberschaft an einem Recht. Sie ist weitestgehend Zufallsgemeinschaft.[140] Es fehlt ihr an einer gemeinsamen übergeordneten Zweckverfolgung.[141] Konsequenterweise dürfen die Teilhaber auch ihre Einzelinteressen verfolgen.[142] Mangels eines übergeordneten Zwecks, erschöpft sich die Rechtsbeziehung der Teilhaber untereinander in der gemeinschaftlichen Innehabung eines Rechts.[143] Diese Mitberechtigung wiederum, deren Kern die Erhaltung des Rechts darstellt, ist vor Eingriffen der anderen Teilhaber zu schützen. Auch die Mehrheit kann das Erhaltungsrecht des einzelnen Teilhabers nicht überproportional beeinträchtigen, bspw. kann eine Zerstörung des Gegenstandes gegen den Willen eines Teilhabers nicht beschlossen werden.[144] Selbst wenn die Verwaltung einstimmig einem Dritten übertragen worden ist und die Gemeinschaft sich eine verwaltende Organisation gegeben hat, bleibt das

---

136 *Karsten Schmidt*, in: MünchKommBGB, § 745 Rn. 41; *Aderhold*, in: Erman, BGB, § 744 Rn. 7; *Fehrenbacher*, in: BeckOGK, BGB, § 744 Rn. 19; vgl. *Diederichsen*, MDR 1963, 632, 635; *Schnorr*, Bruchteilsgemeinschaft, S. 224.

137 Staudinger/*vonProff* (2021) § 744 Rn. 28.

138 BGHZ 94, 117 = NJW 1985, 1826, 1827; *Diederichsen*, MDR 1963, 632, 634; *Reinicke/Tiedtke*, JZ 1985, 888, 891; *Karsten Schmidt*, in: MünchKommBGB, § 745 Rn. 41; *Aderhold*, in: Erman, BGB, § 744 Rn. 7; kritisch und weitere Interessen berücksichtigend: Staudinger/*vonProff* (2021) § 744 Rn. 22.

139 Staudinger/*Huber* (1986) § 744 Rn. 26; Staudinger/*Langhein* (2008) § 744 Rn. 29.

140 *v.Gramm*, in: BGB-RGRK, Vor § 705 Rn. 3.

141 *v.Gramm*, in: BGB-RGRK, Vor § 705 Rn. 3, § 741 Rn. 5: „*In diesem Sinn ist die Bruchteilsgemeinschaft statisch, die Gesellschaft dynamisch.*"; *Hadding*, in: Soergel (1985), BGB, Vor § 741 Rn. 1;

142 *Hadding*, in: Soergel (1985), BGB, Vor § 741 Rn. 1.

143 *v.Gramm*, in: BGB-RGRK, Vor § 705 Rn. 3; *Hadding*, in: Soergel (1985), BGB, Vor § 741 Rn. 1; *Karsten Schmidt*, in: MünchKommBGB, § 741 Rn. 4.

144 Staudinger/*Huber* (1986) § 744 Rn. 25.

Erhaltungsrecht bestehen. Nur im Einzelfall kann darauf verzichtet werden.[145] Da der Notgeschäftsführer nur sein eigenes Recht an der Erhaltung des Gegenstandes wahrnimmt, ist es auch folgerichtig, nützliche Maßnahmen davon auszuschließen. Denn das Notgeschäftsführungsrecht greift nur, soweit die Mitberechtigung, der eigene ideelle Anteil, in seinem Gehalt betroffen ist.

Auch wenn der Teilhaber ohne Zustimmung der übrigen handeln kann, bleibt es ihm unbenommen, die Einwilligung der übrigen Teilhaber zu verlangen, vgl. § 744 Abs. 2 Halbs. 2 BGB. Der Anspruch kann klageweise durchgesetzt werden. Unter Anwendung des § 894 ZPO ersetzt das Urteil die Einwilligung. Der Anspruch dient dem Schutz des Handelnden. So kann vorab festgestellt werden, dass eine notwendige Erhaltungsmaßnahme wirklich vorliegt.[146] Die Notwendigkeit der Maßnahme kann durch die anderen Teilhaber nicht mehr bestritten werden.[147] Ebenso vereinfacht die vorherige Zustimmung die Durchsetzung des Kostenersatzanspruches des Handelnden im Rahmen des § 748 BGB und erleichtert den Nachweis von Verfügungsmacht gegenüber etwaigen Dritten.[148]

4. *Das Verhältnis der Ansprüche zueinander*

Im römischen Recht galt in der Bruchteilsgemeinschaft das Prinzip der Einstimmigkeit.[149] Eine Verwaltung gegen eine oppositionelle Minderheit war faktisch nicht möglich. Einzige Ausnahme waren die notwendigen Erhaltungsmaßnahmen, welche weder durch eine Mehrheit noch eine Minderheit blockiert werden konnten. Das Erhaltungsrecht als Ausnahme zum Einstimmigkeitsprinzip statuierte somit den absoluten Vorrang des Werterhaltungsprinzips.[150] Dieser objektive Kernbereich konnte nicht beeinträchtigt werden. Dieses objektive Interesse des Teilhabers stellte das notwendige Gegenstück zum *ius prohibendi* der anderen Teilhaber dar.[151]

---

145 Staudinger/*vonProff* (2021) § 744 Rn. 28; siehe hierzu auch: *Karsten Schmidt*, in: MünchKommBGB, § 745 Rn. 41.

146 *Karsten Schmidt*, in: MünchKommBGB, § 745 Rn. 49.

147 Beispielsweise im Rahmen der Geltendmachung eines Regressanspruches, *Bergmann*, WM 2019, 189, 190; so auch schon *Mugdan*, Band II, Motive 1. Lesung, S. 490; Staudinger/*vonProff* (2021) § 744 Rn. 27.

148 Staudinger/*Huber* (1986) § 744 Rn. 24; *Hadding*, in: Soergel (1985), BGB, § 744 Rn. 6; vgl. *Gehrlein*, in: BeckOK, BGB 2024, § 744 Rn. 5; *Fehrenbacher*, in: BeckOGK, BGB, § 744 Rn. 30; *Bergmann*, WM 2019, 189, 190.

149 Vgl. *Bergmann*, WM 2019, 189.

150 Siehe hierzu: *Bergmann*, WM 2019, 189 f.

151 *Bergmann*, WM 2019, 189, 190 f.

Der BGB-Gesetzgeber hat das ausnahmslose Einstimmigkeitsprinzip des römischen Rechts jedoch durch das Mehrheitsprinzip des § 745 Abs. 1 BGB deutlich aufgeweicht. Zudem gibt § 745 Abs. 2 BGB dem Teilhaber das Recht eine dem Interesse aller Teilhaber nach billigem Ermessen entsprechende Verwaltung und Benutzung zu verlangen. Als Korrektiv zum *ius prohibendi* der anderen Teilhaber ist das Notgeschäftsführungsrecht daher nicht zwingend erforderlich.[152] Denn dem Teilhaber steht es frei, seinen Anspruch im Rahmen des § 745 Abs. 2 BGB durchzusetzen. Denn notwendige Erhaltungsmaßnahmen werden regelmäßig auch im Interesse aller Teilhaber sein. Soweit hieran Zweifel bestehen, kann der Teilhaber nach § 744 Abs. 2 Halbs. 2 BGB vorgehen. Trotz der Überschneidungen der Ansprüche ist keiner der beiden obsolet; vielmehr können beide Ansprüche nebeneinanderstehen. Das Handlungsrecht des Einzelnen in Notfällen nach § 744 Abs. 2 BGB bleibt zunächst unberührt. Ferner ist der Anwendungsbereich des § 745 Abs. 2 BGB weiter als der Anspruch auf Einwilligung nach § 744 Abs. 2 Halbs. 2 BGB.[153] § 745 Abs. 2 BGB stellt die ordnungsgemäße Verwaltung und Benutzung sicher, ist aber nicht auf notwendige Erhaltungsmaßnahmen beschränkt.[154] Zwar wird auch eine notwendige Erhaltungsmaßnahme regelmäßig von § 745 Abs. 2 BGB umfasst sein. Zweckmäßigerweise wird der Teilhaber daher nach § 745 Abs. 2 BGB vorgehen, wenn er schon die Mitwirkung der anderen Teilhaber fordert.[155] Andererseits kann auch der Klageweg nach § 744 Abs. 2 BGB vorteilhaft sein. Denn die Erforderlichkeit einer Maßnahme zur Erhaltung des Rechts wird regelmäßig einfacher festzustellen sein, als die Frage, ob die Maßnahme dem Interesse aller Teilhaber entspricht. Dies gilt umso mehr, als dass bei mehreren Maßnahmen im Rahmen des § 745 Abs. 2 BGB nur diejenige durchgeführt werden kann, die das Interesse aller Teilhaber wahrt.[156] Der Kreis der von § 744 Abs. 2 BGB umfassten Maßnahmen ist enger.[157] Zudem greift § 745 Abs. 2 BGB dem Wortlaut nach nur dann ein, wenn kein Beschluss vorhanden ist. Wird man anerkennen müssen, dass bei einer Änderung der Sachlage die Norm trotz eines

---

152 *Bergmann*, WM 2019, 189 ff.

153 Staudinger/*Huber* (1986) § 744 Rn. 24; vgl. *Karsten Schmidt*, in: MünchKommBGB, § 745 Rn. 28.

154 *Bergmann* führt bspw. die Verpachtung eines brachliegenden Grundstücks auf. Diese ist zwar nicht zur Erhaltung des Grundstücks notwendig, entspricht aber billigem Ermessen, vgl. *Bergmann*, WM 2019, 189.

155 Staudinger/*Huber* (1986) § 744 Rn. 24.

156 Staudinger/*Langhein* (2008) § 745 Rn. 55.

157 Staudinger/*Langhein* (2008) § 745 Rn. 55.

Beschlusses gleichwohl anwendbar ist,[158] greift in anderen Fällen dennoch nur der Klageweg über § 744 Abs. 2 BGB. Die wesentliche Erkenntnis, welche sich aus der Normierung des Notgeschäftsführungsrechts ergibt, ist jedoch, dass die Werterhaltung weiterhin oberstes Gebot der Bruchteilsgemeinschaft ist.[159] Soweit dieses betroffen ist, greift das Notgeschäftsführungsrecht und ermächtigt den Teilhaber dieses Recht ohne und auch gegen den Willen der übrigen Teilhaber durchzusetzen.[160]

5. *Keine Einschränkung des Notgeschäftsführungsrechts durch Eilbedürftigkeit*

Der normierte Anspruch auf vorherige Einwilligung nach § 744 Abs. 2 Halbs. 2 BGB verdeutlicht, dass die Notgeschäftsführung nicht voraussetzt, dass der Notgeschäftsführer zunächst versucht hat, einen Mehrheitsbeschluss über die geplante Maßnahme herbeizuführen. Eine vorrangige Klage auf Zustimmung wird nicht verlangt.[161] Die Notgeschäftsführung setzt demnach nach herrschender Meinung nicht voraus, dass die Maßnahme eilbedürftig ist.[162] Denn der Anspruch auf Einwilligung wäre gegenstandslos, wenn die Notgeschäftsführung nur Maßnahmen umfassen würde, die so dringend sind, dass ein Mehrheitsbeschluss nicht mehr herbeigeführt werden könnte.[163] Aus diesem Vorrang des Erhaltungsinteresses folgt auch, dass sich der Notgeschäftsführer über einen gegenläufigen Mehrheitsbeschluss hinwegsetzen kann.[164] Denn wie schon im römischen Recht ist das Erhaltungsrecht als Individualrecht vor Eingriffen durch

---

158 So schon *Mugdan*, Band II, Motive 1. Lesung, S. 497; BGH, NJW 2007, 149 Rn. 13; Staudinger/*Huber* (1986) § 745 Rn. 50; *Gehrlein*, in: BeckOK, BGB 2024, § 745 Rn. 9; *Hadding*, in: Soergel (1985), BGB, § 745 Rn. 12; *Karsten Schmidt*, in: MünchKommBGB, § 745 Rn. 35.

159 Vgl. *Bergmann*, WM 2019, 189, 190.

160 Staudinger/*Langhein* (2008) § 744 Rn. 26; *Fehrenbacher*, in: BeckOGK, BGB, § 744 Rn. 19; *Schnorr*, Bruchteilsgemeinschaft, S. 224.

161 Staudinger/*vonProff* (2021) § 744 Rn. 5.

162 So schon Staudinger/*Huber* (1986) § 744 Rn. 20; *Gehrlein*, in: BeckOK, BGB 2024, § 744 Rn. 7; *Aderhold*, in: Erman, BGB § 744 Rn. 7; *Fehrenbacher*, in: BeckOGK, BGB, § 744 Rn. 22; *Schirrmacher*, NJW 2018, 3348 f.; Bergmann, WM 2019, 189, 190; *Mugdan*, Band II, Protokolle, S. 1206: „*[Z]u einer Beschränkung auf den Fall dringender Gefahr liege insoweit kein Anlaß [sic] vor.*“

163 Siehe hierzu: *Schirrmacher*, NJW 2018, 3348 f.

164 Staudinger/*Huber* (1986) § 744 Rn. 25. Vgl. *Fehrenbacher*, in: BeckOGK, BGB, § 744 Rn. 24; vgl. Staudinger/*vonProff* (2021) § 744 Rn. 26; kritisch wohl *Grunewald*, in: Festschrift Aderhold 2021, 89, 97.

die Mehrheit geschützt. Darüber hinaus wird angeführt, dass einem Teilhaber nicht zugemutet werden soll, bis zum unmittelbaren Schadenseintritt zu warten, bevor er die Maßnahme durchführen kann.[165] Denn den übrigen Teilhabern bliebe es unbenommen, aus *„mangelndem Urteilsvermögen, Kurzsichtigkeit, Geiz oder Desinteresse"*[166] trotz Kenntnis der Gefahrenlage nicht zu handeln.[167] Müsste der Teilhaber dennoch zuwarten, würde dies die Gefahrenabwehr unnötig erschweren.

6. *Rechtsfolgen*

Als Rechtsfolge des Notgeschäftsführungsrechtes ergibt sich die Befugnis des Notgeschäftsführers gegen den Widerspruch und ohne die Zustimmung der übrigen Teilhaber zu handeln. Dazu gehört in erster Linie faktisches Handeln. Es können allerdings auch Rechtsgeschäfte oder sogar Verfügungen in Betracht kommen.[168] Genannt wird hier typischerweise die Veräußerung verderblicher Waren.[169] Das Notgeschäftsführungsrecht vermittelt die Handlungsbefugnis schon begrifflich nur im Innenverhältnis. Die übrigen Teilhaber haben die Maßnahme zu dulden.[170] Nach ganz herrschender Meinung gibt das Notgeschäftsführungsrecht dem Handelnden kein Recht zur Vertretung der anderen Teilhaber.[171] Diese Auffassung ist konsequent. Dem Wortlaut der Vorschrift lässt sich ein Recht zur Vertretung nicht entnehmen. Auch der Handelnde ist ausreichend geschützt; er kann im Innenverhältnis die übrigen Teilhaber nach § 748 BGB in Regress nehmen. Im Außenverhältnis würde sich die Vertretungsmacht ohnehin nicht nachweisen lassen. Der Geschäftspartner wird regelmäßig keine Erkenntnisse darüber haben, ob die Erhaltungsmaßnahme notwendig ist, mithin die Voraussetzungen des § 744 Abs. 2 BGB vorliegen. Auf eine behauptete Vertretungsmacht kann er sich

---

165 *Schirrmacher*, NJW 2018, 3348.

166 Staudinger/*vonProff* (2021) § 744 Rn. 23.

167 *Schirrmacher*, NJW 2018, 3348.

168 *Karsten Schmidt*, in: MünchKommBGB, § 745 Rn. 42; *v.Gramm*, in: BGB-RGRK, §§ 745, 746 Rn. 13; *Fehrenbacher*, in: BeckOGK, BGB, § 744 Rn. 24 ff; *Schnorr*, Bruchteilsgemeinschaft, S. 218; *Flume*, Personengesellschaft, S. 117.

169 *Schnorr*, Bruchteilsgemeinschaft, S. 218.

170 *Karsten Schmidt*, in: MünchKommBGB, § 745 Rn. 44. Vgl. *Fehrenbacher*, in: BeckOGK, BGB, § 744 Rn. 24; Staudinger/*vonProff* (2021) § 744 Rn. 26; *Schnorr*, Bruchteilsgemeinschaft, S. 224.

171 *v.Gramm*, in: BGB-RGRK, §§ 745, 746 Rn. 13; Staudinger/*vonProff* (2021) § 744 Rn. 35; *Fehrenbacher*, in: BeckOGK, BGB, § 744 Rn. 25 m. w. N. So schon *Flume*, Personengesellschaft, S. 116.

nicht verlassen. Zudem ist die Frage der Notwendigkeit der Erhaltungsmaßnahme eine Frage, die primär im Innenverhältnis geklärt werden muss. Der Handelnde muss das Geschäft daher im eigenen Namen tätigen.[172] Prozessual resultiert das Notgeschäftsführungsrecht in einer gesetzlichen Prozessführungsbefugnis. Der Kläger klagt im eigenen Namen auf Leistung an alle.[173] Ob die Voraussetzungen des § 744 Abs. 2 BGB vorliegen, ist aus der Sicht eines wirtschaftlich und vernünftig denkenden Beobachters zu beurteilen.[174]

7. Fazit

Das Recht der Bruchteilsgemeinschaft hebt das Notgeschäftsführungsrecht als Individualrecht hervor. Im normativen Kern ist es weniger auf Gefahrenabwehr ausgerichtet, sondern dient der Erhaltung des eigenen Rechts, auch wenn diese Differenzierung sich nicht im Anwendungsbereich niederschlägt. Die Betonung dieses normativen Kerns, führt jedoch dazu, dass der Einzelne im Gegensatz zu anderen Notgeschäftsführern dieses Recht jederzeit wahrnehmen kann, also auch ohne vorher einen Beschluss der Gemeinschaft zu erwirken. Ob die Maßnahme so eilbedürftig sein muss, dass ein legitimierender Beschluss nicht mehr erreicht werden kann, spielt keine Rolle. Dies folgt aus dem Wortlaut des § 744 Abs. 2 Halbs. 2 BGB, der einen Anspruch auf vorherige Zustimmung positiv formuliert. Anerkannt ist zudem, dass der Anspruch auf Erhaltung auch gegen einen Mehrheitsbeschluss durchgesetzt werden kann. Hintergrund ist das individuelle Erhaltungsrecht, welches der Gemeinschaft entzogen ist und durch Mehrheitsentscheidungen nicht ausgehebelt werden kann.

---

172 Dies soll auch gelten, wenn der Handelnde sich zuvor die Einwilligung der übrigen Teilhaber eingeholt hat, oder diese durch Urteil hat ersetzen lassen. Inwieweit ein Mehrheitsbeschluss Vertretungsmacht zu Lasten der anderen Teilhaber begründen kann, ist streitig. Siehe hierzu: Staudinger/*vonProff* (2021) § 745 Rn. 33 ff.; *Bergmann*, WM 2019, 189, 190.

173 *Hadding*, in: Soergel (1985), BGB, § 744 Rn. 5; Staudinger/*Langhein* (2008) § 744 Rn. 43, 47; *Fehrenbacher*, in: BeckOGK, BGB, § 744 Rn. 27; *Hübsch/Kersting*, in: BeckOK, ZPO, § 51 Rn. 44 m. w. N.

174 *Karsten Schmidt*, in: MünchKommBGB, § 745 Rn. 42; *Hadding*, in: Soergel (1985), BGB, § 744 Rn. 4.

IV. Leitgedanken der Notgeschäftsführungsrechte und Identifizierung von Konfliktfeldern

Zum Abschluss dieses Kapitels sollen die mit dem Bereich der Notgeschäftsführung relevanten Konfliktfelder adressiert werden und die bisherigen Erkenntnisse zu Leitgedanken ausgeformt werden.

1. Notgeschäftsführungsrechte als Gefahrenabwehrrechte zugunsten des Kollektivs

Die Notgeschäftsführungsrechte als reine Gefahrenabwehrrechte sind in der Theorie klar ausgestaltet. Wo dem Kollektiv Gefahr droht, soll die unter Umständen träge Verwaltungsordnung bei mangelnder Handlungsfähigkeit der Gefahrenabwehr nicht im Wege stehen. In seiner primären Funktion fungiert es als Gefahrenabwehrrecht für das Kollektiv. Ist das Kollektiv aus welchen Gründen auch immer nicht handlungsfähig, schafft es die Möglichkeit, Gefahren, welche das Kollektiv in seinem Bestand gefährden, abzuwehren. Vordergründig dient das Notgeschäftsführungsrecht zur Verwirklichung des Kollektivinteresses.

2. Individualrechtsschutz als Rechtsreflex: Notwendige Erhaltungsmaßnahmen

Abseits dieser primären Funktion sind zu einem gewissen Grad auch Elemente des Individualrechtschutzes erkennbar. Hintergrund sind Maßnahmen, die dem Entscheidungsmonopol des Kollektivs entzogen sind, wozu typischerweise Maßnahmen zur Schadensabwehr gehören können. In Reinform spricht das Recht der Bruchteilsgemeinschaft dabei von notwendigen Erhaltungsmaßnahmen. Hinsichtlich dieser steht dem Kollektiv kein Ermessensspielraum zu, da sie werterhaltend sind und im Kern dem Individuum zugeordnet sind. Soweit diese betroffen sind, kann auch eine gegensätzliche Entscheidung des Kollektivs die Maßnahme nicht verhindern. Umgekehrt wird auch das Kollektiv geschützt, da auch der Einzelne eine notwendige Erhaltungsmaßnahme nicht verhindern kann.

Der Schutz des Individualrechts entspricht allerdings nicht zwangsläufig der primären Funktion des Notgeschäftsführungsrechts. Dieses soll im Ausgangspunkt nur die Handlungsfähigkeit des Kollektivs zugunsten des Kollektivs sicherstellen. Der Individualrechtsschutz ist nur ein Rechtsreflex, der im Rahmen der Notgeschäftsführungsbefugnis aufgrund der Dringlichkeit der Maßnahme offen zu Tage tritt.

3. *Interessenkonflikt*

Die Interessenwahrung des Kollektivs[175] im Rahmen der Willensbildung obliegt im Grundsatz den dazu berufenen Organen unter Berücksichtigung der zugrundeliegenden Organisationsordnung. Gewöhnlich muss der Einzelne seine (Partikular) Interessen auf verfahrensrechtlichem Wege gegenüber dem Kollektiv durchsetzen. Besteht dazu aufgrund der Eilbedürftigkeit keine Möglichkeit, liegt ein Rückgriff auf das Notgeschäftsführungsrecht nahe. Denn würde es sich tatsächlich um eine „notwendige Erhaltungsmaßnahme" handeln, die dem Entscheidungsmonopol des Kollektivs entzogen ist, schadet deren eigenmächtige Umsetzung dem Kollektiv nicht, da diese ohnehin hätte umgesetzt werden müssen. Eine solche Maßnahme kann dann auch mit dem kollektiven Interesse vereinbar sein,[176] schließlich wird zumindest das „Ob" der Gefahrenabwehr regelmäßig dem Kollektivinteresse entsprechen. Die Krux liegt darin, solche notwendige Erhaltungsmaßnahmen zu identifizieren und in ihrer Umsetzung nicht in das Ermessen des Kollektivs einzugreifen. Das Recht der WEG und der Erbengemeinschaft trägt der Sicherstellung dieser Ermessensausübung dadurch Rechnung, dass eigenmächtiges Handeln nur in Betracht kommen kann, wenn die Maßnahme eilbedürftig ist. Parallel dazu besteht allerdings die Gefahr, dass auch Partikularinteressen, welche nicht dem kollektiven Interesse entsprechen, unter dem Deckmantel der Notgeschäftsführung gegen oder ohne den Willen des Kollektivs durchgesetzt werden. Sobald die Maßnahme eilbedürftig ist und ein Schaden unmittelbar droht und die Einhaltung des vorgegebenen Verfahrens zeitlich nicht mehr möglich ist, kommt es zur Kollision der divergierenden Interessen.

4. *Innerorganisatorische Bindung als Maßstab für die Interessenbewertung*

Welche Maßnahmen letztlich als „notwendige Erhaltungsmaßnahmen" einzustufen sind und damit dem Kollektiv entzogen sind und inwieweit ein kollektiver Wille die Umsetzung von Partikularinteressen ausschließt bzw. auch ein „unvernünftiger" Wille des Kollektivs die Durchführung von Schadensabwehrmaßnahmen hindert, ist eine Frage, die verbandsintern beantwortet werden muss und stark einzelfallabhängig zu bewerten ist. Als Maßstab dient die Bindungswirkung innerhalb des jeweiligen Kollektivs. Je stärker ausgeprägt die innerorganisatori-

175 Zum „Verbandsinteresse" allgemein: *Zöllner*, Schranken mitgliedschaftlicher Stimmrechtsmacht, S. 17 ff.

176 Vgl. *Zöllner*, Schranken mitgliedschaftlicher Stimmrechtsmacht, S. 19: *„Das Verbandsinteresse kann also bald kongruent sein mit dem Interesse aller Gesellschafter"*.

sche Bindung an die Gemeinschaftsinteressen ist, desto weniger kann der Einzelne seine Interessen durchsetzen.[177] Ebenso gilt, dass eine stärkere Organisation der Willensbildung unter Umständen auch „vernünftige" Partikularinteressen ausschließen kann oder zumindest ein eigenmächtiges Handeln ausschließt, soweit das Kollektiv genügend Zeit hat, über die Maßnahme zu befinden. Hier stehen sich Bruchteilsgemeinschaft und Wohnungseigentümergemeinschaft gegenüber: Im Rahmen der Bruchteilsgemeinschaft erschöpft sich die Verpflichtung der Teilhaber zueinander in der Erhaltung des Rechts. Daraus folgt, dass die Gemeinschaft bis zur Grenze der notwendigen Erhaltungsmaßnahme in ihrer Entscheidungshoheit frei ist. Umgekehrt hat aber auch der einzelne Teilhaber keine Verpflichtungen, die Organisationsordnung zu respektieren, soweit sein Individualrecht betroffen ist. Die Wohnungseigentümergemeinschaft ist demgegenüber stärker vergesellschaftet.[178] Damit geht zwar auch ein größerer Minderheitenschutz einher,[179] allerdings sind auch gemeinschaftliche Interessen stärker zu berücksichtigen. Der Mehrheit ist es daher erlaubt, innerhalb der Grenzen des Minderheitenschutzes, Entscheidungen zu treffen, die das Recht des Einzelnen tangieren.

Im Kontext des jeweiligen Verbands ist die Reichweite des Notgeschäftsführungsrechts auch normativ zu bestimmen. Je weiter der Anwendungsbereich des Notgeschäftsführungsrechts im Hinblick auf den Aspekt der Gefahrenabwehr ist und je größer der Ermessensspielraum des Kollektivs dabei ist, desto eher muss sich das Interesse des Einzelnen an der Durchführung der Maßnahme einem entgegenstehenden Willen des Kollektivs beugen. Im Umkehrschluss gilt, dass je stärker das Notgeschäftsführungsrecht auf die Erhaltung von Individualinteressen zugeschnitten ist, desto weniger kann sich das Kollektiv der Maßnahme widersetzen. So dient § 744 Abs. 2 BGB vorrangig dem Erhaltungsinteresse des Einzelnen, während das Notgeschäftsführungsrecht im WEG-Recht als kollektives Gefahrenabwehrrecht verstanden werden muss. Entsprechend wahrt der Teilhaber sein Interesse an dem Recht und kann dieses gegen den Willen der anderen Teilhaber durchsetzen, wohingegen ein entgegenstehender Wille der

---

177 Vgl. *Schirrmacher*, NJW 2018, 3348, 3349: *„Die Kritik an der Analogie zu § 744 Abs. 2 BGB verengt sich also im Wesentlichen auf den Einwand, dass die Vorschrift von einem Verband von Teilhabern ohne besondere Bindungen ausgeht und einzelnen Teilhabern deswegen sehr weitgehende Notgeschäftsführungsrecht zubilligt, die die ohnehin bestehenden Vereinbarungen und Bindungen im Innenverhältnis einer Personengesellschaft zu überspielen drohen."*

178 Vgl. *Schmid*, NZM 2011, 865.

179 Vgl. *Schmid*, NZM 2011, 865, 866.

Eigentümergemeinschaft das Notgeschäftsführungsrecht des Einzelnen regelmäßig sperrt. Soweit das Partikularinteresse das Interesse des Kollektivs widerspiegelt, wie es bei Maßnahmen zur Schadensabwehr regelmäßig der Fall sein wird, ist eine Abgrenzung obsolet. In anderen Fällen kann die Ausrichtung des Notgeschäftsführungsrechts Ansatzpunkte für eine Bewertung liefern. Dies kann auch im Recht der Personengesellschaften berücksichtigt werden.

V. Zusammenfassung in Thesen

Die Beziehungen zwischen mehreren Personen, die hinsichtlich eines Objektes oder eines Rechts miteinander verbunden sind, werden unterschiedlich strukturiert.[180] Welche Struktur zwischen den Beteiligten vorliegt, ist nicht immer eindeutig zu beantworten und oftmals zufällig, ohne dass es den Parteien bewusst wäre. Der Konflikt zwischen kollektiven und individuellen Interessen sowie deren Bewertung ist jedoch unausweichlich und tritt unabhängig von der rechtlichen Gestaltung zutage.[181] Das Notgeschäftsführungsrecht ist primär nicht dafür vorgesehen, diese Interessenkonflikte zu lösen. Ist eine umstrittene Maßnahme dringend, kann dies allerdings dazu führen, dass diese Konflikte innerhalb der Notgeschäftsführung ausgetragen werden. Dieser Konflikt verschärft sich, wenn die Maßnahme einerseits dringend ist, andererseits eine Willensbildung des Kollektivs vorliegt und diese dem Interesse des Notgeschäftsführers entgegenläuft. Dann stellt sich die Frage, ob dem Recht des Einzelnen oder dem unter Umständen sogar unvernünftigen Interesse des Kollektivs der Vorrang einzuräumen ist. Die bisherigen Erkenntnisse lassen sich in Thesen folgendermaßen zusammenfassen:

1. Die Rechtsordnung kennt verschiedene Notgeschäftsführungsrechte. Sie dienen auf den ersten Blick der Gefahrenabwehr im Interesse des Kollektivs. Eine träge Geschäftsführungsordnung oder deren Handlungsunfähigkeit soll nicht zu einem Schaden führen, der durch rechtzeitiges Tätigwerden eines Dritten im Interesse des Kollektivs vermeidbar gewesen wäre. Die Rechtfertigung der Durchbrechung der zugrundliegenden innerorganisatorischen Ordnung liegt in der Gefahrenlage.
2. Das Handlungsrecht des Einzelnen birgt die Gefahr einer Umgehung der innerorganisatorischen Ordnung. Das Notgeschäftsführungsrecht soll in erster Linie nicht als Instrument zur Umsetzung von Partikularinteressen dienen.

---

180 Vgl. hierzu Staudinger/*Langhein* (2008) Vorbem. zu §§ 741 ff. Rn. 14.

181 Grundlegend zur Abgrenzung von Interessenbereichen: *Zöllner*, Schranken mitgliedschaftlicher Stimmrechtsmacht, S. 17 ff.

3. Je nach Ausgestaltung des zugrundliegenden Rechtsverhältnisses kennt die Rechtsordnung dem Individuum zugeordnete Rechte, die dem Entscheidungsmonopol des Kollektivs entzogen sind. In Abhängigkeit von der Intensität der verbandsrechtlichen Verbundenheit muss der Einzelne diese Interessen im Rahmen des dafür vorgesehenen Verfahrens geltend machen. Sobald die Maßnahme zeitkritisch ist, stellt sich die Frage, ob das Notgeschäftsführungsrecht dazu genutzt werden kann, die Maßnahme ohne oder sogar gegen den Willen des Kollektivs durchzusetzen. Die Überschneidungen zwischen Maßnahmen im Kollektivinteresse und Partikularinteresse, sowie die unterschiedliche Gewichtung der innerorganisatorischen Ordnung nach Rechtsgebilde, macht eine Abgrenzung schwierig und führt zu Rechtsunsicherheit.

§ 3 Die Notgeschäftsführung im Personengesellschaftsrecht nach früherem Recht

Die Bewertung und Analyse des MoPeG erfordert eine Auseinandersetzung mit dem bis zum 31.12.2023 geltenden Recht. Die Aufarbeitung dient einerseits dazu, eine Grundlage für die Bewertung des MoPeG zu schaffen. Andererseits soll das Aufzeigen von Schwachstellen und Rechtsunsicherheiten die künftige Auslegung der Notgeschäftsführungsrechte nach dem MoPeG erleichtern und so die Basis für eine lösungsorientierte Normanwendung bieten. Im Folgenden werden daher die Notgeschäftsführungsrechte der GbR und der OHG nach früherem Recht genauer untersucht.

A. Das Notgeschäftsführungsrecht in der GbR

I. Einleitung

Die Geschäftsführung, also das Tätigwerden für die GbR unter Verwirklichung des Gesellschaftszweckes, steht dem Grundsatz nach allen Gesellschaftern gemeinschaftlich zu. Dies galt nach § 709 Abs. 1 BGB a. F. und hat sich auch durch das MoPeG nicht geändert. Mangels abweichender gesellschaftsvertraglicher Bestimmungen ist zu jedem Geschäft die Zustimmung aller Gesellschafter nötig. Kann unter den Gesellschaftern keine Einigung erzielt werden, hat die Maßnahme zu unterbleiben (*ius prohibendi*). Es droht der Stillstand der Gesellschaft und im schlimmstenfalls der Verlust des Gesellschaftsvermögens.[182] Ein kodifiziertes Notgeschäftsführungsrecht gab es im Recht der BGB-Gesellschaft bis zur Einführung des MoPeG nicht. Im Einzelfall mussten (pflichtwidrige) Blockadesituationen über eine Zustimmungspflicht aus dem Gesellschaftsvertrag gerichtlich gelöst werden.[183] Dennoch hat sich aufgrund richterrechtlicher Rechtsfortbildung ein Notgeschäftsführungsrecht herausgebildet. Es basierte auf einer analogen

182 *Bergmann*, WM 2019, 189, 191.

183 *Bergmann*, WM 2019, 189, 191; *v.Gramm*, in: BGB-RGRK, § 709 Rn. 6.

Anwendung des § 744 Abs. 2 BGB und durfte als damals herrschende Meinung bezeichnet werden.[184]

II. Das Reichsgerichtsurteil vom 23.01.1926, RGZ 112, 361

Im Jahre 1926 hat das Reichsgericht mit Urteil vom 23.01.1926[185] zum ersten Mal das Institut der Notgeschäftsführung auf eine GbR angewandt. Ausgangspunkt war die Verletzung eines Patents. Angegriffen war die Sachbefugnis des Klägers, mithin die materielle Rechtszuständigkeit, in diesem Fall die Aktivlegitimation. Unklar war, ob die Patentinhaber eine Gemeinschaft im Sinne der §§ 741 ff. BGB bildeten oder zu einer Gesellschaft bürgerlichen Rechts zusammengeschlossen waren. Dies hat das Gericht offengelassen, indem es feststellte, dass die Rechtszuständigkeit sich auch im Falle einer GbR aus § 744 Abs. 2 BGB analog ergeben würde. Der Analogieschluss erfolgte im Rahmen eines Halbsatzes. Diese Entscheidung bildete die Grundlage für die herrschende Ansicht, die Notgeschäftsführungsbefugnis aus § 744 Abs. 2 BGB abzuleiten, mithin das Recht der Bruchteilsgemeinschaft anzuwenden. Der Umstand, dass es sich bei Gemeinschaft und Gesellschaft um verschiedene Konzeptionen handelt, hat in der darauf aufbauenden Debatte und Rechtsprechung zu Diskussionen und Begründungsschwierigkeiten geführt, welche der Gesetzgeber durch den neuen § 715a BGB aufzulösen versucht.

1. Sachverhalt

In dem maßgeblichen Urteil klagte eine OHG auf Unterlassung der Herstellung und des Vertriebs einer Maschine. Die OHG bestand aus zwei der drei Fabrikanten, welche das Patent von dem ursprünglichen Erfinder erworben hatten. Gerichtet war die Klage gegen den Bruder des Erfinders. Gerügt wurde die Sachbefugnis der Klägerin. Denn weder das Patent noch der zughörige Unterlassungsanspruch standen im Vermögen der klägerischen OHG. Berechtigt waren vielmehr die drei Patenterwerber. Das Gericht musste also darüber urteilen, ob die klägerische OHG den Anspruch, welcher den drei Patenterwerbern zustand, geltend machen konnte. In diesem Zuge urteilte es, dass es unerheblich sei, ob die Patenterwerber zu einer Bruchteilsgemeinschaft oder einer BGB-Gesellschaft zusammengeschlossen seien. Die beiden seien entweder als Teilhaber berechtigt, den Anspruch nach

184 *Geibel*, in: BeckOGK, BGB, § 709 Rn. 79; *Schäfer*, in: MünchKommBGB, § 709 Rn. 21; *Hadding*, in: Soergel (2012), BGB, § 744 Rn. 8; *Flume*, Personengesellschaft, S. 265; mit Zweifeln *Aderhold*, in: Erman, BGB, § 744 Rn. 9.

185 RGZ 112, 361.

§ 744 Abs. 2 BGB geltend zu machen oder als Gesellschafter einer GbR nach § 744 Abs. 2 BGB analog.

2. *Kritik*[186]

Im Ergebnis hat das Gericht es ermöglicht, dass zwei der Berechtigten ihr Recht ohne die Mitwirkung des dritten durchsetzten. Zu berücksichtigen ist, dass sich GbR und Bruchteilsgemeinschaft damals zumindest hinsichtlich der Inhaberschaft des Anspruchs näherstanden als heute. Denn der Inhaber des Anspruches wäre mangels Rechtsfähigkeit nicht die GbR selbst, sondern nur die Gesamthand gewesen. Mit dem zwischenzeitlichen Verständnis von der GbR als eigenständiges Rechtssubjekt hätte die GbR selbst klagen müssen. Dennoch ist die Klageerhebung im Namen der OHG zweifelhaft. Es hätten vielmehr die beiden Gesellschafter, bzw. Teilhaber als Streitgenossen auftreten müssen. Denn die Geltendmachung einer zum Gesellschaftsvermögen zugehörigen Forderung stellt sich als Fall der materiell notwendigen Streitgenossenschaft dar.[187] Nur dann hätte sich die Frage gestellt, ob die beiden ein nicht nur ihnen zustehendes Recht im eigenen Namen hätten wahrnehmen können. Unabhängig von diesen Folgefragen wurden weder die Voraussetzungen der Analogie noch die Voraussetzungen des Notgeschäftsführungsrecht genauer untersucht, namentlich ob die klageweise Geltendmachung des Anspruches eine notwendige Erhaltungsmaßnahme war.[188]

III. Die Analogie zu § 744 Abs. 2 BGB

Die analoge Anwendung des § 744 Abs. 2 BGB auf gesellschaftsrechtliche Verhältnisse stand seit jeher auf tönernen Füßen. Denn die Voraussetzungen für eine analoge Anwendung des Gemeinschaftsrechts ließen sich schon damals nur schwer begründen.

1. *Analogievoraussetzungen*

Die analoge Anwendung einer Norm setzt eine planwidrige Regelungslücke und eine vergleichbare Interessenlage voraus. Gegen eine planwidrige Regelungslücke sprach schon damals wie heute, dass das Recht der GbR klare Geschäftsfüh-

186 Siehe hierzu auch die Erläuterungen in BGH, Urteil vom 04.05.1955, BGHZ 17, 181 = NJW 1955, 1027, 1029, sowie *Barnert*, Gesellschafterklage, S. 9.

187 Vgl. OLG Dresden, NZG 2000, 248, 249 m. w. N.

188 Zur Abgrenzung von Notgeschäftsführung und prozessualer Geltendmachung von Forderungen siehe § 3 E. III.

rungsregeln kennt. Will die Gesellschaft eine Handlungsunfähigkeit vermeiden, muss sie sich selbst eine handlungsfähige Struktur geben.[189] Dadurch wird eine privatautonome Ordnung der Gesellschaft gefördert.[190] Auf Gelegenheitsgesellschaften ist diese Argumentation allerdings nur schwer übertragbar.[191] Auch die Regelung des früheren § 115 Abs. 2 Halbs. 2 HGB a. F. sprach gegen eine planwidrige Regelungslücke. Denn der Gesetzgeber hatte eine Übertragung der handelsrechtlichen Organisationsgrundsätze bewusst ausgeschlossen.[192] Stattdessen wurden die Grundsätze der Geschäftsführung ohne Auftrag herangezogen.[193] Im Ergebnis ist es daher höchst zweifelhaft, dass überhaupt Raum für eine Analogie gegeben war.

Auch die Frage nach der Vergleichbarkeit der Interessenlage wurde vom Gericht übergangen. Diese hätte man unter Berücksichtigung der dogmatischen Unterschiede zwischen Gesellschaft und Bruchteilsgemeinschaft nur schwer begründen können.[194] Ohne dabei vertieft in die verschiedenen Gesamthandstheorien einzutauchen,[195] lassen sich einige relevante Punkte hervorheben.[196] Zunächst lässt sich feststellen, dass das Gesellschaftsvermögen in der Regel mehrere Rechte umfasst, während die Bruchteilsgemeinschaft sich aus der gemeinschaftlichen Rechts-

---

189 Vgl. BGH, NJW 2014, 3779 Rn. 14: „*Dass sich die verbleibenden Gesellschafter blockieren können, ist in der Gesamtgeschäftsführungsbefugnis als dem gesetzlichen Regelfall bei der Gesellschaft bürgerlichen Rechts angelegt und begründet daher keine Regelungslücke.*" – Das Gericht verwies unter Verweis auf die frühere Rechtsprechung dennoch auf eine Anwendung des § 744 Abs. 2 BGB.

190 Mit diesem Hinweis auch *Bergmann*, WM 2019, 189, 193.

191 *Bergmann*, WM 2019, 189, 193.

192 *Bergmann*, WM 2019, 189, 192; *Mugdan*, Band II, Motive 1. Lesung, S. 336 f.

193 *Mugdan*, Band II, Motive 1. Lesung, S. 340: „*Ein Gesellschafter […], welcher […] ohne Berufung durch den Gesellschaftsvertrag […] oder durch Mandat Geschäfte für die Gesellschaft führt, untersteht den allgemeinen Vorschriften über Geschäftsführung ohne Auftrag, was insbes. auch im Falle des Eingreifens bei Gefahr im Verzuge gilt.*"

194 Zum Unterschied zwischen Mitberechtigung in der Bruchteilsgemeinschaft und der Mitberechtigung in der gesellschaftsrechtlichen Gesamthandsgemeinschaft eindrücklich: *Huber*, Gesellschaftsanteil, S. 121 ff. und *Flume*, Personengesellschaft, S. 110 ff.

195 Überblick zur Entwicklung der Gesamthand bei *Beuthien*, ZGR 2019, 664. Mit Blick auf die Erbengemeinschaft: *Eberl-Borges*, Erbauseinandersetzung, S. 5 ff. Ferner *Flume*, ZHR 136 (1972), 177. Zur Abgrenzung zur Wohnungseigentümergemeinschaft, *Rühlicke*, ZWE 2007, 261.

196 Zu diesem Themenkomplex *Diederichsen*, MDR 1963, 632, 634 f. Zur Abgrenzung ebenfalls *Flume*, Personengesellschaft, S. 110 ff.

zuständigkeit eines Rechts ergibt.[197] Die Bruchteilsgemeinschaft setzt sich damit in Beziehung zu einem Gegenstand oder einem Recht, wobei dessen Verwaltung und Erhaltung im Vordergrund stehen. Das Gesellschaftsvermögen hingegen hat sich dem übergeordneten Gesellschaftszweck unterzuordnen.[198] Zwar mag auch ein einzelner Gesellschaftsgegenstand oder eine einzelne Geschäftsführungsmaßnahme für die Erhaltung der Gesellschaft zwingend sein, der Gesellschaftszweck überlagert jedoch das Erhaltungsinteresse (an einem Gesellschaftsgegenstand) und muss sich mit diesem nicht decken. Ob der Gesellschaft selbst Gefahr bei Verlust eines Gegenstandes droht, wird im Gesamtkontext nur schwer zu ermitteln sein. Was bei der Bruchteilsgemeinschaft daher die Regel ist, bildet bei der Gesellschaft nur die Ausnahme. Gegen den Interessengleichlauf sprach auch, dass die Begründung der Gesellschaft eines darauf gerichteten Willens bedarf und dabei die Möglichkeit besteht, sich eine funktionierende Geschäftsführung zu geben. Die Bruchteilsgemeinschaft ist in ihrer zufälligen Entstehung hingegen nicht vor Handlungsunfähigkeit gefeit. Der Gesetzgeber war daher gezwungen, dieser ein wirksames Gefahrenabwehrrecht zur Hand zu geben.[199] Unterschiede ergeben sich zudem aus der Art der Mitberechtigung und der Rechtszuständigkeit. Im Rahmen der Bruchteilsgemeinschaft ist die Mitberechtigung subjektives Recht. Die Rechtszuständigkeit steht den Teilhabern zu und ist subjektiv geteilt.[200] Es ist diese Mitberechtigung, die den einzelnen Teilhabern Rechte im Hinblick auf den gemeinschaftlichen Gegenstand vermittelt.[201] Das Gesellschaftsvermögen dagegen ist zu einem Sondervermögen verselbstständigt, über das nur der Personenverband bestimmen kann.[202] Zu Dispositionen über das Sondervermögen ist

---

197 *Huber* spricht insoweit vom Gegenstück zur gesamthänderischen Rechtszuständigkeit, *Huber*, Gesellschaftsanteil, S. 121. Dies anerkennend aber nicht für entscheidend erachtend: *Flume*, Personengesellschaft, S. 112; *Flume*, ZHR 136 (1972), 177, 199 ff.

198 Vgl. *Diederichsen*, MDR 1963, 632, 634 f.

199 *Diederichsen*, MDR 1963, 632, 634 f.

200 *Karsten Schmidt*, in: MünchKommBGB, § 741 Rn. 4, 6; Ähnlich: *Flume*, Personengesellschaft, S. 123.

201 Staudinger/*Langhein* (2008) § 744 Rn. 31; *Huber*, Gesellschaftsanteil, S. 123.

202 Staudinger/*Langhein* (2008) § 744 Rn. 31. Ähnlich *Flume*, Personengesellschaft, S. 113: *„Der entscheidende Gegensatz zur Gesamthandsgemeinschaft besteht […] darin, daß [sic] bei der Bruchteilsgemeinschaft die Teilberechtigten nicht als Gruppe Bezugspunkt von Rechtsbeziehungen sind, sondern jeder Teilhaber nur ein Individualrecht hat und kraft dieses Individualrechts, nämlich seines Bruchteilsrechts, auch nur in Individual-Rechtsbeziehungen steht. Die Bruchteilsgemeinschaft ist […] anders als die Gesamthand keine Gemeinschaft im subjektiven Sinne, sondern gemeinschaftlich ist nur das Recht als Objekt.“*

der Einzelne nicht berechtigt,[203] denn jegliche Mitberechtigung, die dem Gesellschafter zusteht, resultiert nicht aus seiner Gesamthandsberechtigung, sondern aus seiner Mitgliedschaft in der Gesellschaft.[204] Nur die Gesellschaft selbst ist daher rechtszuständig.[205] Die abweichende Rechtszuständigkeit verdeutlicht, dass der einzelne Gesellschafter gerade nicht dazu befugt sein soll, (gegenstandsbezogene) Einzelmaßnahmen zu treffen, da das Vermögen nicht ihm, sondern der Gesellschaft zugeordnet wird. Gesellschaft und Bruchteilsgemeinschaft waren unter diesen Gesichtspunkten nicht so gleichartig, dass es grundrechtlich geboten gewesen wäre, sie gleich zu behandeln.[206]

2. Meinungsstand

Auch die Stimmen in der Literatur setzten sich mit der Analogie kritisch auseinander. *Schirrmacher*, auf dessen Beitrag zuletzt des Öfteren verwiesen wurde, wollte das Notgeschäftsführungsrecht auf § 21 Abs. 2 WEG a. F. stützen,[207] der mit der WEG-Novelle 2020 durch § 18 Abs. 3 WEG ersetzt wurde. Das Notgeschäftsführungsrecht der WEG gehe ebenfalls von einer treumäßigen Verbindung der Eigentümer untereinander aus und ließe sich daher besser auf die gesellschaftsrechtlichen Verhältnisse übertragen.[208] Das Kriterium der Subsidiarität erleichtere die Anwendung für die Gesellschaft; das WEG sei daher sachnäher und liefere interessengerechte Ergebnisse.[209] Auch *Langhein* lehnte die analoge Anwendung in Hinblick auf den Vorrang der internen Organisation der Gesellschaft ab.[210]

---

203 Staudinger/*Langhein* (2008) § 744 Rn. 31; *Huber*, Gesellschaftsanteil, S. 123.

204 Vgl. *Huber*, Gesellschaftsanteil, S. 123 f.; kritisch *Flume*, ZHR 136 (1972), 177, 195 ff.

205 *Karsten Schmidt*, in: MünchKommBGB, § 741 Rn. 4; *Huber*, Gesellschaftsanteil, S. 123.

206 *Diederichsen*, MDR 1963, 632, 634 f.; eine Analogie ebenfalls ablehnend: *Grunewald/Otte*, ZIP 2017, 1737, 1738; **a. A.** *Bergmann*, WM 2019, 189, 194: „*Der Gedanke der Interessengemeinschaft lehrt uns, dass trotz der rechtsdogmatischen Sonderlichkeiten der ‚queren' Rechtsfigur der Gesamthand keine unüberbrückbaren Gräben zwischen Bruchteilsgemeinschaft und Gesellschaft bestehen.*"

207 *Schirrmacher*, NJW 2018, 3348, 3349 f. Zustimmend *Häublein/Beyer*, in: BeckOK, HGB, § 164 Rn. 37.

208 *Schirrmacher*, NJW 2018, 3348, 3349 f.; diesem Gedanken zustimmend: *Beyer*, in: BeckOK, HGB 2024, § 164 Rn. 34; kritisch hierzu: *Geibel*, in: BeckOGK, BGB, § 709 Rn. 80.

209 *Schirrmacher*, NJW 2018, 3348, 3349 f.

210 Staudinger/*Langhein* (1996) § 744 Rn. 31 unter Verweis auf BGHZ 39, 14, 15. Die Entscheidung stellt jedoch nicht die generelle Anwendung des § 744 Abs. 2 BGB in Frage, sondern verneint die Anwendung im konkreten Fall aufgrund mangelnder

Diederichsen, auf dessen Ausführungen schon Bezug genommen wurde,[211] sah keinen Raum für eine Analogie. Zu groß seien die Strukturunterschiede zwischen Gemeinschaft und Gesellschaft. Die Notgeschäftsführung sei für die zufällige Rechtsgemeinschaft elementar, wohingegen die Gesellschaft selbst für eine funktionierende Geschäftsführung Sorge tragen müsse.[212] Auch *Grunewald/Otte* sahen keine generelle Vergleichbarkeit der Sachverhalte gegeben.[213] *Karsten Schmidt* mahnte ebenfalls zur Vorsicht bei der Anwendung des in § 744 Abs. 2 BGB verankerten Rechtsgedanken. Die Geschäftsführung sei im Gegensatz zur Bruchteilsgemeinschaft bei der GbR klar geregelt.[214]

Bergmann hingegen, der sich zuletzt vertieft mit der Vergleichbarkeit auseinandergesetzt hatte, vertrat die These, dass die marginalen Strukturunterschiede zwischen Gemeinschaft und Gesellschaft zumindest die analoge Anwendung des § 744 Abs. 2 BGB rechtfertigen würden.[215] Denn sowohl Gemeinschaft als auch Gesellschaft seien grundsätzlich von einem Interessengleichlauf geprägt.[216] Das Interesse des Einzelnen entspräche in der Theorie auch dem des Kollektivs. Soweit divergierende subjektive Einzelinteressen koordiniert werden müssten, sei ein Rückgriff auf die Normen der Bruchteilsgemeinschaft möglich, da sich die wesentlichen Unterschiede lediglich in der Intensität der Interessenverbindung äußern würden.[217] Es spräche daher nichts dagegen die Grundsätze einer Werterhaltungsgemeinschaft auch auf eine Zweckgemeinschaft zu übertragen.[218] Im

---

Erforderlichkeit der Klageerhebung. In diese Kerbe stößt auch *Bengel*, ZEV 2002, 484, 485.

211 Siehe hierzu die Ausführungen unter § 2 B. III. 3.

212 *Diederichsen*, MDR 1963, 632, 634 f.

213 *Grunewald/Otte*, ZIP 2017, 1737, 1738.

214 *Karsten Schmidt*, in: MünchKommBGB, § 745 Rn. 50; ebenso *Aderhold*, in: Erman, BGB § 744 Rn. 9.

215 *Bergmann*, WM 2019, 189, 194.

216 *Bergmann*, WM 2019, 189, 190 f.

217 *Bergmann*, WM 2019, 189, 194; in diesem Sinne auch *Hadding*, in: Soergel (1985), BGB, § 709 Rn. 16 („*Die Analogie ist gerechtfertigt, weil die Gesellschafter noch enger miteinander verbunden sind als die Bruchteilsgemeinschafter […].*"). Ähnlich im Ergebnis aber klar ablehnend auch *Schnorr*, Bruchteilsgemeinschaft, S. 226: Eine analoge Anwendung liege nahe, legt man eine schuldrechtliche Auslegung der Norm zugrunde, wonach die Teilhaber aus einer sonderrechtlichen Nähebeziehung heraus verpflichtet seien, Erhaltungsmaßnahmen zu dulden. Mit der von ihm vertretenen Theorie der modifizierten dinglichen Befugnisse ist für eine analoge Anwendung allerdings kein Raum.

218 *Bergmann*, WM 2019, 189, 194.

Übrigen sei das Rechtsinstitut der Gesamthand historisch betrachtet nicht dazu geeignet, argumentativ gegen eine Analogie herangezogen zu werden.[219] In diesem Sinne hatte auch schon *Ganssmüller* plädiert. Die vorhandene Verfügungsbefugnis über den Anteil an dem gemeinschaftlichen Gegenstand bzw. der Ausschluss der Verfügungsbefugnis über das Gesamthandsvermögen, berühre die Interessenabwägung, welche der Gesetzgeber in § 744 Abs. 2 BGB vorgenommen habe nicht.[220] Letzteres Argument überzeugt insoweit, als dass die Notgeschäftsführung nicht zwingend eine Verfügungsbefugnis über den Anteil voraussetzt.[221] Die Interessenabwägung zwischen subjektiven (Partikular-) Interessen und Kollektivinteressen, ist keine Frage der Verfügungsbefugnis. Dennoch wird deutlich, dass die Analogie nicht das probate Mittel war, um die Interessenkonflikte zwischen Gesellschafter und Gesellschaft aufzulösen. Denn bei einer konsequent analogen Anwendung des § 744 Abs. 2 BGB wird dem Erhaltungsinteresse des Einzelnen unbedingter Vorrang gegenüber dem Gesellschaftsinteresse eingeräumt. Diese Missbrauchsrisiko bietet zahlreiche Anknüpfungspunkte für Gesellschafterstreitigkeiten, die sich im nachgehenden Prozess nur schwer aufklären lassen werden und verbrannte Erde hinterlassen.

3. Zwischenergebnis

Das Reichsgerichtsurteil bildete die Grundlage für die herrschende Meinung zum früheren Recht. Für ein Urteil mit einer solchen Reichweite fehlte es jedoch an der Auseinandersetzung mit fundamentalen Fragen. Umso begrüßenswerter ist es, dass der Gesetzgeber sich dem Thema im Rahmen des MoPeG angenommen hat und versucht, die offenen Fragen einer endgültigen Klärung zuzuführen.

IV. Voraussetzungen des Notgeschäftsführungsrechts

Auch wenn die dogmatische Herleitung der Notgeschäftsführungsbefugnis aus § 744 Abs. 2 BGB nicht überzeugte, wurde ein Notgeschäftsführungsrecht der Gesellschafter von der herrschenden Meinung richtigerweise anerkannt. Das Grundbedürfnis nach einem Gefahrenabwehrrecht lässt sich nicht leugnen. Auch die Personengesellschaften sind nicht vor Handlungsunfähigkeit gefeit. Mangels

---

219 *Bergmann*, WM 2019, 189, 194. Ebenfalls kritisch zur Theorienbildung in der Gesamthand: *Bartholomeyczik*, in: Festschrift Reinhardt 1972, 13.

220 *Ganssmüller*, DB 1954, 860, 862; diesen Gedanken erkennt auch *Diederichsen* an, vgl. *Diederichsen*, MDR 1963, 632, 634.

221 Das Recht, über den Anteil verfügen zu können, muss von den notwendigen Maßnahmen nicht einmal tangiert werden.

Notwendigkeit kann einem alleingeschäftsführungsbefugten Gesellschafter das Notgeschäftsführungsrecht allerdings nicht zustehen.[222] Im Einklang mit dem Reichsgerichtsurteil herrschte Einigkeit darüber, dass ein Gesellschafter zur Abwendung einer akuten Gefahr für einen Gesellschaftsgegenstand oder die Gesellschaft selbst, sich auf sein Notgeschäftsführungsrecht berufen konnte. Im Vergleich zur Bruchteilsgemeinschaft sollte das Notgeschäftsführungsrecht allerdings nur eingeschränkt Anwendung finden (Subsidiarität).[223] Die nachfolgenden Ausführungen sind in den Kontext des bis zum 31.12.2023 geltenden Rechts zu setzen. Ausweislich der Gesetzesmaterialien hatte der Gesetzgeber wenig Intention, das grundliegende, vorherrschende Verständnis der Notgeschäftsführungsrechte umzukrempeln. Insbesondere die Erkenntnisse zu den tatbestandlichen Voraussetzungen können auch für die Rechtslage ab dem 01.01.2024 fruchtbar gemacht werden.[224]

1. *Erhaltung eines zum Gesellschaftsvermögen gehörenden Gegenstands*

Das Notgeschäftsführungsrecht ermächtigte den Gesellschafter die zur Erhaltung eines Gegenstands des Gesellschaftsvermögens notwendigen Erhaltungsmaßnahmen zu treffen.[225] Als Anwendungsbeispiel kann das im Gesellschaftsvermögen stehende Eigentum an einem bebauten Grundstück herangezogen werden, welches von einem Wasserschaden betroffen ist.[226] Den anderen Etagen oder Räumen droht Schaden durch weiteren Wasseraustritt. Die Substanz des Gebäudes wird dadurch gefährdet. Bei der Frage, ob die notwendigen Reparaturen in Auftrag gegeben werden können, konnte das Notgeschäftsführungsrecht herangezogen werden.

Die Bezugnahme auf einen einzelnen Gegenstand des Gesellschaftsvermögens spiegelt den Anwendungsbereich im Rahmen der Bruchteilsgemeinschaft wider. Dort steht regelmäßig die Erhaltung eines einzelnen Gegenstandes im Vordergrund. Diese Mitberechtigung an dem Gegenstand bzw. dem Recht ist für die Bruchteilsgemeinschaft konstitutiv. Der einzelne Gegenstand ist das Kernelement

222 *Geibel*, in: BeckOGK, BGB, § 709 Rn. 81.

223 Siehe dazu unter § 3 A. V.

224 Inwieweit die neue Rechtslage hieran anknüpft, wird unter § 4 C. I. näher beleuchtet.

225 Herrschende Meinung: BGH, DNotZ 2018, 866; BGH, NJW 2014, 3779, Rn. 15; BGHZ 17, 181, 183 = NJW 1955, 1027, 1028; aus der Literatur: *Karsten Schmidt*, in: MünchKommBGB, § 745 Rn. 50; *Geibel*, in: BeckOGK, BGB, § 709 Rn. 84; *Bengel*, ZEV 2002, 484, 485 f.; *Grunewald* betont, dass es auf die Gesellschaft abzustellen sein, vgl. *Grunewald*, in: Festschrift Aderhold 2021, 89, 92.

226 Dieses und weitere Beispiele bei *Blöse*, GStB 2018, 402 ff.

der Bruchteilsgemeinschaft. Demnach ist auch dessen Erhaltung Anknüpfungspunkt für die Notgeschäftsführungsmaßnahmen. Hierbei zeigen sich schon die Schwächen bei der Übertragung der Vorschrift auf Gesellschaftsverhältnisse. Denn das Gesellschaftsvermögen kann und wird sich ohne Weiteres aus mehreren Vermögenspositionen zusammensetzen. Die Frage der Notwendigkeit einer Erhaltungsmaßnahme ist im Rahmen eines Gesellschaftsvermögens, welches mehrere Positionen umfasst, deutlich komplexer als im Hinblick auf die Bruchteilsgemeinschaft.

2. *Gefahr für die Gesellschaft*

Der Anwendungsbereich des Notgeschäftsführungsrechts wurde im Laufe der Zeit für Gesellschaftsverhältnisse weiter ausgedehnt. Nach damals herrschender Meinung sollte das Notgeschäftsführungsrecht nicht nur greifen, wenn die Erhaltung eines bestimmten Gegenstandes des Gesellschaftsvermögens in Abrede stand, sondern auch dann, wenn der Gesellschaft selbst eine akute Gefahr drohte.[227] *Geibel* sah den Anwendungsbereich vor allem darin, Fälle zu umfassen, in denen die Gesellschaft über kein Gesellschaftsvermögen verfügt.[228] Im Gegensatz zur Bruchteilsgemeinschaft wurde der Anwendungsbereich damit auch auf nicht gegenstandsbezogene Maßnahmen ausgedehnt. Dies überrascht insofern, als dass § 744 Abs. 2 BGB als Ausnahmevorschrift ohnehin nur restriktiv angewandt werden sollte und Rechtsprechung und Literatur seit jeher versuchten, die Vorschrift aufgrund des Vorrangs der Organisationsregeln in Gesellschaftsverhältnissen einzuschränken.[229]

3. *Zwischenfazit*

Die dogmatische Einordnung der Maßnahme auf Grundlage des Gefahrenbegriffs spielte praktisch keine große Rolle. Faktisch konnte jegliche Form der Schadensabwehr gedeckt sein. So konnte zur Abwehr einer Gefahr beispielsweise ein Widerspruch ins Grundbuch eingetragen werden.[230] Inwieweit der Bezugspunkt der

227 BGH, DNotZ 2018, 866, Rn. 24; BGH, NJW 2014, 3779, Rn. 15; beide Urteile beziehen sich dabei auf BGHZ 17, 181, 183 = NJW 1955, 1027, 1028; BFH, NJW-RR 1998, 1187, 1188; OLG Nürnberg, BeckRS 2010, 30509; BayObLG, NJW-RR 1991, 215, 216; BayObLG, ZIP 1980, 904, 905; Staudinger/*Habermeier* (2003) Vorbem. §§ 705 – 740 Rn. 15; *Schäfer*, in: MünchKommBGB, § 709 Rn, 21; *Bork/Oepen*, ZGR 2001, 515, 547.

228 *Geibel*, in: BeckOGK, BGB, § 709 Rn. 84.

229 Ähnlich BFH, NJW-RR 1998, 1187, 1188.

230 BayOblG, ZIP 1980, 904.

Gefahr dabei die Gesellschaft oder der einzelne Vermögensgegenstand ist, spielte im Ergebnis keine Rolle. Gerade wenn es um die Geltendmachung von Rechten der Gesellschaft ging, wurde der Gefahrenbegriff in dieser Hinsicht aufgeweicht. Als relevante Maßnahmen kamen bspw. (Beschluss-)Anfechtungsrechte[231] oder die gerichtliche Geltendmachung von Forderungen[232] in Betracht. An die auf das Bruchteilsrecht zurückzuführende Gegenstandsbezogenheit durfte insofern kein allzu strenger Maßstab angelegt werden. Ausschlaggebend war, dass das Vermögen der Gesellschaft zumindest indirekt betroffen sein konnte. Jedenfalls dann, wenn die Gesellschaft über kein Vermögen verfügte, konnte auf die zweite Alternative zurückgegriffen werden.

4. Notwendigkeit der Maßnahme

Die beabsichtigte Maßnahme musste für die Erhaltung der Gesellschaft oder Gegenstände des Gesellschaftsvermögens notwendig sein. Ausschlaggebend war die Sicht eines vernünftig und wirtschaftlich denkenden Gesellschafters unter Berücksichtigung des Gesellschaftszwecks und dessen Förderungspflicht.[233] Aus dem Recht der Bruchteilsgemeinschaft entspringend, bestimmte sich die Notwendigkeit einer Maßnahme nach ähnlichen Kriterien: Ein wirtschaftlich denkender Gesellschafter wird regelmäßig keine Maßnahmen durchführen, deren Kosten durch Erlös oder Nutzung nicht amortisierbar sind.[234] Andererseits können die vielfältigen Geschäftsbereiche unter der Berücksichtigung des übergeordneten Gesellschaftszwecks auch unrentable Maßnahmen rechtfertigen.[235]

a) Notwendigkeit: Anknüpfungspunkt

Die Notgeschäftsführung ermächtigt schon begrifflich nur zur Vornahme von notwendigen Maßnahmen. Um festzustellen, ob eine Maßnahme notwendig ist, ist zunächst der maßgebliche Anknüpfungspunkt zu bestimmen. Dieser ist im Gegensatz zum Gefahrenbegriff deutlich schwieriger zu handhaben. Die in der Rechtsprechung geläufige Floskel, dass die Notgeschäftsführung zu Maßnahmen

---

231 Zur Erhebung einer gesellschaftsrechtlichen Beschlussanfechtungsklage, BGH, DNotZ 2018, 866, 868 insb. Rn 24 ff. Zur Anfechtung eines gegen die Gesellschaft gerichteten Steuerbescheids im Ergebnis allerdings ablehnend, BFH, NJW-RR 1998, 1187, 1188. Zur Anfechtung eines Eigentümerbeschlusses: BayOblG, NJW-RR 1991, 215, 216.

232 Siehe hierzu insbesondere die Ausführungen zur Gesellschafterklage § 3 E.

233 *Geibel*, in: BeckOGK, BGB, § 709 Rn. 84.

234 *Geibel*, in: BeckOGK, BGB, § 709 Rn. 84.

235 *Geibel*, in: BeckOGK, BGB, § 709 Rn. 84.

berechtigt, die zur Erhaltung eines zum Gesellschaftsvermögen gehörenden Gegenstandes oder der Gesellschaft selbst notwendig sind,[236] lieferte in dieser Hinsicht wenige Erkenntnisse und führte zu Rechtsunsicherheit.

aa) Problemaufriss

Die obige Formel bietet zwei Anknüpfungspunkte: Zum einen kann die Maßnahme für den Erhalt des einzelnen Gegenstandes notwendig sein, zum anderen kann die Maßnahme auch für den Erhalt der Gesellschaft selbst notwendig sein. Eine gegenstandsbezogene bzw. vermögensbezogene Betrachtungsweise wirft die Frage auf, ob jeglicher potenzieller Verlust einer Vermögensposition des Gesellschaftsvermögens einen Eingriff in die Geschäftsführungskompetenzen rechtfertigt. Soll der drohende Verlust einer relativ unbedeutenden Vermögensposition im Innenverhältnis zu einer Rechtfertigung des Notgeschäftsführers führen, obwohl interne Gründe unter Umständen gegen die Erhaltung der Vermögensposition sprechen? Beispielsweise ist die Geltendmachung einer umstrittenen (Rest-) Forderung gegenüber einem Geschäftspartner zwar notwendig für den Erhalt der Forderung selbst,[237] kann im Hinblick auf den Wert der zukünftigen Geschäftsbeziehung für die Gesellschaft allerdings kontraproduktiv sein. Vielleicht ist die Aufrechterhaltung einer funktionierenden Geschäftsbeziehung für die Gesellschaft elementar. Auch der zweite Anknüpfungspunkt liefert keine weitergehenden Erkenntnisse. Denn ob eine Maßnahme für den Erhalt der Gesellschaft selbst notwendig ist, wird sich zumindest bei komplexeren Sachverhalten nicht

---

236 Zuletzt BGH, DNotZ 2018, 866, 868 Rn. 24 m. w. N.

237 Vgl. zu ähnlichen Abwägungen OLG Zweibrücken, OLGZ 1973, 316 allerdings ohne sich zu einer etwaigen Notgeschäftsführung zu äußern. Ähnlich zu einem Antrag auf Unterlassung von Zahlungen aus dem Vermögen einer KG: BGHZ, 75, 160 = NJW 1980, 1463, 1465: „*Dem Geschäftsführer wäre es beispielsweise auch kaum noch möglich, in zweifelhaften Streitfällen der vorliegenden Art mit dem Gläubiger einen im Interesse der Gesellschaft liegenden Ausgleich zu suchen und damit insbesondere einen mit Kosten und Ungewissen [sic] Risiken verbundenen Rechtsstreit zu vermeiden. […] Von diesem Grundsatz mögen Ausnahmen für den Fall zu machen sein, daß [sic] dieses Vorgehen wegen besonderer Umstände zur Erhaltung des gemeinsamen Vermögens erforderlich ist (§ 744 II BGB). Die hierfür notwendigen Voraussetzungen sind im vorliegenden Falle jedoch nicht dargetan.*“ Zur Notwendigkeit der Einziehung einer Forderung, vgl. OLG Dresden, NZG 2000, 248, 250. Dieses führte aus, dass die Leistung an einen Nichtberechtigten die Forderungssubstanz nicht gefährde und zudem aufgrund des Engagements der Gesellschafter für den Bestand der GbR keine Bedeutung habe.

zwingend beantworten lassen. Dies wird sich nur im Rahmen einer umfassenden wirtschaftlichen Gesamtbetrachtung feststellen lassen.[238]

In diesem Zusammenhang soll auch auf BGHZ 39, 14[239] verwiesen werden. Die Entscheidung wurde oft missverständlich so gelesen, dass die Verjährung einer Forderung keine Notwendigkeit begründen könne, die Forderung im Sinne des § 744 Abs. 2 BGB im eigenen Namen einzuklagen.[240] Dies ist insoweit richtig zu stellen, dass damals nur festgestellt wurde, dass selbst die drohende Verjährung der Forderung es nicht gestatte, Klage zu erheben, wenn zuvor die Gesellschafter auf Zustimmung zur Klageerhebung hätten verklagt werden können.[241] Das Erhaltungsinteresse des Gesellschafters rechtfertigt es somit nicht, sich über die gegenläufige Geschäftsführung hinwegzusetzen. Insofern wurde die Notgeschäftsführung bereits ausgeschlossen, wenn der Gesellschafter die Geschäftsführung schuldhaft zu umgehen versucht. Im Übrigen kann die Abwendung der drohenden Verjährung einer Forderung durchaus eine notwendige Erhaltungsmaßnahme im Sinne des § 744 Abs. 2 BGB darstellen.[242]

bb) Stellungnahme

Die Schwierigkeiten bei der Bewertung der Notwendigkeit sind auch das Ergebnis der Übertragung des Gemeinschaftsrechts. Bei der Bruchteilsgemeinschaft steht die Erhaltung des einzelnen Gegenstandes bzw. eines Rechts im Vordergrund. Sie ist in diesem Sinne gegenstandsbezogen.[243] Was zur Erhaltung dieses Gegenstandes oder Rechts notwendig ist, ist von § 744 Abs. 2 BGB gedeckt. Bevor das Recht oder der Gegenstand untergeht, darf gehandelt werden. Diese Gegenstandsbezogenheit lässt sich auf Gesellschaftsverhältnisse nur bedingt übertragen. Denn wie bereits angedeutet, liegt der Zweck eines Gesellschaftsverhältnisses nicht

---

238 Der Bestand der Gesellschaft selbst wird ohnehin nicht betroffen sein. Diese wird als rechtliches Subjekt weiterhin bestehen, insofern kann nur eine wirtschaftliche Betrachtungsweise ausschlaggebend sein. Richtig daher OLG München, BeckRS 2006, 12957, Rn. 29 („*Die Notwendigkeit i.S.v. § 744 Abs. 2 BGB bemisst sich aber auch nach der ratio dieser Vorschrift zu, Gesellschaftszweck, dem Zuschnitt der Gesellschaft, ihrer momentanen Situation und weiteren Umständen, wie etwa dem Wert der zu ergreifenden Maßnahme.*“).

239 BGH, NJW 1963, 641.

240 Diese Einschätzung teilend: BGHZ 94, 117 = NJW 1985, 1826, 1827; OLG München, BeckRS 2006, 12957, Rn. 29.

241 In diesem Sinne OLG München, BeckRS 2006, 12957, Rn. 29.

242 OLG Saarbrücken, NZG 2023, 1453, 1454, Rn. 33; OLG München, BeckRS 2006, 12957, Rn. 29. Tendenziell auch OLG Köln, BeckRS 2017, 131802, Rn. 10.

243 *Diederichsen*, MDR 1963, 632, 635.

zwingend nur in der Erhaltung einzelner Gegenstände, deren Verlust das Gesellschaftsvermögen bedrohen würde. Das Gesellschaftsvermögen dient nur der Verwirklichung des übergeordneten Gesellschaftszwecks.[244] Bei einer rein gegenstandsbezogenen Betrachtungsweise stellt sich das Problem, dass die Geschäftsführung unter Umständen umgangen wird, obwohl der gefährdete Gegenstand im Verhältnis zum Gesellschaftsvermögen wirtschaftlich nicht ins Gewicht fällt. Es leuchtet ein, dass nicht jeder potenzielle Verlust eines Gesellschaftsgegenstandes eine Umgehung der Kompetenzordnung rechtfertigen kann. Auch begrifflich wird man dann kaum noch von einer „Not"-Geschäftsführung sprechen können. Insofern wird man um eine wirtschaftliche Gesamtbetrachtung nicht umhinkommen. „Bagatellen" sollten das Ermessen der Geschäftsführung nicht beschneiden. Im Ergebnis muss der potenzielle Schaden für die Gesellschaft selbst daher immer mitberücksichtigt werden.[245] Eine zu strenge Betrachtungsweise scheint hier allerdings nicht zweckmäßig zu sein. Dies verdeutlicht auch die nicht gegenstandsbezogene Perspektive. Der Verlust einer einzelnen Vermögensposition wird den Fortbestand der Gesellschaft im Übrigen oftmals nicht tangieren. Gerade bei komplexeren Sachverhalten wird man nur schwer feststellen können, inwiefern die einzelne Vermögensposition für den Erhalt der Gesellschaft notwendig ist. Dennoch wird eine enge Auslegung der Ausnahmeregelung in der Mehrheit der Fälle nicht dem Gesellschaftsinteresse entsprechen. Sollte der als Beispiel bereits angeführte Wasserschaden an einem von zwei im Gesellschaftsvermögen stehenden Gebäuden drohen, muss eine Notgeschäftsführungsmaßnahme zum wirtschaftlichen Erhalt der Gesellschaft selbst nicht zwingend notwendig sein. Allerdings wird der Erhalt des Gebäudes und die Abwehr weiteren Schadens regelmäßig zweckmäßig sein und im Gesellschaftsinteresse liegen. In diesem Beispiel hilft zumindest die gegenstandsbezogene Betrachtungsweise weiter, da man wirtschaftlich betrachtet den Wert einer Immobilie für ausreichend erachten wird, um eine Umgehung der Geschäftsführung zu rechtfertigen. Dennoch drohen selbst bei einer wirtschaftlichen Auslegung des Notwendigkeitskriteriums Kompetenzstreitigkeiten und rechtliche Unsicherheiten. Denn ab wann wiegt die Erhaltung eines Gegenstandes, dessen Bestand nicht zwingend für die Gesellschaft ist, den Eingriff in die Kompetenzordnung auf?[246] Diese Fragen stellen sich im Rahmen der Bruchteilsgemeinschaft weniger.

244 *Diederichsen*, MDR 1963, 632, 635.

245 Mit dieser Tendenz auch: OLG Dresden, NZG 2000, 248, 250; OLG München, BeckRS 2006, 12957, Rn. 29.

246 Ähnliche wirtschaftliche Überlegungen stellte das OLG Dresden an: Die Substanz einer Forderung werde durch eine verzögerte Einziehung nicht gefährdet und rechtfer-

Die nicht klar definierten Tatbestandsmerkmale ließen ein uneinheitliches Bild in der Rechtsprechung aufkommen. Teilweise machte es den Anschein, als könnte eine Gefahr für die Gesellschaft bereits ausreichen,[247] ohne weiter zu hinterfragen, ob diese Gefahrenabwehr auch notwendig war. Die Bildung von abstrakten Leitlinien wurde so deutlich erschwert, da die tatbestandlichen Voraussetzungen zunehmend verschwammen. Dies führte im Ergebnis zu einer umfassenden, stark durch Wertungsgesichtspunkte geprägten Gesamtbetrachtung.

b) Verstreichenlassen einer Geschäftschance

Während allgemein Einigkeit bestand, dass nützliche Maßnahmen nicht umfasst sein sollten, war die Frage, ob auch das Verstreichenlassen einer Geschäftschance unter den Anwendungsbereich einer Notgeschäftsführungsmaßnahme fallen kann, umstritten. Gewichtige Stimmen bejahten das Notgeschäftsführungsrecht für den Fall, dass der Gesellschaft ein entsprechender Gewinn zu entgehen droht.[248] Zwingend erscheint mir diese Auffassung nicht. Systematisch ist der entgangene Gewinn nach § 252 BGB Bestandteil eines Schadensersatzanspruches. Anknüpfend an den Schadensbegriff leuchtet es ein, dass ein bei einer Gesellschaft eintretender Schaden auch in einem entgangenen Gewinn liegen kann. Allerdings führt dieses weite Begriffsverständnis auch zu einem weiten Notgeschäftsführungsrecht und widerspricht damit einer restriktiven Handhabung des Rechts. Es besteht die Gefahr, dass ein Geschäftsführer unter dem Deckmantel der Notgeschäftsführungsbefugnis Geschäftschancen wahrnimmt und damit die Kontrollmechanismen der Gesellschaft unterläuft. Begrifflich entspricht dies nicht meiner Auffassung einer „Notgeschäftsführung“, die meines Erachtens auf die

---

tige daher kein eigenmächtiges Vorgehen des Gesellschafters. Dieser müsse zunächst seine Mitgesellschafter auf Mitwirkung verklagen. Allerdings könne eine verspätete Einziehung sich unter Umständen auf den Bestand der GbR selbst auswirken, soweit diese auf die Liquidität angewiesen sei, vgl. OLG Dresden, NZG 2000, 248, 250. Mit ähnlichen Überlegungen auch *Grunewald*, in: Festschrift Aderhold 2021, 89, 95.

247 BGH, DNotZ 2018, 866, 869 Rn. 26 ff.

248 Zu § 115 Abs. 2 HGB: *Hueck*, Recht der OHG, § 10 II S. 76; *Drescher*, in: EBJS, HGB, § 115 Rn. 33; *Lieder*, in: Oetker, HGB, § 115 Rn. 25; *Jickeli*, in: MünchKommHGB, § 115 Rn. 58; *Rawert*, in: MünchKommHGB (2016), § 115 Rn. 58; *Schäfer*, in: Staub, HGB, § 115 Rn. 37; *v. Ditfurth*, in: MünchHdB GesR I, § 53 Rn. 59; *Weipert*, in: HGB-RGRK, § 115 Anm. 22; **a. A.** *Bergmann*, WM 2019, 189, 192, der einen entgangenen Gewinn unter Verweis auf die Meinungen zu § 1858a BadLR nicht für ausreichend erachtet; kritisch auch *Häublein/Beyer*, in: BeckOK, HGB, § 164 Rn. 39, die ebenfalls darauf hinweisen, dass es gute unternehmenspolitische Gründe geben kann, eine Chance nicht zu nutzen; offenlassend: *Bengel*, ZEV 2002, 484, 485.

Abwendung von konkreten Schadensereignissen beschränkt sein sollte. Dafür besteht auch keine Notwendigkeit, insbesondere da zumindest die OHG-Gesellschafter sich gegen eine flexible Einzelgeschäftsführung und für eine kontrollierbarere, aber schwerfälligere Form der Gesamtgeschäftsführung entschieden haben. Das Argument von *Hueck*, ein entgangener Gewinn sei für einen Kaufmann einem wirtschaftlichen Schaden gleichgestellt,[249] überzeugt im Hinblick auf die Kaufmannseigenschaft nicht. Eine solche Differenzierung ist in Anbetracht von unternehmenstragenden BGB-Gesellschaften nicht gerechtfertigt.

c) Fazit

Welche Maßnahmen „zur Erhaltung" notwendig sind, muss im Rahmen einer Gesamtbetrachtung anhand des Gesellschaftszwecks unter Berücksichtigung der ausschlaggebenden wirtschaftlichen Aspekte bewertet werden. Es liegt in der Natur der Sache, dass eine solche einzelfallbezogene Betrachtung zu Rechtsunsicherheiten führte. Aufgrund des Ausnahmecharakters der Notgeschäftsführung ist eine Vermeidung von pauschalen Feststellungen allerdings ohnehin sinnvoll. Inwiefern die neuen Regelungen diese rechtlichen Unsicherheiten beseitigen, soll unter § 4 beleuchtet werden.

V. Subsidiarität der Notgeschäftsführung

Der Konflikt zwischen Erhaltungsinteresse und Geschäftsführungsordnung soll im folgenden Abschnitt unter dem Stichwort der Subsidiarität der Notgeschäftsführung weiter untersucht werden.

In Literatur und Rechtsprechung herrschte Einigkeit darüber, dass das Notgeschäftsführungsrecht im Rahmen von Gesellschaftsverhältnissen nur eingeschränkt Anwendung finden kann.[250] Diskutiert wurde diese Einschränkung unter dem Stichwort der Subsidiarität der Notgeschäftsführung.[251] Die Eilbedürftigkeit,[252] die Unmittelbarkeit des Schadenseintritts[253] oder die

249 *Hueck*, Recht der OHG, § 10 II S. 76 Fn. 23.

250 Im Ergebnis so schon: BGHZ, 39, 14, 20 f. = NJW 1963, 641, 643 f.; ausdrücklich: BGH, VIZ 2004, 79, 80; BGH, DNotZ 2018, 866, 868 f. Rn. 27; OLG Nürnberg, BeckRS 2010, 30509; OLG Düsseldorf, NZG 2012, 1148, 1150; aus der Literatur: *Geibel*, in: BeckOGK, BGB, § 709 Rn. 82; *Karsten Schmidt*, in: MünchKommBGB, § 745 Rn. 50; *Kort*, DStR, 2001, 2162, 2165.

251 *Karsten Schmidt*, in: MünchKommBGB, § 745 Rn. 50; *Geibel*, in: BeckOGK, BGB, § 709 Rn. 82.

252 *Schäfer*, in: MünchKommBGB, § 709 Rn. 21; *Schirrmacher*, NJW 2018, 3348 f.

253 *V. Ditfurth*, in: MünchHdB GesR I, § 7 Rn. 74; wohl auch *Bengel*, ZEV 2002, 484, 486.

Notwendigkeit[254] der Maßnahme können ebenfalls herangezogen werden, um das Kernproblem der Diskussion zu beleuchten.[255]

Im Vordergrund steht jeweils, dass die Geschäftsführungsregeln der Gesellschaft nicht ohne zusätzliche Voraussetzungen außer Kraft gesetzt werden dürfen, die Notgeschäftsführung somit nur subsidiär zur Anwendung gelangen soll. Soweit auf die Eilbedürftigkeit oder die Unmittelbarkeit abgestellt wird, steht dahinter der Gedanke, dass eine Notgeschäftsführung nur dann in Betracht kommt, wenn eine Übertragung der Entscheidung auf die Geschäftsführung zeitlich nicht mehr möglich ist. Da die Notwendigkeit der Maßnahme sich dem Gesellschaftszweck unterordnen muss und durch Zweckmäßigkeitsgesichtspunkte geprägt ist, findet sich auch hierin der Rechtsgedanke wieder, dass die Frage der Notwendigkeit einer Maßnahme primär der Geschäftsführung zu überlassen ist. Offen formuliert wird dadurch die Subsidiarität der Notgeschäftsführung zur Geschäftsführung statuiert.

1. *Problemaufriss*

Wie bereits erläutert setzt eine Notgeschäftsführungsmaßnahme für den Teilhaber einer Bruchteilsgemeinschaft nicht voraus, dass er zuvor versucht hat, einen Mehrheitsbeschluss über die Maßnahme herbeizuführen.[256] Die Eilbedürftigkeit ist keine Voraussetzung für die Notgeschäftsführung. Der Teilhaber kann sein Notgeschäftsführungsrecht ohne vorherige Konsultierung der übrigen Teilhaber wahrnehmen, selbst wenn der Schaden nicht unmittelbar droht. Zudem kann er sein Erhaltungsinteresse auch gegen den Widerspruch der übrigen Teilhaber durchsetzen. Denn sein individuelles Interesse an der Erhaltung des gemeinschaftlich gehaltenen Rechts ist der Privatautonomie der übrigen Teilhaber entzogen. Das Notgeschäftsführungsrecht der Bruchteilsgemeinschaft ist in diesem Sinne ein sehr wirksames Recht. Diese Ausgestaltung des Notgeschäftsführungsrechts wurde im Rahmen von Gesellschaftsverhältnissen von der herrschenden Meinung als zu weit empfunden. Die gesellschaftsrechtlichen Organisationsverhältnisse seien mit einem solch weitreichenden Notgeschäftsführungsrecht unvereinbar. Denn im Gegensatz zum Recht der Bruchteilsgemeinschaft gehe das Gesellschaftsrecht

254 BGH, DNotZ 2018, 866 Rn. 27 stellt darauf ab, dass die Notwendigkeit raschen Handelns nicht gegeben sei; OLG Düsseldorf, NZG 2012, 1148, 1150 spricht von der Erforderlichkeit.

255 Diese Terminologie findet sich auch in den bereits beleuchteten Notgeschäftsführungsrechten wieder.

256 Siehe § 2 B. III. 5.

von einer vertraglich geregelten Organisation der Geschäftsführung aus, der grundsätzlich Vorrang einzuräumen wäre.[257] Für Gesellschaftsverhältnisse sollte das Notgeschäftsführungsrecht daher nur subsidiär zur Anwendung gelangen, namentlich wenn die Maßnahme eilbedürftig und der Weg über die zuständige Geschäftsführung deshalb nicht mehr gangbar war.[258] Diese Einschränkung ließ sich über die Analogie nicht begründen. Das Subsidiaritätskriterium war das Einfallstor, welches Gegnern einer analogen Anwendung immer wieder Nährboden bereitete.

2. Die Subsidiarität als zwingendes Korrektiv im Personengesellschaftsrecht

Der herrschenden Meinung zum früheren Recht ist zuzustimmen. Eine Einschränkung der Notgeschäftsführung für Gesellschaftsverhältnisse ist zwingend erforderlich, um die Geschäftsführungsregeln nicht auszuhebeln und den systematischen Unterschieden zwischen Gesellschaft und Bruchteilsgemeinschaft Rechnung zu tragen. Eine uneingeschränkte Übertragung der im Recht der Bruchteilsgemeinschaft verankerten Grundsätze zur Notgeschäftsführungsbefugnis führt im Rahmen von Gesellschaftsverhältnissen zu unüberwindbaren Widersprüchlichkeiten.

a) Vorrang der bewusst gesetzten Handlungsorganisation

Als Argument für die Erforderlichkeit einer Einschränkung der Notgeschäftsführung wurde angeführt, dass die Gesellschafter sich bewusst auf eine Handlungsorganisation verständigt haben.[259] Diese Geschäftsführungsregeln verpflichten die Gesellschafter sich zu einigen, bzw. die Entscheidungshoheit der geschäftsführungsbefugten Gesellschafter zu respektieren. Der Verweis auf die bewusste Entscheidung der Gesellschafter, die Geschäftsführung auf bestimmte Gesellschafter zu übertragen oder es bei der gesetzlichen Gesamtgeschäftsführungsbefugnis zu

---

257 Prägnant: BFH, NJW-RR 1998, 1187, 1188.

258 *Schirrmacher*, NJW 2018, 3348, 3349; *Bergmann*, WM 2019, 189, 194 f; kritisch aufgrund der „*erheblichen Einschränkungen hinsichtlich des Rechtsschutzes*", *Nentwig*, GWR 2018, 330.

259 *Schirrmacher*, NJW 2018, 3348, 3349 („*Insbesondere existieren im Personengesellschaftsrecht Geschäftsführungsregeln, die in der Bruchteilsgemeinschaft gerade fehlen.*"); *Bergmann*, WM 2019, 189, 194; vgl. *Karsten Schmidt*, in: MünchKommBGB, § 745 Rn. 50. Hierzu auch *Grunewald*, in: Festschrift Aderhold 2021, 89, 95: Eine Durchbrechung der Geschäftsführungsregelungen sei bei „Zufallsgemeinschaften" eher akzeptabel.

belassen, überzeugt allerdings nur bedingt. Denn nicht alle Gesellschafter einer BGB-Gesellschaft werden sich wirklich Gedanken über ihre Geschäftsführungsregeln machen. Vielmehr wird oftmals auch schlichte Passivität den Grund für die Gesamtgeschäftsführungsbefugnis bilden. Dies gilt umso mehr, als dass die Gesellschaft auch durch schlüssiges Handeln gegründet werden kann.[260] Dann unterscheidet sich die Situation in der Praxis nicht wesentlich von der einer zufällig gebildeten Bruchteilsgemeinschaft.

b) Geschäftsführungsordnung als vorrangige Regelung

Dennoch lässt sich über den Gedanken einer vorrangigen Geschäftsführungsordnung nicht hinwegsehen. Zur Führung der Geschäfte sind eben nur die Geschäftsführer berufen. Das Geschäftsführungsrecht hat sich als „gesellschaftsnütziges“[261] Gesellschafterrecht zwingend am Interesse der Gesellschaft zu orientieren. Das Recht ist treugebunden und auf Basis der Zweckförderungspflicht auszuüben.[262] Den Geschäftsführern steht dabei ein gerichtlich nur eingeschränkt überprüfbarer Ermessensspielraum zu.[263] Innerhalb der Grenzen der Pflicht zur ordnungsgemäßen Geschäftsführung, ist es daher Sache der Geschäftsführung, über die Zweckmäßigkeit einer Maßnahme zu entscheiden. Allein deswegen stellt – unabhängig von der konkreten Gestaltung der Geschäftsführungsordnung – jede Notgeschäftsführung einen Eingriff in die gesellschaftliche Ordnung dar, der rechtfertigungsbedürftig ist. Das Recht der Bruchteilsgemeinschaft kennt im Gegensatz zum Gesellschaftsrecht keine Geschäftsführungsordnung.[264] Die Bruchteilsgemeinschaft handelt auf der Basis von einstimmigen Vereinbarungen oder (mehrheitlichen) Beschlüssen, vgl. § 745 BGB.

Die Geschäftsführung unterliegt zudem – über die abstrakte Pflicht zur zweckgebundenen Ausübung des Geschäftsführungsrechts – Kontrollmechanismen, die durch eine Notgeschäftsführung unterwandert werden würden. So statuierte das Personengesellschaftsrecht in den §§ 709 Abs. 1, 711 BGB a. F.

260 Vgl. hierzu die Bemerkung von *Geibel*, in: 71. Deutscher Juristentag 2016, O 132: *„Was ist nicht schon alles als GbR qualifiziert worden […]. Solche Kooperationen sind häufig GbR-Gründungen, bei denen den Kooperationspartnern nicht bewusst ist, dass sie eine GbR bilden.“*

261 *Geibel*, in: BeckOGK, BGB, § 706 Rn. 67.

262 *Geibel*, in: BeckOGK, BGB, § 706 Rn. 67; *Schäfer*, in: MünchKommBGB, § 709 Rn. 30.

263 *Schäfer*, in: MünchKommBGB, § 709 Rn. 30.

264 *Geibel*, in: BeckOGK, BGB, § 709 Rn. 86; *Schirrmacher*, NJW 2018, 3348, 3349. Zu diesem Unterschied vgl. *Huber*, Gesellschaftsanteil, S. 123 f.

und § 115 HGB a. F., dass selbst bei Einzelgeschäftsführungsbefugnis der Widerspruch anderer geschäftsführender Gesellschafter beachtlich ist.[265] Eine Maßnahme hat zu unterbleiben, wenn ein anderer Geschäftsführer widerspricht. Denn das Risiko der persönlichen Haftung verbietet es, sich über die Ablehnung eines Geschäftsführers hinwegzusetzen. Das Haftungsrisiko lässt sich nur bedingt als Argument für die Subsidiarität der Notgeschäftsführung anbringen, da der Notgeschäftsführer zunächst nur auf eigenes Risiko tätig werden kann. Dennoch stellt die Notgeschäftsführung einen Eingriff in die Geschäftsführungsordnung und die Belange der Gesellschaft dar und unterläuft die darin angelegten Kontrollmechanismen. Gerade in den zitierten Normen zeigt sich, welche Bedeutung das Gesetz den anderen Geschäftsführern als Kontrollelement beimisst. Hieran hat sich auch durch die Einführung des MoPeG nichts geändert. Gleichberechtigung und Kontrolle sind wesentliche Elemente der gesetzlichen Geschäftsführungsordnung.

c) Die Treuepflicht als struktureller Unterschied

Das entscheidende Argument, welches gegen eine uneingeschränkte Übertragung des Notgeschäftsführungsrechts auf Gesellschaftsverhältnisse sprach, ist die gesellschaftsrechtliche Treuepflicht. Hierin liegt ein struktureller Unterschied zwischen Bruchteilsgemeinschaft und Gesellschaft. Denn in der Regel stehen sich eine Zufallsgemeinschaft und eine auf Vertrag beruhende Zweckgesellschaft gegenüber. Innerhalb der Gemeinschaft stellt die Notgeschäftsführungsbefugnis das notwendige Gegenstück zur gemeinsamen Verwaltung dar. Da die Teilhaber an kein höheres Interesse gebunden sind, braucht der Einzelne ein wirksames Recht zur Durchsetzung seines Erhaltungsinteresses. Das Gesellschaftsverhältnis hingegen unterliegt besonderen Vereinbarungen und Bindungen im Innenverhältnis, namentlich der Treuepflicht.[266] Räumt man dem Gesellschafter das gleiche Recht ein, wie dem Teilhaber, setzt man sich zu diesen Bindungen in Widerspruch.

Pointiert drückte es *Schirrmacher* aus:

---

265 Teilweise wird auch auf die Ausstrahlungswirkung der §§ 115 Abs. 2, 116 Abs. 3 S. 1 HGB a. F. abgestellt, *Geibel*, in: BeckOGK, BGB, § 709 Rn. 85. So wohl auch *Schirrmacher*, NJW 2018, 3348, 3349. Das Verhältnis von Einzelgeschäftsführung zu Widerspruchsrecht hat sich auch durch das MoPeG nicht geändert, vgl. § 715 Abs. 4 BGB, § 116 Abs. 3 HGB.

266 *Schirrmacher*, NJW 2018, 3348, 3349; vgl. *v.Gramm*, in: BGB-RGRK, Vor § 705 Rn. 4 („*Sie [die Gesellschaft] ist keine individualistische Gemeinschaft wie die Bruchteilsgemeinschaft, bei der ein persönliche Bindung der Teilhaber grundsätzlich nicht besteht.*"); *Zöllner*, Schranken mitgliedschaftlicher Stimmrechtsmacht, S. 5: (Im Vergleich zur Gesellschaft fehle es „*am Moment des willentlichen Zusammenschlusses und damit*

> *Die Kritik […] verengt sich also im Wesentlichen auf den Einwand, dass die Vorschrift von einem Verband von Teilhabern ohne besondere Bindungen ausgeht und einzelnen Teilhabern deswegen sehr weitgehende Notgeschäftsführungsrechte zubilligt, die die ohnehin bestehenden Vereinbarungen und Bindungen im Innenverhältnis einer Personengesellschaft zu überspielen drohen.*[267]

Diese von *Schirrmacher* angesprochenen Bindungen im Innenverhältnis erfordern eine Einschränkung der Notgeschäftsführung für Gesellschaftsverhältnisse. Denn als Gesellschafterrecht unterliegt auch das (Not-)Geschäftsführungsrecht den durch die Treuepflicht vorgegebenen Schranken.[268] Die Auswirkungen dieser Bindungen sollen im folgenden Abschnitt weiter untersucht werden.

aa) Einschränkung der Geschäftsführung durch die Treuepflicht

Die Treuepflicht schränkt die erlaubten Verhaltensweisen innerhalb von Gesellschaftsverhältnissen ein. Insbesondere das Geschäftsführungsrecht wird von der Treuepflicht dominiert.[269] Die Geschäftsführung hat sich am Interesse der Gesellschaft zu orientieren.[270] Dieses setzt sich aus den Interessen aller Gesellschafter zusammen, die zu einem gemeinsamen Zweck verschmelzen.[271] Eigene Interessen der Gesellschafter haben zurückzustehen, wenn dadurch Belange der Gesellschaft tangiert werden.[272] Infolgedessen ist es dem Gesellschafter untersagt, die

---

an der Hervorrufung eines besonderen Vertrauenstatbestandes“); zur Treuepflicht in Gesellschaftsverhältnissen vgl. auch *Wiedemann*, in: Festschrift Heinsius 1991, 949.

267 *Schirrmacher*, NJW 2018, 3348, 3349. Dies aufgreifend: *Grunewald*, in: Festschrift Aderhold 2021, 89, 93.

268 *Geibel*, in: BeckOGK, BGB, § 709 Rn. 89.

269 *Schäfer*, in: MünchKommBGB, § 705 Rn. 233; *Flume*, Personengesellschaft, S. 257 ff.; *Zöllner*, Schranken mitgliedschaftlicher Stimmrechtsmacht, S. 323.

270 *Geibel*, in: BeckOGK, BGB, § 706 Rn. 64 ff.; *Schäfer*, in: MünchKommBGB, § 705 Rn. 233; *Wiedemann*, in: Festschrift Heinsius 1991, 949, 950.

271 *Geibel*, in: BeckOGK, BGB, § 705 Rn. 125 f.; vgl. *Kemen*, Stimmrecht und Interessenkollision, S. 89; *Flume*, Personengesellschaft, S. 38: „*Der die Gesellschaft konstituierende gemeinsame Zweck ist […] weder Eigen- noch Fremdzweck, sondern überindividuell der Gesellschaft als Personengemeinschaft zugehörig: es ist der Zweck der Gesellschaft als Personengemeinschaft.*“; *Zöllner*, Schranken mitgliedschaftlicher Stimmrechtsmacht, S. 24: „*Der Zweck ist dasjenige Element, das den Sonderinteressen der einzelnen Mitglieder die gemeinsame Richtung gibt*“.

272 *Schäfer*, in: MünchKommBGB, § 705 Rn. 233 („*Den durch den Gesellschaftsvertrag definierten gemeinsamen Interessen kommt […] der absolute Vorrang zu; für die Verfolgung eigener Interessen ist nur Raum, soweit dadurch die Belange der Gesellschaft nicht tangiert werden.*“); *Zöllner*, Schranken mitgliedschaftlicher Stimmrechtsmacht, S. 340 („*Das Wesen des Treuegedanken bei der Personengesellschaft liegt darin, daß*

Geschäftsführung aufgrund eigener von „*Kurzsichtigkeit, Geiz oder Desinteresse*“[273] geprägten Interessen zu blockieren. Ein eigensüchtiges (Erhaltungs-)Interesse des Einzelnen hat zurückzustehen. Umgekehrt hat auch die Geschäftsführung den Gesellschaftszweck zu fördern, wobei die mitgliedschaftlichen Belange der Mitgesellschafter mittelbar Einzug in die Interessenabwägung finden.[274] Es besteht also eine durch die Treuepflicht geprägte Wechselwirkung zwischen Gesellschaftsinteresse und privatautonomer Entscheidungsfreiheit.[275] Im Rahmen der Geschäftsführung werden diese Interessen gebündelt und zugunsten der Gesellschaft umgesetzt.

bb) Fehlende Treubindung in der Gemeinschaft

Eine solche Wechselwirkung ist im Recht der Bruchteilsgemeinschaft nicht gegeben. Denn die Bruchteilsgemeinschaft verfolgt abgesehen von der Werterhaltung des gemeinsam gehaltenen Gegenstandes bzw. Rechts keinen weitergehenden Zweck.[276] Sie ist keine Zweckgemeinschaft, sondern lediglich eine Form der Interessengemeinschaft.[277] Der Unterschied tritt in der Intensität der Interessenverbindung hervor.[278] Denn im Gegensatz zu Gesellschaftsverhältnissen tritt das Individualinteresse im Rahmen der Bruchteilsgemeinschaft nicht hinter das

---

[sic] der Einzelne seine Sonderinteressen, wenn sie mit denen des Verbands kollidieren, mehr oder weniger stark unterordnen muß [sic].“).

273 Staudinger/*Huber* (1986) § 744 Rn. 20.

274 Vgl. BGH, NJW-RR 2003, 169, 170; vgl. *Geibel*, in: BeckOGK, BGB, § 705 Rn. 125 f., § 706 Rn. 86 f.; *Zöllner*, Schranken mitgliedschaftlicher Stimmrechtsmacht, S. 24: „*In ihm [dem Zweck] laufen […] die Interessen aller Mitglieder zusammen.*“; ausführlicher dann S. 318 ff.

275 Vgl. *Flume*, Personengesellschaft, S. 262: „*Die Entscheidungsfreiheit des Gesellschafters wird begrenzt durch die Verpflichtung, die Erreichung des Gesellschaftszwecks […] zu fördern*“.

276 *Saenger*, in: Schulze, BGB, § 741 Rn. 1; *Geibel*, in: BeckOGK, BGB § 705 Rn. 133 spricht von allenfalls gleichgerichteten Zwecken, nicht aber von einem gemeinsamen Zweck; *Lutter*, AcP 180 (1980), 84, 145 („*ihr Zweck liegt gesetzlich fest, kann nicht erweitert werden und ist nur der notwendige Unterbau für das Halten eines gemeinsamen Vermögens oder Gegenstandes. Erbengemeinschaft und schlichte Rechtsgemeinschaft haben […] keine Perspektive.*“); *v.Gramm*, in: BGB-RGRK, Vor § 705 Rn. 3. Zur Abgrenzung auch: *Flume*, Personengesellschaft, S. 119 f.

277 *Saenger*, in: Schulze, BGB, § 741 Rn. 1; *Bergmann*, WM 2019, 189, 194.

278 *Bergmann*, WM 2019, 189, 194; vgl. *Hadding*, in: Soergel (1985), BGB, Vor § 741 Rn. 1 („*In dem Fehlen des gemeinsamen Interesses an einer Zweckerreichung liegt der Hauptunterschied zur Gesellschaft.*“).

gemeinschaftliche Interesse zurück.[279] Eine mit Gesellschaftsverhältnissen vergleichbare, ausgestaltete Treubindung besteht innerhalb der Bruchteilsgemeinschaft nicht.[280] Zwar treffen auch die Teilhaber gewisse Schutzpflichten,[281] allerdings besteht prinzipiell keine schuldrechtliche Verpflichtung der Teilhaber, wechselseitige Interessen zu fördern.[282] Dem entsprechend sind den Teilhabern Verhaltensweisen gestattet, die Gesellschaftern aufgrund ihrer Treubindung untersagt wären. Die Teilhaber können daher ohne Weiteres divergierende Interessen verfolgen.[283] Sie können über ihren Anteil verfügen (§ 747 BGB) und ihre Berechtigung alleine ausüben (§ 743 BGB).[284]

cc) Einfluss der Treuepflicht auf die (Not-)Geschäftsführung

Aus dieser Gegenüberstellung lässt sich Folgendes ableiten: Innerhalb von Gesellschaftsverhältnissen dominiert die Treuepflicht, die zur Berücksichtigung von mitgliedschaftlichen und Belangen der Gesellschaft verpflichtet. Dies gilt gleichermaßen für die Geschäftsführung als auch für die Gesellschafter.

So bindet die gesellschaftsrechtliche Treuepflicht auf der einen Seite die Geschäftsführung. Diese muss notwendige Erhaltungsmaßnahmen im Interesse der Gesellschaft umsetzen. Auf der anderen Seite muss sich der einzelne Gesellschafter der innerorganisatorischen Ordnung unterwerfen und muss sein Partikularinteresse gegebenenfalls dem Gesellschaftsinteresse unterordnen. Er muss einerseits notwendigen Maßnahmen zustimmen, selbst wenn er diese aus eigenem Interesse nicht durchgesetzt hätte, andererseits muss er auch eine vorrangige Willensbildung der Geschäftsführung zulassen und darf das Kompetenzgefüge nicht außer Kraft setzen. Sowohl Erhaltungsinteresse des Einzelnen als auch Gesellschaftsin-

---

279 *Saenger*, in: Schulze, BGB, § 741 Rn. 6.

280 Vgl. schon *Mugdan*, Band II, Motive 1. Lesung, S. 491; vgl. BGH, NJW 1974, 1189, 1190; OLG Düsseldorf, NJW-RR 1999, 337; OLG München, BeckRS 2013, 10464 („*kein Äquivalent zur (besonders stark ausgeprägten) gesellschaftsrechtlichen Treuepflicht*"); vgl. *Saenger*, in: Schulze, BGB, § 741 Rn. 6; *v.Gramm*, in: BGB RGRK, Vor § 705 Rn. 4; *Lutter*, AcP 180 (1980), 84, 145; *Schirrmacher*, NJW 2018, 3348, 3349; *Geibel*, in: BeckOGK, BGB, § 709 Rn. 80; kritisch und differenzierend *Karsten Schmidt*, in: MünchKommBGB, § 745 Rn. 13.

281 OLG Hamburg, BeckRS 2002, 30244100.

282 BGH, NJW 1974, 1189, 1190; OLG Düsseldorf, NJW-RR 1999, 337; *Saenger*, in: Schulze, BGB, § 741 Rn. 6.

283 *Hadding*, in: Soergel (1985), BGB, Vor § 741 Rn. 1; *Schnorr*, Bruchteilsgemeinschaft, S. 225.

284 *Saenger*, in: Schulze, BGB, § 741 Rn. 6; *Huber*, Gesellschaftsanteil, S. 123.

teresse müssen jeweils in Ausgleich gebracht und in den Kontext der Treuepflicht gesetzt werden.

Im Rahmen der Bruchteilsgemeinschaft stellt das Notgeschäftsführungsrecht aus § 744 Abs. 2 BGB das notwendige Korrelat zur fehlenden Treubindung dar und gibt dem Teilhaber eine Möglichkeit sein Erhaltungsinteresse selbst in Blockadesituationen durchzusetzen.[285] Denn mangels eines die Privatautonomie regulierenden Kontrollelements und der damit einhergehenden Sicherstellung eines Ausgleichs von Partikularinteresse und Gemeinschaftsinteresse bedarf es im Rahmen der Bruchteilsgemeinschaft eines weiten und wirksamen Notgeschäftsführungsrechts. Kein Teilhaber kann dieses Recht beeinträchtigen, ein entgegenstehender Wille ist unbeachtlich, es kann daher auch jederzeit und ohne vorherige Konsultation durchgesetzt werden. Die Notgeschäftsführung rechtfertigt sich durch die Notlage des Einzelnen, der nicht zusehen muss, wie das gemeinsame Recht aufgrund divergierender Interessen beeinträchtigt wird. Unter dem Gesichtspunkt der Gefahrenabwehr kann das Notgeschäftsführungsrecht der Bruchteilsgemeinschaft selbstverständlich auch der Wahrung eines hypothetischen kollektiven Interesses dienen. Leitet ein Teilhaber die notwendige Reparatur eines Daches ein, um weiteren Schaden am Gebäude abzuwenden, spricht vieles dafür, dass dies mit dem Interesse der übrigen Teilhaber übereinstimmt. Unter Berücksichtigung der fehlenden Treubindung stellt sich diese Maßnahmen aber in erster Linie als Erhaltungsmaßnahme im Interesse des Notgeschäftsführers dar und nicht als Gefahrenabwehr zugunsten der Gemeinschaft.[286]

dd) Einfluss der Treuepflicht auf das Erhaltungsinteresse

Die Treuepflicht innerhalb von Gesellschaftsverhältnissen zwingt also zu einem Perspektivwechsel: Innerhalb der Gemeinschaft dient die Notgeschäftsführung zur Wahrung des individuellen Erhaltungsinteresses. Der Teilhaber kann seine Partikularinteressen, soweit sie sich auf die Erhaltung des Gegenstandes beziehen,

---

285 *Schirrmacher*, NJW 2018, 3348, 3349.

286 Vgl. *Schnorr*, Bruchteilsgemeinschaft, S. 224 f.: „*Es handelt sich also […] nicht etwa um ein Recht, das der einzelne Teilhaber für die Gemeinschaft der Teilhaber ausübt. Dadurch unterscheidet sich das Recht nach § 744 Abs.2 Hs. 1 BGB von der Befugnis eines Geschäftsführers ohne Auftrag nach § 677 BGB. Der Teilhaber darf zur Erhaltung des Gegenstands auch gegen den wirklichen oder mutmaßlichen Willen der übrigen Teilhaber tätig werden. Es ist nicht einmal erforderlich, dass die Erhaltung im Interesse der übrigen Teilhaber liegt.*“; Staudinger/*Huber* (1986) § 744 Rn. 26.

ohne Rücksicht auf die übrigen Teilhaber durchsetzen.[287] Er muss sie weder informieren, noch versuchen eine gemeinsame Entscheidung herbeizuführen und kann dieses Interesse jederzeit durchsetzen. In der Bruchteilsgemeinschaft ist dem Erhaltungsinteresse der absolute Vorrang einzuräumen. Dies ist auch konsequent, da ein höherwertiges, gemeinschaftliches Interesse nicht vorhanden ist und dem Teilhaber keine Pflicht auferlegt wäre, ein solches zu berücksichtigen.

Im Grundsatz gilt der Vorrang des Erhaltungsinteresse auch im Recht der GbR.[288] Auch dort ist eine Maßnahme, die zum Erhalt der Gesellschaft notwendig ist, zu dulden oder umzusetzen. Die herrschende Meinung zu den alten Notgeschäftsführungsrechten erachtete einen Widerspruch nach Maßgabe des § 711 BGB a. F. gegen eine Notgeschäftsführungsmaßnahme im Rahmen der Einzelgeschäftsführungsbefugnis als unbeachtlich.[289] Damit korrespondiert der Anspruch der Gesellschafter auf Zustimmung zu notwendigen Erhaltungsmaßnahmen.[290] Das der Notgeschäftsführung innewohnenden Erhaltungsinteresse überlagert folglich auch im Gesellschaftsrecht die privatautonome Entscheidungsfreiheit. Zwingend ist allerdings ein Perspektivwechsel und eine Lösung von den aus dem Recht der Bruchteilsgemeinschaft bekannten Dogmen. Denn ein Vorrang des individuellen Erhaltungsinteresses, steht im Spannungsverhältnis

---

287 Vgl. *Schirrmacher*, NJW 2018, 3348 f. (*„[Es] soll keinem der Teilhaber zugemutet werden, bis eine Angelegenheit keinen Aufschub mehr duldet, wenn die anderen Teilhaber aus ‚Unkenntnis, mangelndem Urteilsvermögen, Kurzsichtigkeit, Geiz oder Desinteresse' nicht handeln.*“); Staudinger/*vonProff* (2021) § 744 Rn. 23 ff; *Schnorr*, Bruchteilsgemeinschaft, S. 225: *„Solange die Gemeinschaft besteht, können desinteressierte Teilhaber den an der Erhaltung interessierten Teilhaber nicht daran hindern, die notwendigen Maßnahmen zu ergreifen.*“

288 Vgl. hierzu *Flume*, Personengesellschaft, S. 269 f. Dieser rechtfertigt die Unbegründetheit einer Zustimmung im Falle notwendiger Erhaltungsmaßnahmen losgelöst von der Treubindung. Vielmehr seien notwendige Erhaltungsmaßnahmen per se der privatautonomen Entscheidung der Geschäftsführung entzogen. Auf die Treuwidrigkeit komme es deshalb nicht mehr an.

289 BGH, NJW 1972, 862, 863; OLG Naumburg, BeckRS 2011, 22315; *v. Ditfurth*, in: MünchHdB GesR I, § 7 Rn. 36; *Schäfer*, in: MünchKommBGB, § 711 Rn. 8; *Bergmann*, in: jurisPK-BGB, § 709 Rn. 12; *Bergmann*, in: jurisPK-BGB, § 711 Rn. 2; vgl. *Hippeli*, Jura 2017, 1192, 1193. Vgl. für die OHG: BGHZ 17, 181 = NJW 1955, 1027, 1028; BGH, NJW 1986, 844.

290 BGH, NJW 1960, 91; BGH, NJW 1972, 862, 863; *v.Gramm*, in: BGB-RGRK, § 709 Rn. 6; *Bergmann*, in: jurisPK-BGB, § 709 Rn. 11; *Stürner*, in: Jauernig, BGB, §§ 709aF-713aF Rn. 2; *Schirrmacher*, NJW 2018, 3348, 3349; für die OHG: *Emmerich*, in: Heymann (1996), HGB, § 115 Rn. 11, 18; vgl. *Martens*, in: Schlegelberger, HGB, § 115 Rn. 14, § 116 Rn. 23.

zu der gesellschaftsrechtlichen Treuepflicht und ist mit dieser im Kern unvereinbar. Begreift man das Notgeschäftsführungsrecht im Rahmen von Gesellschaftsverhältnissen wie im Recht der Bruchteilsgemeinschaft als Erhaltungsrecht zur Durchsetzung von Partikularinteressen, konterkariert man die gesellschaftsrechtlichen Bindungen der Treuepflicht und setzt sich zu diesen in Widerspruch. Anknüpfungspunkt für das Erhaltungsinteresse muss vielmehr das Gesellschaftsinteresse, als übergeordnetes, zweckgebundenes Interesse sein. Diesem Gesellschaftsinteresse ist im Rahmen der Treubindung der Vorrang einzuräumen.

Das Erhaltungsinteresse muss sich daher ebenfalls an der Treubindung messen lassen. Es darf im Rahmen von Gesellschaftsverhältnissen nicht als ausschließliches Partikularinteresse aufgefasst werden, sondern muss im Lichte der Treuepflicht und des Gesellschaftsvertrags ausgelegt werden. Die Reichweite wird über den Gesellschaftszweck definiert.[291] Diese Einschränkung des Notgeschäftsführungsrechts ergibt sich aus dem Verständnis der Notgeschäftsführung als Gesellschafterrecht und Geschäftsführungsrecht. Der Notgeschäftsführer als Gesellschafter wahrt mit der Notgeschäftsführungsmaßnahme also nicht sein ausschließliches Partikularinteresse, sondern das Gesellschaftsinteresse, in welchem das Partikularinteresse bereits Einklang gefunden hat. Folgerichtig fordert die gesellschaftsrechtliche Bindung der Gesellschafter auch, dass der Notgeschäftsführer die Entscheidungskompetenz der Geschäftsführung wahrt und nur in eilbedürftigen Fällen tätig wird. Denn die treugebundene Interessenabwägung steht primär der Geschäftsführung zu. Es ist Aufgabe der Geschäftsführung, die vielschichtigen Interessen innerhalb von Gesellschaftsverhältnissen zu bündeln und eine diese Interessenabwägung vorzunehmen. Sie ist primär für die Zweckverwirklichung zuständig. Nur unter dieser Prämisse versteht sich, dass einem Widerspruch gegen eine notwendige Erhaltungsmaßnahme keine Wirkung zukommt. Denn der Vorrang des Erhaltungsinteresses steht nur dann nicht im Widerspruch zum Gesellschaftsinteresse, wenn man dieses im Rahmen des Erhaltungsinteresses ausreichend berücksichtigt und die Partikularinteressen einschränkt. Das Erhaltungsinteresse kann so als objektiver Maßstab begriffen werden, in dem Gesellschaftszweck, Gesellschaftsinteresse und Partikularinteressen der einzelnen Gesellschafter zusammenlaufen. Es wird unter dem Gesichtspunkt der Treuepflicht reguliert. Daraus ergibt sich auch der Maßstab für die Notwen-

291 So ausdrücklich: BGH, DNotZ 2018, 866, 868 Rn. 25; vgl. *Geibel*, in: BeckOGK, BGB, § 709 Rn. 78, 84, 89; zum Zweck als „leitendes Ziel", vgl. *Zöllner*, Schranken mitgliedschaftlicher Stimmrechtsmacht, S. 25 zur Bindung an den Gesellschaftszweck, S. 320 ff.

digkeit der Maßnahme.[292] Insoweit ist die Sicht eines vernünftig und wirtschaftlich denkenden Gesellschafters unter Berücksichtigung des Gesellschaftszwecks maßgeblich.[293]

ee) Schlussfolgerungen für das Notgeschäftsführungsrecht

Es zeigt sich, dass die gesellschaftsrechtlichen Bindungen die Auslegung der Notgeschäftsführungsbefugnis und des darin innerwohnenden Erhaltungsinteresses maßgeblich beeinflussten.

Der Teilhaber setzt seine individuellen Partikularinteressen durch, die der Autonomie der Gemeinschaft entzogen sind. Sein Interesse setzt sich durch, es ist deshalb nicht auf eilbedürftige Fälle beschränkt; Widerspruch oder fehlende Zustimmung können diesem nicht entgegengesetzt werden. Ein solch wirksames Recht braucht es in der Theorie für Gesellschaftsverhältnisse nicht. Denn in der Idealvorstellung decken sich Gesellschaftszweck und das Interesse aller Gesellschafter an der Erhaltung der Gesellschaft und deren Vermögenspositionen. Unter dem Gesichtspunkt eines Ausgleichs zwischen Einzelinteressen und Gesellschaftsinteressen bedürfte es keines Rückgriffs auf ein Erhaltungsrecht, da die Geschäftsführung – gebunden durch die Treuepflicht – dem Gesellschaftszweck und den individuellen Erhaltungsinteressen zu maximaler Geltung verhelfen würde. Das Notgeschäftsführungsrecht ist daher kein notwendiges Gegenstück zur Verwaltungskompetenz in der Bruchteilsgemeinschaft, in der die Teilhaber eigensüchtig handeln dürfen und sich keinem höherrangigen Zweck verpflichtet haben. Die durch die Treuepflicht gebundene Geschäftsführung hat ohnehin den Gesellschaftszweck zu verwirklichen. Als Gefahrenabwehrrecht ist das Notgeschäftsführungsrecht allerdings unverzichtbar. Denn ohne eine Befugnis zur Notgeschäftsführung hätten die Gesellschafter keine Möglichkeit den Gesellschaftszweck zu verwirklichen, wenn eine akute Notsituation vorliegt, in der die Geschäftsführung aufgrund der Eilbedürftigkeit nicht tätig werden kann. Primäres Ziel der Notgeschäftsführungsbefugnis ist es, der Gesellschaft eine Handlungsmöglichkeit zu geben, wenn es die Gesellschaft sonst nicht könnte.

d) Zwischenergebnis

Diese Strukturunterschiede zwischen Bruchteilsgemeinschaft und Gesellschaft sprachen nicht *per se* gegen eine analoge Anwendung der Vorschrift. Der „normative Kern" des § 744 Abs. 2 BGB konnte dennoch auf das Recht der GbR über-

---

292 Siehe oben unter § 3 A. IV. 4. a) bb).

293 *Geibel*, in: BeckOGK, BGB, § 709 Rn. 84.

tragen werden.[294] Es waren allerdings die Aussagen der Norm herauszulösen, die mit dem Recht der Gesellschaft nicht vereinbar waren, bzw. dort Einschränkungen zu machen, wo die Norm in ihrem Gehalt zu weit ging.

Festgehalten werden kann daher: Ein Gleichlauf der Notgeschäftsführungsrechte hätte die Geschäftsführungsregeln, deren Interessenabwägung konterkariert und deren Kontrollelemente außer Kraft gesetzt. Ohne zusätzliche Einschränkung hätte der Gesellschafter jederzeit unter Berufung auf das Erhaltungsinteresse handeln und die Geschäftsführung umgehen können; der Gesellschafter könnte schlicht auf die Notwendigkeit einer Maßnahme rekurrieren und die Maßnahme vornehmen, ohne die Geschäftsführung zu informieren. Das Missbrauchsrisiko ist offensichtlich, insbesondere da die Geschäftsführung im Nachhinein unter Druck gesetzt hätte werden können, die Maßnahme zu genehmigen oder sich auf einen Rechtsstreit einzulassen. Dieses Missbrauchsrisiko war daher nur einzugehen, wenn die Maßnahme akut eilbedürftig und zum Erhalt des Gesellschaftsvermögens notwendig war.

3. *Zwischenfazit*

Eine subsidiäre Anwendung des Notgeschäftsführungsrecht war für die BGB-Gesellschaft zwingend, um der Treubindung der Gesellschafter und der Geschäftsführung Rechnung zu tragen. Formal betrachtet bestand ein Gleichlauf zur Bruchteilsgemeinschaft: Dem Erhaltungsinteresse war trotz eines gegenläufigen Willens der übrigen Gesellschafter der Vorrang einzuräumen. Dies galt aber nur insoweit, als dass das Erhaltungsinteresse im Gesellschaftsrecht als kollektives Interesse ausgelegt werden musste, in welchem sich das Partikularinteresse nur partiell wiederfand: Der Notgeschäftsführer nimmt bei der Abwehr der Gefahr in erster Linie Gesellschaftsinteressen wahr. Entsprechend wäre es gerade der unter Umständen entgegenstehende Wille der anderen Gesellschafter, welcher nicht mit dem Gesellschaftsinteresse vereinbar wäre. Dem hingegen wahrt der Teilhaber einer Bruchteilsgemeinschaft seine eigenen Interessen an der Erhaltung des Gegenstandes. Da diese dem Entscheidungsmonopol der Gemeinschaft entzogen sind, kann der Teilhaber sein Interesse auch ohne vorherige Konsultation der übrigen Teilhaber durchsetzen.[295]

---

294 *Geibel*, in: BeckOGK, BGB, § 709 Rn. 80.

295 Vgl. *Schirrmacher*, NJW 2018, 3348 f. („*[Es] soll keinem der Teilhaber zugemutet werden, bis eine Angelegenheit keinen Aufschub mehr duldet, wenn die anderen Teilhaber aus ‚Unkenntnis, mangelndem Urteilsvermögen, Kurzsichtigkeit, Geiz oder Desinteresse‘*

Übertrug man den normativen Inhalt der Notgeschäftsführung auf Gesellschaftsverhältnisse, ging dies zwingend mit einer Einschränkung der Notgeschäftsführung, namentlich mit einer subsidiären Anwendung einher. Im Ergebnis dient die Notgeschäftsführung der Wahrung und Verwirklichung des Gesellschaftsinteresses. Angesichts der verschiedenen Interessen, die im Rahmen der Treuepflicht unter dem Gesichtspunkt des Gesellschaftsinteresse zu regulieren sind, musste dieses soweit möglich vorrangig ermittelt werden, folglich in die Hand der Geschäftsführung gelegt werden. Die Zweckgebundenheit des Notgeschäftsführungsrechts verlangte daher eine primäre Ausübung des Rechts durch die Gesellschafter, die von den Gesellschaftern mit der Zweckverwirklichung betraut sind. Nur wenn dies nicht gelang, blieb Raum für eine Notgeschäftsführung. Ohne Einschränkung des Notgeschäftsführungsrechtes wäre es dem Gesellschafter, wie dem Teilhaber, jederzeit möglich gewesen, Erhaltungsmaßnahmen vorzunehmen und die Geschäftsführung und deren Ermessen zu umgehen. Angesichts der sonst bestehenden Kontrollmechanismen und der Treugebundenheit der Geschäftsführung ist ein solcher Eingriff nicht zu rechtfertigen. Er ist auch nicht erforderlich, da der Gesellschafter die Zustimmung zu notwendigen Erhaltungsmaßnahmen gerichtlich erzwingen kann.[296] Es ist dem Notgeschäftsführer ohne Weiteres zuzumuten, das Erhaltungsinteresse nur dann eigenmächtig durchzusetzen, wenn die Maßnahme so eilbedürftig ist, dass die Geschäftsführung diese nicht mehr verwirklichen kann. Besteht folglich keine Not, ist eine Umgehung der Geschäftsführung nicht notwendig oder erforderlich.

Selbstverständlich bleibt Konfliktpotential und Spannungsverhältnisse lassen sich durch eine rein subsidiäre Anwendung nicht auflösen. Denn das Gesellschaftsinteresse muss zunächst ermittelt werden, was primär der Geschäftsführung verantwortet ist. Gerade hinsichtlich der Notwendigkeit der Maßnahme können die Interessen der einzelnen Gesellschafter aufgrund der Komplexität der Fragestellung divergieren.

4. *Rechtsfolgen der subsidiären Anwendung*

Die Einschränkung des Notgeschäftsführungsrechts wurde durch die subsidiäre Anwendung umgesetzt: Soweit der Gesellschafter die Notwendigkeit einer Maßnahme für gegeben erachtete, hatte er die Geschäftsführung zu informieren und

nicht handeln."); Staudinger/*vonProff* (2021) § 744 Rn. 23 ff.; *Schnorr*, Bruchteilsgemeinschaft, S. 224 f.

296 OLG Naumburg, BeckRS 2011, 22315 zu einer Kontoerrichtung; *Schirrmacher*, NJW 2018, 3348, 3349.

deren Zustimmung einzuholen oder diese notfalls zu erzwingen. Nur wenn die Maßnahme derart eilbedürftig war, dass ein Tätigwerden der Geschäftsführung nicht mehr erreicht werden konnte, lag eine echte Notgeschäftsführung vor, die den handlungswilligen Gesellschafter zum Handeln im Innenverhältnis ermächtigte.

Im Allgemeinen wurde daher konstatiert, dass nur dann Raum für eine Notgeschäftsführung gegeben ist, wenn die Maßnahme so eilbedürftig ist, dass ein Weg über die Geschäftsführung nicht mehr möglich ist. Nur dann sei es gerechtfertigt, die Geschäftsführungsregeln zu durchbrechen. Das der Notgeschäftsführung immanente Risiko, dass Partikularinteressen zulasten eines treugebundenen Gesellschaftsinteresses durchgesetzt werden, sollte nur hingenommen werden, wenn der Gesellschaft ein akuter Schaden drohte. Soweit die Entscheidung nicht eilbedürftig ist, bleibt es der Geschäftsführung überlassen, das Gesellschaftsinteresse zu verwirklichen. Die Kompetenzordnung der Gesellschaft konnte somit nur in akuten Notfällen außer Kraft gesetzt werden. Die primäre Zuständigkeit der Geschäftsführung musste sich in dem Ausnahmecharakter der Notgeschäftsführung widerspiegeln. Das Subsidiaritätskriterium ließ sich aus einer Analogie zu § 744 Abs. 2 BGB nicht folgern, was die praktische Anwendung der Vorschrift erschwerte.

Vor diesem Hintergrund konnte ein eigenmächtiges Vorgehen nur in Ausnahmefällen in Betracht kommen. Der BGH verneinte daher die Notwendigkeit einer Maßnahme, wenn es dem Gesellschafter möglich war, die Gefahr auch durch die Mitwirkung der übrigen Gesellschafter abzuwenden.[297] Mit anderen Worten schied eine Notgeschäftsführung aus, wenn die Maßnahme nicht eilbedürftig war, da in diesem Fall der vermeintliche Umweg über die gesellschaftsrechtliche Geschäftsführungsordnung möglich war. Obwohl der BGH begrifflich auf die Notwendigkeit rekurrierte, spricht er sich damit klar für die Subsidiarität der Notgeschäftsführungsmaßnahme aus. Es geht also nicht darum, Blockadesituationen aufzulösen, sondern nur um den Aspekt der Gefahrenabwehr.[298] Noch enger sah es der frühere zweite Zivilrechtssenat. Dieser ließ die drohende Verjährung einer Gesellschaftsforderung als Argument für die Eilbedürftigkeit nicht gelten,

---

297 BGH, DNotZ 2018, 866 Rn. 27; BGHZ 39, 14, 20 f. = NJW 1963, 641, 644.

298 Ähnlich OLG Nürnberg, BeckRS 2010, 30509: „*Die bloße Uneinigkeit […] kann nicht mit einer Untätigkeit des Vertretungsorgans gleichgesetzt werden. Die Einräumung einer Notgeschäftsführungsbefugnis für einen einzelnen Gesellschafter kann im Hinblick auf den damit verbundenen schwerwiegenden Eingriff in die gesellschaftsrechtliche Selbstverwaltung nicht bereits mit der Uneinigkeit der vertretungsbefugten Personen gerechtfertigt werden.*“ Vgl. BGH, NJW 2014, 3779 Rn. 14.

da es dem Gesellschafter möglich gewesen wäre, seinen Mitgesellschafter auf Mitwirkung zur Geltendmachung der Forderung zu verklagen.[299] Es konnte dem handlungswilligen Gesellschafter daher nicht angeraten werden, mit der Maßnahme zuzuwarten, bis sie keinen Aufschub mehr duldet, um sich anschließend auf sein Notgeschäftsführungsrecht zu berufen. Die schuldhafte Verzögerung sperrte die Berufung auf das Notgeschäftsführungsrecht.[300] Der Gesellschafter musste sich nach bestem Gewissen bemühen, die Geschäftsführungsregeln einzuhalten. Im Ergebnis wurde dadurch ein Gleichlauf zu § 115 Abs. 2 Halbs. 2 HGB a. F. hergestellt.[301]

Das Notgeschäftsführungsrecht kann im Gesellschaftsrecht somit nicht als Instrumentarium des Individualrechtsschutzes begriffen werden. Es dient nicht dazu, Blockadesituationen aufzulösen. Von diesem Standpunkt aus war die Rechtslage klar. Jeder Gesellschafter sollte im Notfall Gefahr von der Gesellschaft abwenden dürfen. Die Geschäftsführungsordnung sollte nicht dazu führen, dass die Gesellschaft einen Schaden erleidet, der durch ein Eingreifen eines Mitgesellschafters hätte verhindert werden können. Differenzen der Gesellschafter untereinander sollten über das Notgeschäftsführungsrecht nicht gelöst werden. Der Gesellschafter war dazu angehalten die Frage gesellschaftsintern einer Klärung zuzuführen und notfalls Klage zu erheben. Schwierigkeiten bereiteten allerdings Konstellationen, in denen Differenzen über die Auslegung des Gesellschaftszwecks bestanden und ein umgehendes Handeln erforderlich gewesen wäre.[302]

VI. Rechtsfolgen der Notgeschäftsführungsbefugnis

Als Rechtsfolge der Notgeschäftsführung ergab sich zunächst die Handlungsbefugnis im Innenverhältnis. Die Geschäftsführung hatte die Handlung zu dulden. Vertretungsmacht war damit allerdings nicht verbunden.

1. Keine Vertretungsmacht des Notgeschäftsführers

Die bereits erörterten innergesellschaftlichen Bindungen verpflichteten die Gesellschafter dazu, Fragen über die Notwendigkeit einer Maßnahme soweit möglich zunächst intern zu klären. Diese Argumentation wurde vom BGH ebenfalls

299 BGHZ 39, 14, 20 f. = NJW 1963, 641, 644; zustimmend *Bork/Oepen*, ZGR 2001, 515, 547.

300 Vgl. BGHZ 39, 14, 20 f. = NJW 1963, 641, 644; OLG Düsseldorf, NZG 2012, 1148, 1150; zustimmend *Bork/Oepen*, ZGR 2001, 515, 547.

301 So auch *Bergmann*, WM 2019, 189, 195.

302 Siehe hierzu unter § 3 C.

herangezogen, um die fehlende Vertretungsmacht des Notgeschäftsführers für die Gesellschaft zu begründen. Das Subsidiaritätskriterium spiegelte sich demnach auch in den Rechtsfolgen wider. Nach herrschender Meinung berechtigte die Notgeschäftsführung nur im Innenverhältnis; im Außenverhältnis erlangte der Notgeschäftsführer keine Vertretungsmacht.[303] Der Gesellschafter schloss Verträge im eigenen Namen oder als *falsus procurator*. Im Fall einer Klage musste der Gesellschafter Klage im eigenen Namen erheben.

a) Ausgangspunkt: BHGZ 17, 181 = NJW 1955, 1027

Die Frage, ob der Notgeschäftsführer die Gesellschaft auch vertreten könne, wurde in BGHZ 17, 181 ausführlich diskutiert.[304] Der Fall beschäftigte sich mit der Geltendmachung einer Gesellschaftsforderung im Namen der Gesellschaft durch einen nicht vertretungsberechtigten Gesellschafter. Das Gericht wies die Klage ab, da die Gesellschaft im Ergebnis nicht ordnungsgemäß durch den Gesellschafter vertreten worden war. Denn eine entsprechende Anwendung des § 744 Abs. 2 BGB räume dem Gesellschafter nur das Recht ein, Klage im eigenen Namen zu erheben, nicht aber mit Vertretungsmacht für die Gesellschaft zu handeln und in deren Namen Rechtsgeschäfte vorzunehmen. Um das fehlende Recht zur Vertretung zu begründen, rekurrierte das Gericht auf den Vorrang der gesellschaftsinternen Geschäftsführungs- und Vertretungsregeln. Daraus gehe der Wille der Gesellschafter hervor, im Prozess als geschlossene Einheit aufzutreten. Im Interesse der Rechtssicherheit und des Verkehrsschutzes seien die Vertretungsregelungen des Handelsrechts daher zwingend.

Zudem sei die Notwendigkeit einer Maßnahme oft streitig und spiele sich im Verhältnis der Gesellschafter untereinander ab. Es sei daher zwingend, die Frage der Notwendigkeit zunächst – notfalls gerichtlich – unter den Gesellschaftern zu klären, auch um diesen zu ermöglichen, zur Notwendigkeit vorzutragen und gegebenenfalls Beweise anzubieten. Aus diesen Gründen sei es ausgeschlossen, dass der einzelne Gesellschafter die Gesellschaft im Prozess ohne Zustimmung der übrigen vertrete. Soweit möglich, musste die Frage daher im Innenverhältnis zwischen den Gesellschaftern einer Klärung zugeführt werden. Insbesondere in Fällen der Geltendmachung einer Forderung durch einen sich aufgrund von

303 BGHZ 17, 181 = NJW 1955, 1027; BayObLG, ZIP 1980, 904, 905; OLG Nürnberg, BeckRS 2010, 30509; *Stengel*, in: Beck Hdb. PersG, § 3 Rn. 59; *v. Ditfurth*, in: MünchHdB GesR I, § 7 Rn. 74; *Schäfer*, in: MünchKommBGB, § 709 Rn. 21; *Hadding*, JZ 1975, 159, 161; *Bengel*, ZEV 2002, 484, 486; vgl. *Schirrmacher*, NJW 2018, 3348, 3350; *Bergmann*, WM 2019, 189, 195.

304 BGH, Urteil vom 04.05.1955 – IV ZR 185/54 = BGHZ 17, 181 = NJW 1955, 1027.

§ 744 Abs. 2 BGB legitimierenden Gesellschafter wird diese Frage ansonsten auf die Ebene zwischen Drittem und Gesellschafter gehoben, ohne dass die übrigen Gesellschafter miteinbezogen wären.

Auch diese Argumentation hob den Charakter der Notgeschäftsführungsbefugnis als subsidiäres Recht hervor.

b) *Stellungnahme*

Zumindest den praktischen Erwägungen des BGH ist zuzustimmen. Doch auch eine Rechtsfolgenbetrachtung spricht gegen die Annahme einer Vertretungsbefugnis. Denn beim Handeln im Namen der Gesellschaft wäre es dem Gesellschafter möglich, die Gesellschaft wirksam zu verpflichten. Aufgrund der Akzessorietät der Haftung drohen den Gesellschaftern unüberschaubare Haftungsrisiken.[305] Dieses Haftungsrisiko wird vom Gesetzgeber für die GbR als unbillig empfunden und dient schon als Begründung für die Gesamtgeschäftsführungsbefugnis. Es ist daher kohärent, auch dem Notgeschäftsführer keine derartigen Rechte zuzubilligen.[306] Auch ein Blick ins Recht der OHG lohnt. Die dort in § 115 Abs. 2 HGB a. F. normierte Notgeschäftsführung gehört systematisch zur Geschäftsführung.[307] Aus der Trennung zwischen Außen- und Innenverhältnis folgt daher, dass sich die Regelungen zur Geschäftsführung nicht auf die Vertretung der Gesellschaft übertragen lassen. Dies lässt den Schluss zu, dass die Notgeschäftsführung keine Vertretungsmacht vermittelt. Selbstverständlich kann auch begrifflich argumentiert werden.[308] Die Not-„Geschäftsführung" ist eben eine Regelung des Innenverhältnisses. Vor dem Hintergrund der analogen Anwendung des § 744 Abs. 2 BGB, der von Verwaltung spricht und auch sonst keine begrifflichen Anknüpfungspunkte liefert, fällt dieser Gedanke allerdings nicht zu sehr ins Gewicht.

2. *Weitere Rechtsfolgen der Notgeschäftsführungsbefugnis*

Die Notgeschäftsführungsbefugnis gab dem Gesellschafter nur das Recht, die Maßnahmen auf eigenes Risiko in eigenem Namen vorzunehmen. Darunter fallen zunächst einmal tatsächliche Handlungen, wie bspw. Reparaturen.[309] Mangels Vertretungsmacht war es dem Gesellschafter nicht möglich Verpflichtungsgeschäfte

---

305 Vgl. BayObLG, ZIP 1980, 904, 905.
306 So auch *Geibel*, in: BeckOGK, BGB, § 709 Rn. 87.
307 So auch BGH, NJW 1955, 1027, 1029.
308 So bspw. *Nitschke*, ZHR 128 (1966), 48, 81.
309 *Geibel*, in: BeckOGK, BGB, § 709 Rn. 87.

für die Gesellschaft zu tätigen.[310] Zu Verfügungsgeschäften oder zur Abgabe anderer Willenserklärungen zum Beispiel zur Ausübung von Gestaltungsrechten war der Notgeschäftsführer nur berechtigt, wenn diese zur Abwendung des Schadens zwingend notwendig waren.[311] Um den normativen Kern der Notgeschäftsführungsbefugnis konsequent in das Recht der GbR zu übertragen, wurde dem Gesellschafter (analog § 748 BGB) ein Aufwendungsersatzanspruch zugebilligt.[312] Sollte der Gesellschafter daher Aufwendungen getätigt haben, bspw. weil er ein Rechtsgeschäft im eigenen Namen abschließen musste, konnte er diese von der Gesellschaft ersetzt bekommen. Gegebenenfalls sollte er hierzu sogar einen Vorschuss verlangen können.[313] Parallel dazu hatte der Gesellschafter einen Anspruch auf Genehmigung der Maßnahmen, soweit er Geschäfte als Vertreter ohne Vertretungsmacht einging. Genehmigte die Gesellschaft die Maßnahmen nicht, konnte der vermeintliche Notgeschäftsführer seine Ausgleichsansprüche gerichtlich geltend machen. In diesem Prozess wäre dann zu klären gewesen, ob eine notwendige Erhaltungsmaßnahme vorlag, die den Notgeschäftsführer im Innenverhältnis ermächtigte. Lag eine solche vor, hatte er einen Anspruch auf Genehmigung bzw. auf Aufwendungsersatz.

Nach damals herrschender Meinung vermittelte die Notgeschäftsführungsbefugnis dem Gesellschafter eine gesetzliche Prozessstandschaft.[314] Er konnte zwar prozessual nicht im Namen der Gesellschaft auftreten, jedoch Klage im eigenen Namen auf Leistung an die Gesellschaft erheben.[315] Voraussetzung war allerdings, dass gerade die Klageerhebung eine notwendige Erhaltungsmaßnahme darstellte.[316]

---

310 *Geibel*, in: BeckOGK, BGB, § 709 Rn. 87; *Schöne*, in: BeckOK, BGB, § 709 Rn. 26; *Schäfer*, in: MünchKommBGB, § 709 Rn. 21.

311 *Geibel*, in: BeckOGK, BGB, § 709 Rn. 87.

312 *Geibel*, in: BeckOGK, BGB, § 709 Rn. 87; vgl. *Schöne*, in: BeckOK, BGB, § 709 Rn. 26. *Schnorr* will die Aufwendungen auf das Bereicherungsrecht stützen, da so dem Gedanke Rechnung getragen werden könne, dass der Gesellschafter nicht für die anderen handle. Vielmehr seien diese durch die Durchführung der Maßnahme bereichert, vgl. *Schnorr*, Bruchteilsgemeinschaft, S. 225.

313 *Geibel*, in: BeckOGK, BGB, § 709 Rn. 87. Dieses Vorschussrecht ist meines Erachtens systemfremd, da allein das Einfordern eines Vorschusses gegen die Eilbedürftigkeit einer Maßnahme spricht.

314 Siehe zur Gesellschafterklage unter § 3 E.; *Geibel*, in: BeckOGK, BGB, § 709 Rn. 88.

315 *Geibel*, in: BeckOGK, BGB, § 709 Rn. 88; vgl. *Schäfer*, in: MünchKommBGB, § 709 Rn. 21.

316 *Geibel*, in: BeckOGK, BGB, § 709 Rn. 88.

VII. Fazit

Ein Notgeschäftsführungsrecht konnte für Gesellschaftsverhältnisse nur in Betracht kommen, wenn sich die gesellschaftsrechtliche Handlungsorganisation als funktionsunfähig erwies,[317] nicht dagegen, wenn sich die Gesellschafter gegenseitig blockierten und keine Einigung erzielen konnten.[318] Denn dann erweist sich nicht die Geschäftsführungsordnung als funktionsunfähig, sondern es tritt eine gewöhnliche Blockadesituation auf. Dieses Risiko ist der Gesamtgeschäftsführung immanent und stellt daher keine Ausnahmesituation dar, die eine Anwendung einer Ausnahmevorschrift rechtfertigen würde. Wollte der handlungswillige Gesellschafter die Maßnahme vornehmen und die Blockadesituation auflösen, musste er gerichtliche Schritte einleiten. Gesellschafterstreitigkeiten konnten damit nicht gelöst werden. Für die Notgeschäftsführung war nur Raum, wenn die Maßnahme eilbedürftig war und die Schadensabwehr durch die Geschäftsführung nicht mehr sichergestellt werden konnte. Welche Folgen sich für Blockadesituationen zwischen einzelnen Gesamtgeschäftsführern und Notgeschäftsführern ergaben, soll nachfolgend noch weiter erläutert werden.[319]

B. Das Notgeschäftsführungsrecht in der OHG

Das Personenhandelsgesellschaftsrecht kannte mit § 115 Abs. 2 Halbs. 2 HGB a. F. eine eigene Regelung der Notgeschäftsführungsbefugnis. Sowohl im alten als auch im neuen Recht galt: Grundsätzlich sind mangels abweichender gesellschaftsvertraglicher Regelung alle Gesellschafter einzelgeschäftsführungsbefugt, § 115 Abs. 1 HGB a. F. Widerspricht ein Gesellschafter dem Geschäft, hat die Maßnahme zu unterbleiben, § 115 Abs. 1 Halbs. 1 HGB a. F.[320] Der Widerspruch entfaltet aufgrund seiner systematischen Stellung keine Wirkung im Außenverhältnis. Bestimmt der Gesellschaftsvertrag, dass alle Gesellschafter nur gemeinsam handeln können, bedarf jedes Geschäft der Zustimmung aller Gesellschafter. § 115 Abs. 2 Halbs. 2 HGB a. F. statuierte von diesem Einstimmigkeitsprinzip eine Ausnahme bei Gefahr im Verzug. Soweit die Voraussetzungen vorlagen,

317 *Hadding*, JZ 1975, 159, 161.

318 Vgl. OLG Nürnberg, BeckRS 2010, 30509; *Zöllner*, ZGR 1988, 392, 406; *Lutz*, GWR 2012, 30, 32 („*Die Uneinigkeit der Gesamtvertreter über eine Klageerhebung oder die Widersprüchlichkeit von Prozesshandlungen ist indessen nicht mit der Untätigkeit der gesetzlichen Vertreter gleichzusetzen.*“); *Blöse*, GStB 2018, 402, 403.

319 Siehe unter § 3 C.

320 Die entsprechenden Vorschriften finden sich nunmehr in § 116 Abs. 3 HGB.

konnte also auch der einzelne, ansonsten nur gesamtgeschäftsführungsbefugte Gesellschafter das Geschäft vornehmen.

I. § 115 Abs. 2 Halbs. 2 HGB a. F.

Im Gegensatz zur Notgeschäftsführung bei der GbR hatten sich im Rahmen des § 115 Abs. 2 Halbs. 2 HGB a. F. einige Leitlinien herausgebildet, welche die Handhabung der Vorschrift erleichterten.

1. Tatbestandsvoraussetzungen

Die Vorschrift setzte tatbestandlich Gefahr im Verzug voraus. Eine solche war gegeben, wenn der Gesellschaft ohne die Geschäftsführungsmaßnahme ein Schaden drohte.[321] Die Maßnahme musste derart dringlich sein, dass bei einer Hinzuziehung der anderen geschäftsführungsbefugten Gesellschafter, der Schaden nicht mehr verhindert werden konnte.[322] Insofern kann auf die bereits dargestellten Ergebnisse zur alten Rechtslage bei der GbR zurückgegriffen werden.

Das Schrifttum schränkte den Anwendungsbereich des § 115 Abs. 2 Halbs. 2 HGB a. F. weiter ein. Die im Rahmen der analogen Anwendung des § 744 Abs. 2 BGB bereits diskutierten Einschränkungen für die GbR hatten sich für die Personenhandelsgesellschaften als herrschende Meinung herauskristallisiert. § 115 Abs. 2 Halbs. 2 HGB a. F. sollte nur subsidiär zur Anwendung gelangen.[323] Das Subsidiaritätskriterium äußerte sich in mehrfacher Hinsicht. Zum einen war der Notgeschäftsführer dazu angehalten, die Zustimmung aller verfügbaren Geschäftsführer einzuholen.[324] § 115 Abs. 2 Halbs. 2 HGB a. F. konnte nur die Zustimmung der nicht verfügbaren Geschäftsführer ersetzen. So wurde eine maximale Legitimationsgrundlage für die Maßnahme geschaffen. Ferner entfiel die Rechtfertigung, wenn ein geschäftsführungsbefugter Gesellschafter widersprach,

---

321 *Schäfer* spricht von einem „nicht unerheblichen Schaden", *Schäfer*, in: Staub, HGB, § 115 Rn. 37. Ebenso *Scholl/Fischer*, in: BeckOGK, HGB, § 115 Rn. 80. So schon *Hueck*, Recht der OHG, § 10 II S. 76.

322 BGHZ 17, 181, 185 f. = BGH, NJW 1955, 1027, 1028; *Lieder*, in: Oetker, HGB, § 115 Rn. 25; *Jickeli*, in: MünchKommHGB, § 115 Rn. 58; *Finckh*, in: Henssler/Strohn, Gesellschaftsrecht, § 115 HGB Rn. 39; *Klimke*, in: BeckOK, HGB, § 115 Rn. 24; *Drescher*, in: EBJS, HGB, § 115 Rn. 32; *Weipert*, in: HGB-RGRK, § 115 Anm. 22 (S. 121).

323 Siehe hierzu *Bergmann*, WM 2019, 189, 192 m. w. N.

324 *Hueck*, Recht der OHG, § 10 II S. 76 f.; *Lieder*, in: Oetker, HGB, § 115 Rn. 25; *Drescher*, in: EBJS, HGB, § 115 Rn. 32; *Jickeli*, in: MünchKommHGB, § 115 Rn. 57; *Weipert*, in: HGB-RGRK, § 115 Anm. 23 (S. 122); *Bergmann*, WM 2019, 189, 192.

bzw. seine Zustimmung verweigerte.[325] Die verweigerte Zustimmung war beachtlich, weil die Vorschrift nur vor der Gefahr einer nicht rechtzeitig erteilten Zustimmung schützen sollte, nicht aber vor Verlusten, die aus einer verweigerten Zustimmung resultierten.[326] Blockadesituationen konnten daher nicht aufgelöst werden. War die verweigerte Zustimmung pflichtwidrig und damit unbeachtlich, konnte der Geschäftsführer tätig werden. Er handelte allerdings auf eigene Gefahr und musste im Prozess den Nachweis der Pflichtwidrigkeit erbringen.[327] Zudem führte die schuldhafte Säumnis der rechtzeitigen Einholung der Zustimmung der übrigen Gesellschafter zu einem Verlust der Notgeschäftsführungsbefugnis.[328] Der Gesellschafter konnte somit nicht so lange zuwarten, bis die Maßnahme derart eilbedürftig war, um unter dem Deckmantel der Notgeschäftsführungsbefugnis die Geschäftsführung zu umgehen. Missbrauch sollte so vorgebeugt werden. Diese Voraussetzung deckten sich insoweit mit der Pflicht des Geschäftsführers die Zustimmung der anderen Geschäftsführer einzuholen.

Die Einschränkungen der Vorschrift erläutern sich vor dem Hintergrund, dass es nicht Zweck der Vorschrift war, Meinungsverschiedenheiten zwischen Geschäftsführern zu entscheiden.[329] Vielmehr stand auch hier die Gefahr im Vordergrund, dass die Gesellschaft aufgrund Zeitmangels oder aus sonstigen Gründen handlungsfähig bleibt.

2. *Rechtsfolgen*

Die Rechtsfolgen deckten sich mit der Notgeschäftsführung in der GbR. Aufgrund ihrer systematischen Stellung vermittelte die Vorschrift keine Vertretungsmacht. Der Gesellschafter musste im eigenen Namen tätig werden oder handelte als *falsus procurator*. Im Innenverhältnis hatte der Notgeschäftsführer allerdings einen

---

325 BGHZ 17, 181 = BGH, NJW 1955, 1027, 1028; *Hueck*, Recht der OHG, § 10 II S. 76 f.; *Lieder*, in: Oetker, HGB, § 115 Rn. 25; *Drescher*, in: EBJS, HGB, § 115 Rn. 32; *Jickeli*, in: MünchKommHGB, § 115 Rn. 57; *Schäfer*, in: Staub, HGB, § 115 Rn. 5, 37; *Hoffmann/Bartlitz*, in: Heymann (2020), HGB, § 115 Rn. 9; *Weipert*, in: HGB-RGRK, § 115 Anm. 7 (S. 117); *Bergmann*, WM 2019, 189, 192.

326 *Weipert*, in: HGB-RGRK, § 115 Anm. 22 (S. 121).

327 *Schäfer*, in: Staub, HGB, § 115 Rn. 5.

328 *Hoffmann/Bartlitz*, in: Heymann (2020), HGB, § 115 Rn. 22; *Bergmann*, WM 2019, 189, 192.

329 *Schäfer*, in: Staub, HGB, § 115 Rn. 37; *Weipert*, in: HGB-RGRK, § 115 Anm. 22 (S. 121).

Anspruch auf Genehmigung.[330] Die übrigen Geschäftsführer waren aufgrund ihrer Treuepflicht zur Freistellung des Notgeschäftsführers verpflichtet.[331]

II. Anwendung des § 744 Abs. 2 BGB

Die analoge Anwendung des § 744 Abs. 2 BGB auf Personenhandelsgesellschaften war trotz der etablierten und ausdifferenzierten Anwendungsvoraussetzungen des § 115 Abs. 2 Halbs. 2 HGB a. F. anerkannt. Im Gegensatz zu § 115 Abs. 2 Halbs. 2 HGB a. F. stand das Notgeschäftsführungsrecht nach § 744 Abs. 2 BGB jedem, also auch dem nicht geschäftsführungsbefugten Gesellschafter bspw. dem Kommanditisten, zu.[332]

Aufgrund des der Vorschrift innewohnenden Erhaltungsinteresses war ein Widerspruch gegen eine auf § 744 Abs. 2 BGB gestützte Notgeschäftsführungsmaßnahme unbeachtlich.[333] Dem entsprechend war eine Abbedingung durch die Gesellschafter nicht möglich.[334]

III. Konkurrenzverhältnis zwischen echter und unechter Notgeschäftsführungsbefugnis

Die Anerkennung des Notgeschäftsführungsrechts aus § 744 Abs. 2 BGB führte zwangsläufig zu einem Konkurrenzverhältnis im Rahmen von Personenhandelsgesellschaften. Eine vertiefte Auseinandersetzung mit dem Verhältnis der beiden Rechte zueinander hat bisher nicht stattgefunden. Im folgenden Teil sollen diesbezüglich Lösungsansätze und Gedanken eingeführt werden. Die gefundenen Folgerungen sollten insoweit als Hilfestellung für die Anwendung der neuen Notgeschäftsführungsbefugnisse nach dem MoPeG interpretiert werden. Eine ergebnisorientierte Aufarbeitung ist indes nicht Ziel des folgenden Abschnitts. Eine solche rechtshistorische Analyse verspricht keinen Mehrwert und verlagert den Schwerpunkt unnötigerweise. Die Gegenüberstellung der alten Notgeschäftsführungsbefugnisse schärft jedoch das Problembewusstsein und ermöglicht so die Identifizierung von Schwachstellen.

---

330 *Schäfer*, in: Staub, HGB, § 115 Rn. 39; *Bergmann*, WM 2019, 189, 192.

331 *Schäfer*, in: Staub, HGB, § 115 Rn. 39.

332 *Hueck*, Recht der OHG, § 10 II S. 76 f.; *Schäfer*, in: Staub, HGB, § 115 Rn. 38; *Weipert*, in: RGRK-HGB § 115 Anm. 7 (S. 117), Anm. 22 (S. 121).

333 BGHZ 17, 181 = BGH, NJW 1955, 1027, 1028; *Jickeli*, in: MünchKommHGB, § 115 Rn. 60; *Schäfer*, in: Staub, HGB, § 115 Rn. 38; *Hippeli*, Jura 2017, 1192, 1195.

334 *Jickeli*, in: MünchKommHGB, § 115 Rn. 60.

Im Ergebnis soll hier aufgezeigt werden, dass nach Maßgabe des alten Rechts § 115 Abs. 2 Halbs. 2 HGB a. F. das vorrangige Notgeschäftsführungsrecht war. § 744 Abs. 2 BGB konnte demnach im Rahmen von Personenhandelsgesellschaften nur dort einen Anwendungsbereich haben, wo der nicht geschäftsführungsbefugte Gesellschafter eine notwendige Erhaltungsmaßnahme umsetzen musste, weil kein anderer Geschäftsführer erreicht wurde. In den übrigen Fällen ergab sich die Lösung bereits aus § 115 Abs. 2 Halbs. 2 HGB a. F.

Im Nachgang soll in Anlehnung an die Ausführungen meines Doktorvaters *Jan Lieder*[335] die Notgeschäftsführungsbefugnis aus § 744 Abs. 2 BGB als die *„echte"*, diejenige aus § 115 Abs. 2 Halbs. 2 HGB a. F. als *„unechte"* Notgeschäftsführungsbefugnis bezeichnet werden.[336]

1. *Abgrenzung der Notgeschäftsführungsrechte*

Will man das Verhältnis der beiden Institute zueinander genauer bestimmen lohnt zunächst ein Blick auf den Anwendungsbereich. Dabei ist die Frage aufzuwerfen, wie die beiden Rechte voneinander abgegrenzt werden können.

a) *Bewertung anhand der Maßnahme*

Eine tatbestandliche Abgrenzung der beiden Notgeschäftsführungsrechte ist schwierig zu bewerkstelligen. Fallbeispiele aus der Rechtsprechung sind rar und liefern kaum Erkenntnisse. Hintergrund ist, dass schon die Anwendung des § 744 Abs. 2 BGB tatbestandlich von Rechtsunsicherheiten geprägt ist, was die Abgrenzung zur unechten Notgeschäftsführungsbefugnis aus § 115 Abs. 2 Halbs. 2 HGB a. F. erschwert.

Eine Abgrenzung der Notgeschäftsführungsrechte anhand des Tatbestandsmerkmals „Gefahr im Verzug" bzw. notwendiger Erhaltungsmaßnahme ist im Detail nicht ergiebig. Zum einen gehen beide Normen von einer besonderen Dringlichkeit aus. Zum anderen stellt jeder potenzielle Schadenseintritt an dem Gesellschaftsvermögen auch einen Schaden an der Gesellschaft dar, so dass beide Institute parallel laufen können, sofern eine gewisse Erheblichkeitsschwelle überschritten ist. Denn die bereits diskutierten Abgrenzungsschwierigkeiten im Rahmen des § 744 Abs. 2 BGB bleiben bestehen, sobald ein Gegenstand des Gesellschaftsvermögens betroffen ist, dessen Erhalt für die Gesellschaft notwendig ist. Soweit bspw. die dringliche Reparatur eines zum Gesellschaftsvermögen

---

335 *Lieder*, ZGR 2021, Sonderheft 23, 169, 197.

336 Der Gesetzgeber spricht von einer Teilregelung der allgemeinen Notgeschäftsführungsbefugnis, vgl. BT-Drs. 19/27635.

gehörenden Gegenstandes in Abrede steht, läuft eine Abgrenzung darauf hinaus, zu hinterfragen inwieweit die Erhaltung des Gegenstandes für die Gesellschaft notwendig oder existenziell ist. Eine belastbare Abgrenzung der Normen anhand des Tatbestandsmerkmals „Gefahr im Verzug" ist daher kaum zu gewährleisten. Im Ergebnis müsste ein Geschäftsführer je nach Gefahrenlage einschätzen, ob die Maßnahme bereits notwendig ist oder nur eine gewöhnliche Gefahrenlage gegeben ist. Davon abhängig wäre zudem, ob er die übrigen Geschäftsführer um Zustimmung bitten müsste (§ 115 Abs. 2 Halbs. 2 HGB a. F.) oder ob er unter Umständen direkt tätig werden könnte (§ 744 Abs. 2 BGB). Die maßgebliche Abgrenzung der Notgeschäftsführungsrechte untereinander wäre daher im Ausmaß der wirtschaftlichen Bedeutung der Maßnahme für die Gesellschaft selbst zu sehen, also die Notwendigkeit im engeren Sinne. Auch hier zeigt sich, dass die Anerkennung der Abwendung des entgangenen Gewinns als notwendige Erhaltungsmaßnahme sich nicht mit dem restriktiven Verständnis des § 744 Abs. 2 BGB deckt und umso mehr zu Abgrenzungsschwierigkeiten führen kann.[337]

Eine Differenzierung anhand der umzusetzenden Maßnahme ist somit mit reichlich Rechtsunsicherheit verbunden. Zudem stellt sich die Frage, ob § 115 Abs. 2 Halbs. 2 HGB a. F. explizit keine notwendigen Maßnahmen umfassen sollte. Meines Erachtens spricht einiges dafür, auch die notwendigen Erhaltungsmaßnahmen tatbestandlich von § 115 Abs. 2 Halbs. 2 HGB a. F. erfasst zu sehen. So würde jede notwendige Erhaltungsmaßnahme zwar unter § 115 Abs. 2 Halbs. 2 HGB a. F. fallen, nicht jede Maßnahme nach § 115 Abs. 2 Halbs. 2 HGB a. F. wäre allerdings von § 744 Abs. 2 BGB gedeckt. Die geschriebenen Merkmale des § 115 Abs. 2 Halbs. 2 HGB a. F. gehen jedenfalls von keiner Einschränkung aus. Soweit eingewandt wird, dass das Handlungsrecht entfalle, sollte ein weiterer Geschäftsführer seine Zustimmung verweigern, so ist dem zu entgegnen, dass diese Einschränkung sich jedenfalls nicht aus dem Wortlaut ergibt. Darüber hinaus fehlt jegliche Auseinandersetzung mit der Frage, wie mit einer treuwidrigen Zustimmungsverweigerung umzugehen wäre. Denn steht eine notwendige Erhaltungsmaßnahme zur Debatte, wäre eine Zustimmungsverweigerung stets treuwidrig. Welche Konsequenzen daraus im Rahmen des § 115 Abs. 2 Halbs. 2 HGB a. F. zu ziehen wären, blieb bisher offen. Rechtspolitisch sind auch keine Gründe ersichtlich, warum man den Geschäftsführern keine Pflicht auferlegen sollte, die Zustimmung soweit möglich einzuholen, selbst im Falle einer notwendigen Erhaltungsmaßnahme. Gerade in der heutigen Zeit ist ein Anruf immer möglich und im Nachhinein auch praktisch nachweisbar. Soweit

---

337 Vgl. hierzu bereits die Ausführungen unter § 3 A. IV. 4. b).

niemand erreicht werden würde, wäre § 115 Abs. 2 Halbs. 2 HGB a. F. die taugliche Rechtfertigungsgrundlage für das Handeln. Auch praktische Erwägungen sprechen für den Vorrang des § 115 Abs. 2 Halbs. 2 HGB a. F. Denn soweit der Geschäftsführer einen weiteren Mitgeschäftsführer erreicht, kann die Maßnahme diskutiert werden. So können etwaige Irrtümer ausgeräumt und Alternativen besprochen werden. Die Meinung eines weiteren Geschäftsführers kann ein wertvolles Indiz für die Notwendigkeit der Maßnahme darstellen und eine maximale Legitimationsgrundlage schaffen. Dies mag zwar auch für die GbR gelten, ergibt sich aber im Falle der Personenhandelsgesellschaften aus dem geschriebenen Recht. Freilich ergeben sich hinsichtlich der Rechtsfolgen keine wesentlichen Unterschiede.

Gegen eine tatbestandliche Abgrenzung spricht auch, dass der Gesetzgeber mit dem MoPeG den Begriff „Gefahr im Verzug" durch die bekannte Formulierung „Gefahr für die Gesellschaft oder das Gesellschaftsvermögen" ersetzt hat und damit die Brücke zur bekannten Analogie schlägt. Da inhaltliche Änderungen damit allerdings nicht verbunden sein sollen,[338] ist davon auszugehen, dass zwischen den tatbestandlichen Anwendungsbereichen keine Unterscheidung gerechtfertigt ist.

b) Abgrenzung anhand der Zielsetzung

Grundsätzlich unterscheiden sich die Notgeschäftsführungsrechte im Hinblick auf ihre Zielsetzung und ihren normativen Charakter.

§ 744 Abs. 2 BGB gibt das Erhaltungsinteresse der Gesellschaft als absoluten Wert vor. Das Recht ist unabdingbar und weder Widerspruch noch verweigerte Zustimmung hindern den Notgeschäftsführer an der Durchsetzung dieses Rechts. Es geht so weit, als dass es sogar den nicht geschäftsführungsbefugten Gesellschafter ermächtigt, gegen den Willen der Geschäftsführer vorzugehen, soweit die Maßnahme eilbedürftig ist. Die privatautonome Entscheidungshoheit über eine notwendige Erhaltungsmaßnahme ist der Geschäftsführung entzogen.[339] Die unechte Notgeschäftsführungsbefugnis hingegen spiegelt das Bedürfnis der Schnelligkeit des Handelsverkehrs Rechnung zu tragen wider.[340] Die Gesellschaft soll bei Gefahr in Verzug nicht aufgrund der Geschäftsführungsordnung lahmgelegt werden. Verweigert ein Mitgeschäftsführer allerdings die Zustimmung, so ist die Maßnahme zu unterlassen. Hieran lässt sich erkennen, dass § 115 Abs. 2 Halbs. 2 HGB a. F. nicht wie § 744 Abs. 2 BGB nur das

338 BT-Drs. 19/27635, S. 237, 151 ff.; *Scholl/Fischer*, in: BeckOGK, HGB, § 115 Rn. 80.
339 Vgl. *Flume*, Personengesellschaft, S. 269 f.
340 *Scholl/Fischer*, in: BeckOGK, HGB, § 115 Rn. 79.

Erhaltungsinteresse manifestieren sollte, sondern den Geschäftsführern lediglich mehr Handlungsfreiheiten zubilligt sollte, um der Schnelligkeit des Handelsverkehrs gerecht zu werden. Entsprechend stand das Recht auch nur den Geschäftsführern zu und war tatbestandlich an geringere Voraussetzungen geknüpft als § 744 Abs. 2 BGB[341]: Bereits eine „Gefahr“ konnte ausreichen.

c) Zwischenergebnis

Im Vergleich der beiden Befugnisse ergibt sich folgendes Bild: Die echte Notgeschäftsführung hat einen engen Anwendungsbereich von dem nur notwendige Erhaltungsmaßnahmen umfasst sind, ist allerdings ein sehr wirksames Recht. Dementgegen ist die unechte Notgeschäftsführung ein Recht mit weitem Anwendungsbereich, in seiner Wirksamkeit allerdings daher auch beschränkter. Nach dem hiesigen Verständnis des § 115 Abs. 2 Halbs. 2 HGB a. F. fällt darunter jede Maßnahme der Gefahrenabwehr, inklusive notwendiger Erhaltungsmaßnahmen. Im letzteren Fall ist die Konsequenz einer verweigerten Zustimmung weiter zu hinterfragen.

2. Anwendungsvorrang des § 115 Abs. 2 HGB a. F. gegenüber § 744 Abs. 2 BGB: Stufenverhältnis

Anerkennt man das Nebeneinander von echter und unechter Notgeschäftsführungsbefugnis ergibt sich daraus ein Konkurrenzverhältnis, soweit eine notwendige Erhaltungsmaßnahme in Abrede steht. Geht man mit der hier vertretenen Ansicht davon aus, dass vom Anwendungsbereich des § 115 Abs. 2 Halbs. 2 HGB a. F. ebenfalls notwendigen Erhaltungsmaßnahmen umfasst sein sollen, kann es zu Überschneidungen der Berechtigungen kommen. Ein nicht geschäftsführungsbefugter Gesellschafter würde nach § 744 Abs. 2 BGB vorgehen, während sich der Geschäftsführer auf § 115 Abs. 2 Halbs. 2 HGB a. F. berufen würde. Als Lösungsansatz soll hier der Gedanke eines Stufenverhältnisses eingeführt werden.

a) Problemaufriss

Zu einer Überschneidung der Befugnisse konnte es beispielsweise kommen, wenn ein Kommanditist eine Maßnahme für notwendig erachtet und bei dem Versuch, die Entscheidung der Geschäftsführung zu übertragen nur einen von mehreren gesamtgeschäftsführungsbefugten Geschäftsführern erreicht. Da eine gemeinsame Entscheidung der Geschäftsführung auch in diesem Fall nicht mehr rechtzeitig

---

341 Vgl. *Martens*, in: Schlegelberger, HGB, § 116 Rn. 23; *Schäfer*, in: Staub, HGB, § 115 Rn. 38.

zu erreichen ist, kann formal an dem Kriterium der Eilbedürftigkeit und der Notgeschäftsführung festgehalten werden, obwohl die Zustimmung einzelner Geschäftsführer eingeholt werden konnte. Hält man § 744 Abs. 2 BGB in solchen Fällen mit der Begründung anwendbar, dass die Gesellschaft weiterhin handlungsunfähig ist, kam es zu einer Überschneidung der Notgeschäftsführungsrechte. Einerseits könnte der Geschäftsführer sich auf § 115 Abs. 2 Halbs. 2 HGB a. F. berufen, andererseits streitet § 744 Abs. 2 BGB für eine Notgeschäftsführungsbefugnis des Kommanditisten. Insofern konnten sich die Anwendungsbereiche der beiden Normen überschneiden und miteinander konkurrieren.

b) *Stufenverhältnis der Notgeschäftsführungsbefugnisse*

Die Auflösung dieses Spannungsverhältnisses wurde bisher nicht ausdrücklich diskutiert. Unter Fruchtbarmachung der bisherigen Leitlinien soll hier der Gedanke eines Stufenverhältnisses aufgeworfen werden. Im Ergebnis muss die Anwendung des § 744 Abs. 2 BGB in den Fällen notwendiger Erhaltungsmaßnahmen ausgeschlossen sein, soweit der Anwendungsbereich des § 115 Abs. 2 Halbs. 2 HGB a. F. eröffnet ist.

Ein solches Stufenverhältnis sichert den Anwendungsvorrang des § 115 Abs. 2 Halbs. 2 HGB a. F. und damit den Vorrang der Geschäftsführungsordnung. Denn es wäre nicht gerechtfertigt, dem nicht geschäftsführungsbefugten Gesellschafter eine Handlungsbefugnis zuzubilligen, soweit ein Geschäftsführer immer noch im Rahmen seiner unechten Notgeschäftsführungsbefugnis tätig werden könnte. Die Gesellschaft ist in diesem Moment nicht im engeren Sinne handlungsunfähig, da der informierte Geschäftsführer die Gefahr abwenden kann. Mit dem subsidiären Verständnis der Notgeschäftsführung, nachdem eine Umgehung der Geschäftsführung nur in Ausnahmefällen in Betracht kommen kann, verträgt sich das Handlungsrecht eines einfachen Gesellschafters nicht. Womöglich ist dies auch der hintergründige Gedanke, weshalb Stimmen das Handlungsrecht entfallen lassen wollen, sobald ein Geschäftsführer erreicht wurde.[342] Für diesen Anwendungsvorrang spricht auch, dass so eine belastbarere Legitimationsgrundlage für die Maßnahme geschaffen wird. Denn es überzeugt mehr, einen Geschäftsführer tätig werden zu lassen, als einen nicht geschäftsführungsbefugten Gesellschafter. Freilich kommt man nur zu diesem Ergebnis, wenn man § 115 Abs. 2 Halbs. 2 HGB a. F. auch als Instrument zur Umsetzung notwendiger Erhaltungsmaßnahmen sieht. Unter dieser Prämisse wäre das unechte

342 Vgl. *Jickeli*, in: MünchKommHGB, § 115 Rn. 40; *Hueck*, Recht der OHG, § 10 III S. 83.

Notgeschäftsführungsrecht auf der ersten Stufe angesiedelt. Erst auf der zweiten Stufe, wenn die erste Stufe versagt, könnte das echte Notgeschäftsführungsrecht zur Anwendung gelangen.

c) *Kritische Würdigung*

Der Gedanke steht allerdings auf tönernen Füßen. Denn § 744 Abs. 2 BGB manifestiert das Erhaltungsinteresse, dem weder Widerspruch noch verweigerte Zustimmung entgegengesetzt werden können. Eine notwendige Erhaltungsmaßnahme kann also auch von der Geschäftsführung nicht blockiert werden und ist deren Entscheidungsmonopol entzogen. Vielmehr wäre die Geschäftsführung an sich schon verpflichtet, die Maßnahme umzusetzen. Die Geschäftsführungsordnung ist also nicht geeignet, um das Enthaltungsinteresse einzuschränken, da eine solche Maßnahme nicht mehr von der Privatautonomie gedeckt ist.[343] Der normative Inhalt des § 744 Abs. 2 BGB, das Erhaltungsinteresse, steht nicht zur Disposition der Gesellschafter. Insofern ist ein Anwendungsvorrang des § 115 Abs. 2 Halbs. 2 HGB a. F. schwer zu begründen. Zumindest wenn der Geschäftsführer sich weigert, die Maßnahme umzusetzen, ist die Geschäftsführungsordnung kein taugliches Argument, um eine Handlungsbefugnis nach § 744 Abs. 2 BGB auszuschließen. Stimmt der Geschäftsführer der Maßnahme zu, streitet zumindest der Vorrang der Geschäftsführungsordnung für eine primäre Handlungsbefugnis des Geschäftsführers.

Ein Vorrang des § 115 Abs. 2 Halbs. 2 HGB a. F. lässt sich damit nur schwer mit dem § 744 Abs. 2 BGB innewohnenden Erhaltungsinteresse vereinbaren. Denn im Gegensatz zu der unechten Notgeschäftsführung stellt § 744 Abs. 2 BGB nicht auf die Handlungsunfähigkeit der Gesellschaft ab. Die gesellschaftsvertraglichen Bindungen verpflichten den Gesellschafter zwar die Geschäftsführung zu respektieren und somit nur in eilbedürftigen Fällen tätig zu werden, ist die Maßnahme allerdings eilbedürftig, schlägt das Erhaltungsinteresse eine gegensätzliche Ansicht der Geschäftsführung.

3. *Schwächen der analogen Anwendung*

Das Zusammenwirken von echter und unechter Notgeschäftsführungsbefugnis im Rahmen von Personenhandelsgesellschaften ist von einigen Widersprüchlichkeiten geprägt. Gerade hier wird deutlich, dass die analoge Anwendung von § 744 Abs. 2 BGB auf den Prüfstand gestellt, Schwächen offenbart.

---

343 Vgl. *Flume*, Personengesellschaft, S. 269 f.

Es überzeugt nicht, den Geschäftsführer zu verpflichten, die übrigen Geschäftsführer zu informieren, um die Maßnahme auf eine größtmögliche Legitimationsgrundlage zu stellen, während man es einem nicht geschäftsführungsbefugten Gesellschafter zugesteht, die Maßnahme ohne den Versuch einer vorherigen Konsultation der Geschäftsführung vorzunehmen. Dem Notgeschäftsführer nach § 744 Abs. 2 BGB wäre es ebenfalls zumutbar, einen Anruf vorzunehmen. Auch wenn dem berechtigten Erhaltungsinteresse nichts entgegengesetzt werden kann, könnten die gesellschaftsvertraglichen Bindungen dennoch zur Konsultation verpflichten. Die Analogie wurde schon im Recht der GbR kritisch hinterfragt, offenbart für Personenhandelsgesellschaften jedoch weitere Unzulänglichkeiten. Denn für den Geschäftsführer, der sich auf sein unechtes Notgeschäftsführungsrecht berufen kann, liegt faktisch schon keine Regelungslücke vor, die eine Anwendung des § 744 Abs. 2 BGB erlauben würde. Anerkennt man allerdings, dass § 744 Abs. 2 BGB schon den nicht geschäftsführungsbefugten Gesellschafter legitimiert, müsste dies im Umkehrschluss erst recht für den geschäftsführungsbefugten Gesellschafter gelten. Ansonsten würden einem nicht geschäftsführungsbefugten Gesellschafter weitere Rechte zugebilligt (§ 744 Abs. 2 BGB), als einem Geschäftsführer, der in einer Notsituation zunächst nach § 115 Abs. 2 Halbs. 2 HGB a. F. vorgehen müsste.

Es zeigt sich, dass § 115 Abs. 2 Halbs. 2 HGB a. F. mit Ausnahme des Falles, dass ein nicht geschäftsführungsbefugter Gesellschafter die Maßnahme vornehmen muss, alle anderen Konstellationen abdecken konnte. Da § 744 Abs. 2 BGB allerdings in der Umsetzung geringere Anforderungen an den Gesellschafter stellt als § 115 Abs. 2 Halbs. 2 HGB a. F., ergeben sich aus der Parallelität Wertungswidersprüche. Es bestätigt sich daher, dass das Notgeschäftsführungsrecht aus § 744 Abs. 2 BGB in seiner Herleitung keine passende Lösung für die Personengesellschaft war.

C. Blockadesituationen zwischen Gesellschaftern

Nachdem die bisherigen Notgeschäftsführungsrechte kritisch beleuchtet wurden, soll im folgenden Abschnitt der Frage nachgegangen werden, wie mit Blockadesituationen zwischen Gesellschaftern umgegangen werden konnte. Im Fokus steht der Konflikt zwischen Erhaltungsinteresse und Geschäftsführungsordnung. Ausgangspunkt ist die Rechtslage bis zum 31.12.2023, wobei sich zeigen wird, dass die entsprechenden Leitgedanken weiterhin Geltung beanspruchen können.

Sowohl im Rahmen der GbR als auch im Rahmen von Personenhandelsgesellschaften war bis zum 31.12.2023 anerkannt, dass ein Widerspruch gegen eine notwendige Erhaltungsmaßnahme unbeachtlich ist, bzw. dass eine notwendige

Erhaltungsmaßnahme eine Zustimmungspflicht gebietet.[344] Denn die Treuepflicht und das Gesellschaftsinteresse verpflichten zur Vornahme notwendiger Erhaltungsmaßnahmen. Zu berücksichtigen ist, dass eine notwendige Erhaltungsmaßnahme nur vorliegt, wenn diese im Gesellschaftsinteresse liegt und für die Verwirklichung des Gesellschaftszwecks unabdingbar ist. Das Erhaltungsinteresse bezieht sich somit im Gegensatz zur Bruchteilsgemeinschaft nicht auf ein individuelles Partikularinteresse, sondern ist treugebunden.[345]

I. Problemaufriss

Problematisch sind die Konsequenzen, die sich für die Notgeschäftsführungsrechte aus dieser Zustimmungspflicht ergeben. Denn auch das Recht des Notgeschäftsführers basiert auf der gesellschaftsvertraglich gebotenen Erhaltung der Gesellschaft. Wo die Treuepflicht eine Zustimmung zu einer Maßnahme gebietet, bzw. die verweigerte Zustimmung eine Verletzung des Gesellschaftsinteresses darstellt, steht der Gesellschaft ein Anspruch auf Zustimmung zu.[346]

Da die Notgeschäftsführung dem Gesellschafter das Recht gibt, notwendige Erhaltungsmaßnahmen ohne Zustimmung oder auch gegen den Widerspruch der anderen Gesellschafter vorzunehmen, entsteht ein Spannungsverhältnis, wenn ein Geschäftsführer der Maßnahme widerspricht, bzw. dieser nicht zustimmt. Pointiert ausgedrückt, liegt entweder ein Kompetenzverstoß des vermeintlichen Notgeschäftsführers vor oder die verweigerte Zustimmung ist treuwidrig.

Teilweise wurde die Notgeschäftsführung für solche Fälle pauschal ausgeschlossen, da der Widerspruch bzw. die versagte Zustimmung bereits indiziere,

---

344 Vgl. zum Widerspruchsrecht im Personengesellschaftsrecht: *Hippeli*, Jura 2017, 1192 ff. Eindrücklich auch *Flume*, Personengesellschaft, S. 262 ff. Für die OHG: BGHZ 17, 181 = BGH, NJW 1955, 1027, 1028 („*Nach alledem ist bedenkenfrei davon auszugehen, daß [sic] § 744 Abs. 2 BGB auch dem Gesellschafter einer OHG das Recht gibt, notwendige Maßnahmen auch ohne Zustimmung oder gegen den Widerspruch der übrigen Gesellschafter vorzunehmen.*“); vgl. BGH, NJW 1986, 844; *Martens*, in: Schlegelberger, HGB, § 115 Rn. 14 („*Schließlich entfällt jegliches Ermessen, wenn es sich um eine notwendige Geschäftsführungsmaßnahme i.S. des § 744 Abs. 2 BGB handelt.*“); *Emmerich*, in: Heymann (1996), HGB, § 115 Rn. 11; vgl. *Schäfer*, in: Staub, HGB, § 115 Rn. 7. Für die GbR: BGH, NJW 1960, 91; BGH, NJW 1973, 862, 863; OLG Naumburg, BeckRS 2011, 22315. Zur Wirksamkeit des Widerspruchs ausführlich: *Lieder*, in: Oetker, HGB, § 115 Rn. 10 ff.

345 Siehe hierzu die Ausführungen unter § 3 A. V. 2. c).

346 Vgl. *Geibel*, in: BeckOGK, BGB, § 709 Rn. 34; vgl. *Lieder*, in Oekter, HGB, § 115 Rn. 11. Zur Zustimmungspflicht allgemein: *Hueck*, ZGR 1972, 237.

dass die Maßnahme nicht eilbedürftig sei.[347] Offengelassen wurde die Frage, ob dies auch gelten soll, wenn ein nicht geschäftsführungsbefugter Gesellschafter oder ein nur gesamtgeschäftsführungsbefugter Gesellschafter einen von mehreren Geschäftsführern erreichen kann. Gerade § 115 Abs. 2 Halbs. 2 HGB a. F. legte dem Geschäftsführer die Verpflichtung auf, die Zustimmung anderer Geschäftsführer einzuholen. Da eine Entscheidung der Gesamtgeschäftsführung nicht erreicht werden kann, ist die Gesellschaft im weiteren Sinne nicht handlungsfähig. § 115 Abs. 2 Halbs. 2 HGB a. F. bildete genau diesen Anwendungsfall ab. Liegt wie im von § 115 Abs. 2 Halbs. 2 HGB a. F. vorgesehenen Fall keine notwendige Erhaltungsmaßnahme vor, muss die Maßnahme bei verweigerter Zustimmung unterbleiben. Auch im Rahmen des § 744 Abs. 2 BGB kann es zu solchen Konstellationen kommen. Erreicht ein Gesellschafter einen von mehreren Gesamtgeschäftsführern ist die Gesellschaft weiterhin handlungsunfähig, weshalb der Anwendungsbereich der echten Notgeschäftsführung nicht *per se* ausgeschlossen werden kann.

Es konnte daher in der Praxis zu Situationen kommen, in denen sich das Notgeschäftsführungsrecht und das Geschäftsführungsrecht eines anderen Gesellschafters überschneiden. Dann kommt es zu Widersprüchlichkeiten, wenn das Erhaltungsinteresse von der Geschäftsführung nicht anerkannt wird, es also zu Blockadesituationen kommt, die Maßnahme aber dennoch eilbedürftig ist. Denn dann kollidiert das in der Notgeschäftsführung zum Ausdruck kommende Erhaltungsinteresse mit den Geschäftsführungsregeln, welche grundsätzlich eine Einigung der Geschäftsführer voraussetzen. Auch hier zeigt sich, dass das Notgeschäftsführungsrecht nicht für die Lösung solcher Konstellationen vorgesehen war. Die grundsätzliche Anwendbarkeit allerdings bejahend, stellen sich Folgefragen.

II. Stellungnahme

1. *Notgeschäftsführungsrecht des nicht geschäftsführungsbefugten Gesellschafters, wenn die Geschäftsführung nicht handeln will?*

Soweit es sich um eine Notgeschäftsführungsmaßnahme eines nicht geschäftsführungsbefugten Gesellschafters handelt, spricht vieles dafür, den Geschäftsführungsregeln den Vorrang einzuräumen. Beruft sich ein nicht geschäftsführungsbefugter Gesellschafter auf § 744 Abs. 2 BGB und erlangt ein

347 Vgl. *Jickeli*, in: MünchKommHGB, § 115 Rn. 40; *Hueck*, Recht der OHG, § 10 III S. 83.

Geschäftsführer dennoch die Möglichkeit, die Maßnahme auf Basis seines Notgeschäftsführungsrechts vorzunehmen, müsste dies das Notgeschäftsführungsrecht des nicht geschäftsführungsbefugten Gesellschafters ausschließen. Dieser Gedanke hebt das Notgeschäftsführungsrecht als subsidiäres Gefahrenabwehrrecht hervor. Es erfüllt nur den Zweck Schaden von der Gesellschaft abzuwenden, welchen die Geschäftsführung aufgrund akuter Notlagen nicht abwenden könnte. Daraus ergibt sich, dass die Notgeschäftsführung keinen Anwendungsbereich mehr haben könnte, sobald die Geschäftsführung die Möglichkeit gehabt hat, selbst tätig zu werden.[348] Demnach könnte ein Gesellschafter sich nicht auf sein Notgeschäftsführungsrecht berufen, wenn die Geschäftsführung bereits informiert ist, aber dennoch keine geeigneten Maßnahmen zur Schadensabwehr ergreift. Insofern ist die Maßnahme nun zwar unter Umständen eilbedürftig, weil keine Maßnahmen ergriffen wurden, allerdings ergibt sich dieser Rückschluss aus der subsidiären Anwendung und dem Verständnis des Notgeschäftsführungsrechts als Gefahrenabwehrrecht und nicht als Instrumentarium des Individualrechtsschutzes oder zur Auflösung von Gesellschafterstreitigkeiten.

Wie bereits angedeutet, widerspricht diese These dem Verständnis des § 744 Abs. 2 BGB als Instrument zur Bewahrung des Erhaltungsinteresses. Soweit eine notwendige Erhaltungsmaßnahme in Abrede steht, kann die Geschäftsführung sich dieser nicht erwehren. Insofern überzeugt es streng genommen nicht, die Geschäftsführungsordnung als einschränkendes Element der Notgeschäftsführungsmaßnahme anzuerkennen, da sich die notwendige Erhaltungsmaßnahme im Ergebnis durchsetzen muss. Daher ist es auch richtig, dass dem Notgeschäftsführer keine Pflicht auferlegt ist, die Entscheidung der Geschäftsführung zu übertragen, denn deren Verweigerung wäre ohnehin unerheblich. Konsequenterweise kann die Notgeschäftsführung nur über die Eilbedürftigkeit reguliert werden. Liegt eine notwendige Erhaltungsmaßnahme vor, erzwingt der Gesellschafter diese gerichtlich; ist sie eilbedürftig, kann er sie selbst durchsetzen. Ob die Geschäftsführung dies möchte oder nicht, ist nicht relevant. Eine

---

348 In diesem Sinne auch BGHZ 39,14, 20 = BGH, NJW 1963, 641, 644: Dem handlungswilligen Gesellschafter wurde hier vorgeworfen, dass er die übrigen Gesellschafter nicht auf Mitwirkung verklagt hatte. Die Notgeschäftsführungsbefugnis könne die Folgen dieser Säumnis nicht ausräumen. Es kann also nicht darauf ankommen, ob ohnehin eine Zustimmungspflicht aufgrund der Treuepflicht bestanden hätte. Vielmehr ist für eine Notgeschäftsführung kein Raum mehr.

notwendige Erhaltungsmaßnahme lässt keinen Raum für eine (privatautonome) Entscheidung der Geschäftsführung.[349]

2. *Blockadesituationen zwischen Geschäftsführern*

Fraglich ist, welche Auswirkungen ein Streit zwischen Geschäftsführern um eine notwendige Erhaltungsmaßnahme auf das Notgeschäftsführungsrecht hat, folglich eine Blockadesituation vorlag.

Grundsätzlich gilt, dass sobald sich die Geschäftsführung nicht einig werden kann, die Differenzen gerichtlich ausgetragen werden müssen. Das *ius prohibendi* des einzelnen Gesellschafters lässt sich auf das Leitbild von kleinen Gesellschafterbeständen zurückführen.[350] An der Willensbildung sollen alle Gesellschafter beteiligt sein. Kann keine Einigung erzielt werden, soll es im Regelfall besser sein, die Handlung zu unterlassen.[351] Die Durchbrechung der Geschäftsführungsordnung bedarf als absolute Ausnahme einer Rechtfertigung. Eine solche Rechtfertigung lässt sich nicht aus einer gewöhnlichen Blockadesituation ableiten. Dies gilt umso mehr, als dass sich die Durchbrechung einer Analogie bedient und eine gesetzliche Regelung nicht existiert. Systematisch lässt sich anführen, dass Blockadesituationen keine selten auftretenden Ausnahmesituationen sind, die eine Durchbrechung der Geschäftsführungsregeln rechtfertigen würden. Auch rechtspraktische Erwägungen verdeutlichen den grundsätzlichen Vorrang der Geschäftsführungsordnung im Kontext der Notgeschäftsführung. Soweit ein Gesellschafter als vermeintlicher Notgeschäftsführer Klage gegen einen Dritten erhebt, wird die Frage nach der Notwendigkeit der Klageerhebung als Notgeschäftsführungsmaßnahme im Rahmen der Prozessführungsbefugnis von Amts wegen geprüft.[352] Denn der Gesellschafter behauptet in Prozessstandschaft ein fremdes Recht im eigenen Namen geltend zu machen. Der Beklagte wird sich aber in der Regel nicht zu der Notwendigkeit äußern können. Er kann die Voraussetzungen der Klagebefugnis zwar bestreiten; die Beweislast trifft dann den Kläger.[353] Allerdings können nur die übrigen Gesellschafter sachgerechte Argumente gegen die Notwendigkeit der Klageerhebung liefern. Deren Rechtsstellung

349 Vgl. zum Spannungsverhältnis von Geschäftsführungsmaßnahmen als privatautonome Entscheidung und Treuepflichtbindung, *Flume*, Personengesellschaft, S. 257 ff.

350 Vgl. *Schöne*, in: BeckOK, BGB, § 709 Rn. 2.

351 Vgl. *Bergmann*, WM 2019, 189, 191.

352 Vgl. *Bergmann*, WM 2019, 189, 195 Fn. 85; vgl. *Weth*, in: Musielak/Voit, ZPO, § 51 Rn. 15.

353 *Grunewald/Otte*, ZIP 2017, 1737, 1739.

wird dadurch stark beeinträchtigt. Diese Beeinträchtigung ist nicht gerechtfertigt, wenn die Möglichkeit bestanden hätte, den Rechtsstreit unter den betroffenen Gesellschaftern intern auszutragen.[354]

a) Kein Handlungsrecht gegen den erklärten Willen der Geschäftsführung oder bei fehlender Eilbedürftigkeit

Daraus lässt sich im Einklang mit den zur Subsidiarität vorgetragenen Erwägungen feststellen, dass das Erhaltungsinteresse nicht berücksichtigt werden kann, wenn der Geschäftsführer die fragliche Maßnahme gegen den erklärten Willen der anderen Geschäftsführer eigenmächtig durchsetzt. Sind demnach alle Geschäftsführer in den Entscheidungsprozess miteinbezogen und wird sich die Geschäftsführung nicht einig, dann ist das Notgeschäftsführungsrecht trotz eines materiellen Erhaltungsinteresses ausgeschlossen. Der handlungswillige Geschäftsführer muss die Zustimmung der Maßnahme gerichtlich erzwingen. Der Vorwurf, die Frage der Treuwidrigkeit der Zustimmungsverweigerung nicht vorab unter den Geschäftsführern geklärt zu haben, führt zu einer Kompetenzüberschreitung im Innenverhältnis.[355] Tatbestandlich scheitert ein Notgeschäftsführungsrecht dann am Erfordernis der Gefahr im Verzug, bzw. der Subsidiarität. Eine solche Einschränkung des Handlungsrechts auf einer formalen tatbestandlichen Ebene ist zwingend. Denn ansonsten wird der Streit auf die materiell-rechtliche Ebene verlagert. Auf dieser Ebene kann die Geschäftsführungsordnung der notwendigen Erhaltungsmaßnahme nichts mehr entgegensetzen, da ihr es bezüglich notwendiger Erhaltungsmaßnahmen an der Entscheidungsbefugnis fehlt. Im Ergebnis muss gelten, dass jegliches Berufen auf ein Notgeschäftsführungsrecht ausgeschlossen ist, sobald die Geschäftsführung eine Entscheidung über die fragliche Maßnahme treffen könnte. Dies muss auch dann gelten, wenn die verweigerte Zustimmung als Pflichtwidrigkeit eingestuft werden könnte.[356] Denn es ist nicht der Zweck des Notgeschäftsführungsrechts Blockadesituationen zu lösen.

---

354 BGHZ 39,14, 20 = BGH, NJW 1963, 641, 644; OLG Düsseldorf, NZG 2012, 1149, 1150.

355 Vgl. ROHGE 20, 244, 247 f. (Band 20, Stuttgart 1877); vgl. BGHZ 39,14, 20 = BGH, NJW 1963, 641, 644. Deutlich OLG Düsseldorf, NZG 2012, 1149, 1150 („*Eine solche Fallgestaltung [Notkompetenz nach § 744 Abs. 2 BGB] liegt hier schon deshalb nicht vor, weil die Klägerin ihren Mitgesellschafter zwischenzeitlich auf Erteilung der Zustimmung zur Prozessführung […] hätte verklagen können*“); *Scholl/Fischer*, in: BeckOGK, HGB, § 115 Rn. 81; *Bergmann*, WM 2019, 189, 192.

356 In diesem Sinne auch BGHZ 39,14, 20 = BGH, NJW 1963, 641, 644: Dem handlungswilligen Gesellschafter wurde hier vorgeworfen, dass er die übrigen Gesellschafter

b) Verweigerte Zustimmung trotz Eilbedürftigkeit

Kommt es allerdings zu Blockadesituationen, in denen die Maßnahme eilbedürftig ist und nicht alle Gesamtgeschäftsführer erreicht werden können, ist die Rechtslage komplizierter. Die Frage lautet, ob sich ein Geschäftsführer im Rahmen seines Notgeschäftsführungsrechts über eine verweigerte Zustimmung hinwegsetzen kann, wenn die Maßnahme derart eilbedürftig ist, dass eine Entscheidung aller Geschäftsführer nicht mehr erreicht werden kann oder ob eine verweigerte Zustimmung das Notgeschäftsführungsrecht generell sperrt. Soweit die Maßnahme nicht eilbedürftig ist, werden solche Konstellationen über die Treuepflicht und die daraus entspringende Zustimmungspflicht gelöst.[357]

Beachtet werden muss in diesem Zusammenhang, dass eine Zustimmungsverweigerung im Rahmen des § 115 Abs. 2 Halbs. 2 HGB a. F. im Falle einer „gewöhnlichen Gefahrenabwehr" das Recht grundsätzlich sperrte. Soweit allerdings, wie im hier diskutierten Fall, eine notwendige Erhaltungsmaßnahme in Abrede steht, wird man die Rechtslage differenzierter beurteilen müssen. Trotz pflichtwidriger und damit rechtsunwirksamer Zustimmungsverweigerung ist dem Notgeschäftsführer jedenfalls im Außenverhältnis kein Handlungsrecht zuzubilligen. Unabhängig von der Berechtigung im Innenverhältnis besteht keine Vertretungsmacht. Dies verdeutlicht schon die Trennung zwischen Innen- und Außenverhältnis. Etwas anderes ergibt sich auch aus dem Notgeschäftsführungsrecht nicht.

aa) Parallelen zum Beschlussrecht?

Zur Hilfestellung der Beurteilung einer Handlungsbefugnis kann parallel gefragt werden, wie die verweigerte Zustimmung im Rahmen von Gesellschafterbeschlüssen behandelt wird. Kohärent wäre es, das Handlungsrecht des Notgeschäftsführers danach zu beurteilen, ob bei einer treuwidrig verweigerten Zustimmung ein Handlungsrecht des Geschäftsführers besteht oder ob dieser in solchen Fällen

nicht auf Mitwirkung verklagt hatte. Die Notgeschäftsführungsbefugnis könne die Folgen dieser Säumnis nicht ausräumen. Es kann also nicht darauf ankommen, ob ohnehin eine Zustimmungspflicht aufgrund der Treuepflicht bestanden hätte. Vielmehr ist für eine Notgeschäftsführung kein Raum mehr. Ebenso: OLG Düsseldorf, NZG 2012, 1149, 1150. So wohl auch: *Scholl/Fischer*, in: BeckOGK, HGB, § 115 Rn. 81; *Bergmann*, WM 2019, 189, 192.

357 Auch für diese Fälle ist strittig, inwieweit dem Geschäftsführer ein Handlungsrecht zugebilligt wird. Ablehnend: *Lieder*, in: Oekter, HGB, § 115 Rn. 23, 24 m. w. N.; **a. A.** *Drescher*, in: EBJS, HGB, § 115 Rn. 30. Vgl. hierzu allgemein: *Glasenapp*, Verletzung der Geschäftsführungsbefugnisse, S. 25 ff.

zunächst Klage auf Zustimmung erheben und die Verweigerung daher als wirksam behandeln muss. Allerdings ist die Frage, wann auf eine Zustimmungsklage verzichtet werden und die Zustimmung als erteilt unterstellt werden kann, die Klagelast also auf den die Zustimmung verweigernden Geschäftsführer verlagert wird, umstritten.[358] Da mit dem MoPeG auch eine Reform des personengesellschaftsrechtlichen Beschlussmängelrechts einherging, ist die Aussagekraft bisheriger Erkenntnisse wohl kaum eine belastbare Grundlage. Soweit die Umsetzung der Maßnahme von existenzieller Bedeutung für die Gesellschaft ist, tendierte die Rechtsprechung bisher zu einer Zustimmungsfiktion.[359] Großzügiger wird die Zustimmungsfiktion auch im Rahmen von Publikumsgesellschaften gehandhabt.[360] Differenzierend wird vertreten, dass für Geschäftsführungsbeschlüsse die treuwidrige Zustimmungsverweigerung als erteilt gelten soll, wohingegen bei Grundlagenbeschlüssen die Klagelast bei den zustimmenden Gesellschaftern verbleiben soll.[361] Soweit es sich demnach um eine gewöhnliche Geschäftsführungsmaßnahme der laufenden Verwaltung handelt, können die Gesellschafter die angestrebte Maßnahme vornehmen. Es sei dann Aufgabe des nicht zustimmenden Gesellschafters, sich gegen die Maßnahme zur Wehr zu setzen.[362] Im Sinne der Rechtssicherheit und -klarheit wird teilweise auch stets eine Leistungsklage auf Zustimmung gefordert; notfalls erfolgt die Sicherstellung der Maßnahme über eine einstweilige Leistungsverfügung nach § 940 ZPO.[363] Angesichts des Meinungsspektrums führt der Blick in die Behandlung von Gesellschafterbeschlüssen zu keinen weiteren Erkenntnissen. Zudem führt die Gesamtgeschäftsführungsbefugnis zu einer schwer auflösbaren Verknüpfung von Beschlusskompetenz und Geschäftsführung.[364] Festgehalten werden kann, dass es sich bei einer Notgeschäftsführungsmaßnahme um eine Geschäftsführungshandlung der laufenden

358 *Geibel*, in: BeckOGK, BGB, § 709 Rn. 34; *Schäfer*, in: MünchKommBGB, § 705 Rn. 247 f. m. w. N.; zum Streitstand auch *Lettl*, AcP 202 (2002), 3, 36 ff. Zur Entwicklung allgemein vgl. *Goette/Goette*, DStR, 2016, 74. Aus notarieller Sicht: *Wicke*, MittBayNot 2017, 125.

359 Vgl. BGH, NJW-RR 1987, 285, 286; BGH, NJW-RR 2008, 1484, 1487; *Schäfer*, in: MünchKommBGB, § 705 Rn. 247.

360 BGH, NJW 1985, 974 f.

361 *Schäfer*, in: MünchKommBGB, § 705 Rn. 247 f.

362 *Schäfer*, in: MünchKommBGB, § 705 Rn. 247 f.; *Hueck*, Recht der OHG, § 11 III S. 110.

363 *Lettl*, AcP 202 (2002), 3, 37.

364 Vgl. *Noack*, NZG 2020, 581, 583 insb. Fn. 23: Die Zustimmung zu einem Beschluss muss gegenüber allen Gesellschaftern abgegeben werden, die Zustimmung zu einer Geschäftsführungsmaßnahme nur gegenüber dem handlungswilligen Gesellschafter.

Verwaltung handelt, die zumindest im Ansatz von existenzieller Bedeutung für die Gesellschaft ist. Dies lässt zumindest bedingt den Rückschluss auf ein Handlungsrecht des Notgeschäftsführers zu.

bb) Handlungsrecht auf eigenes Risiko bei verweigerter Zustimmung

Grundsätzlich gilt, dass eine rechtswirksame Zustimmungsverweigerung das Handlungsrecht des Geschäftsführers ausschließt. Ob ein Geschäftsführer die Maßnahme vornehmen darf, ist also eine Frage der Wirksamkeit der Zustimmungsverweigerung. Die verweigerte Zustimmung muss pflichtwidrig sein, was sie im Umkehrschluss sein wird, wenn eine notwendige Erhaltungsmaßnahme vorliegt,[365] auf deren Vornahme der handlungswillige Geschäftsführer ja gerade drängt. Unabhängig davon, wie man das Handlungsrecht eines Geschäftsführers bei treuwidrig verweigerter Zustimmung generell beurteilt, wird man für Fälle der Notgeschäftsführung dem Notgeschäftsführer ein Handlungsrecht zubilligen müssen. Dies ergibt sich aus dem Gedanken der Gefahrenabwehr und dem Erhaltungsinteresse. Mag man in nicht eilbedürftigen Fällen das Handlungsrecht verneinen und die Frage der Rechtswirksamkeit der Zustimmungsverweigerung den Gerichten überlassen, so muss in eilbedürftigen Fällen der Gedanke der Gefahrenabwehr überwiegen. Dieser Gedanke ist auch im Rahmen des § 744 Abs. 2 BGB als zwingendes Recht anerkannt.[366] Im Ergebnis scheinen die Gefahren, die sich für die Gesellschaft aus der Unbeachtlichkeit der verweigerten Zustimmung und der daraus resultierenden Handlungsbefugnis des Notgeschäftsführers ergeben, weniger intensiv zu sein als das potenzielle Schadensrisiko. *Hoffmann/Bartlitz* werfen sogar den Gedanken auf, dass es für den Geschäftsführer durchaus sinnvoll sein kann, sich über eine verweigerte Zustimmung hinwegzusetzten. Denn hat der Geschäftsführer es in dringenden Fällen versäumt, die Maßnahme vorzuschlagen und ist dieses Verhalten als Pflichtverletzung zu werten, haftet er der Gesellschaft ohnehin für den entstehenden Schaden. Im Hinblick auf eine Schadensminderungspflicht wäre es für ihn sogar von Vorteil, die Maßnahme

---

Im Rahmen der Gesamtgeschäftsführungsbefugnis werden diese Grundsätze verwischt.

365 *Lieder*, in: Oetker, HGB, § 115 Rn. 23; *Drescher*, in: EBJS, HGB, § 115 Rn. 29; *Martens*, in: Schlegelberger, HGB, § 115 Rn. 14 („*Schließlich entfällt jegliches Ermessen, wenn es sich um eine notwendige Geschäftsführungsmaßnahme i. S. des § 744 Abs. 2 BGB handelt.*"); *Emmerich*, in: Heymann (1996), HGB, § 115 Rn. 11; vgl. *Schäfer*, in: Staub, HGB, § 115 Rn. 7; *Geibel*, in: BeckOGK, BGB, § 709 Rn. 34; vgl. *Flume*, Personengesellschaft, S. 265, 269 f.

366 *Weipert*, in: HGB-RGRK, § 115 Anm. 7 (S. 117).

noch vorzunehmen, auch wenn er sich damit über eine verweigerte Zustimmung hinwegsetzen würde.[367]

cc) Folgeüberlegungen: Das Dilemma der Notwendigkeit

Tendenziell ist dem Geschäftsführer davon abzuraten, sich über eine verweigerte Zustimmung hinwegzusetzen. Denn der Notgeschäftsführer geht ein nicht geringes Haftungsrisiko ein. Wenn dem anderen Geschäftsführer keine Pflichtwidrigkeit vorgeworfen werden kann, macht sich der „Notgeschäftsführer" im Innenverhältnis haftbar.[368] Dem handlungswilligen Geschäftsführer bleibt keine andere Möglichkeit als selbst einzuschätzen, ob der Widerspruch bzw. die verweigerte Zustimmung wirksam war.[369]

Die vorstehenden Überlegungen zeugen von einem grundliegenden, praktischen Dilemma der Notgeschäftsführung. Es resultiert aus dem Dogma der notwendigen Erhaltungsmaßnahmen. Ob eine Maßnahme notwendig ist oder nicht, soll sich aus der Sicht eines vernünftig und wirtschaftlich denkenden Gesellschafters unter Berücksichtigung des Gesellschaftszwecks und dessen Förderungspflicht bestimmen lassen.[370] Eine Beurteilung verlangt daher eine einzelfallbezogene Betrachtung. Soweit eine solche Maßnahme vorliegt, ist diese einer Ermessensausübung der Geschäftsführung entzogen.[371] Der Gesellschafter kann die Maßnahme ohne deren Zustimmung umsetzen. Anders als bei einer treuwidrigen Zustimmungsverweigerung lässt sich die Treuwidrigkeit folglich nicht aus einer fehlerhaften Ermessensausübung der Geschäftsführung ableiten. Vielmehr führt das Vorliegen einer notwendigen Erhaltungsmaßnahme alleine schon zu einer treuwidrigen Zustimmungsverweigerung.

Grundsätzlich besteht bei der Ausübung des Widerspruchsrechts, bzw. der Zustimmungsverweigerung ein Ermessensspielraum, der gerichtlich nur eingeschränkt überprüfbar ist. Innerhalb der durch die Treuepflicht gesetzten Grenzen sind die Geschäftsführer in ihrer Entscheidung frei, einer Maßnahme zuzustimmen, bzw. ihr zu widersprechen. Dabei wird dem nicht zustimmenden Geschäftsführer ein gewisser Beurteilungsspielraum zugesprochen, der gericht-

---

367 *Hoffmann/Bartlitz*, in: Heymann (2020), HGB, § 115 Rn. 22.

368 Vgl. BGH, NJW-RR 1988, 995, 996; *Hippeli*, Jura 2017, 1192, 1195.

369 *Hippeli*, Jura 2017, 1192, 1195.

370 *Geibel*, in: BeckOGK, BGB, § 709 Rn. 84.

371 *Flume*, Personengesellschaft, S. 269 f.; *Martens*, in: Schlegelberger, HGB, § 115 Rn. 14 („*Schließlich entfällt jegliches Ermessen, wenn es sich um eine notwendige Geschäftsführungsmaßnahme i. S. des § 744 Abs. 2 BGB handelt.*").

lich nur eingeschränkt überprüfbar ist.[372] Es kommt nicht auf Sachdienlichkeit oder Zweckmäßigkeit einer Maßnahme respektive des Widerspruchs an, sondern auf die Pflichtwidrigkeit; das Gericht ist nicht die geeignete Instanz, um über die Zweckmäßigkeit einer wirtschaftlichen Maßnahme zu entscheiden.[373] Ein Widerspruch bzw. eine verweigerte Zustimmung wird daher nur in offensichtlichen Fällen pflichtwidrig sein.[374] Wenn dem anderen Geschäftsführer keine Pflichtwidrigkeit vorgeworfen werden kann, macht sich der „Notgeschäftsführer" im Innenverhältnis haftbar.[375] Der handelnde Geschäftsführer muss im Streitfall darlegen, dass die Zustimmung nur aus Eigennutz verweigert wurde und daher pflichtwidrig war.[376] Diese Konsequenz ist *per se* nicht schlecht, sondern hat auch disziplinierende Funktion. Eine unbedachte oder unbegründete Entscheidung kann so vermieden werden.

Die notwendige Erhaltungsmaßnahme hingegen ist dieser Ermessensausübung vorgelagert und verhindert eine Ermessenskontrolle anhand der bekannten Grundsätze.[377] Dies erschwert eine sachgerechte Auseinandersetzung mit der Notwendigkeit der Maßnahme unter den Gesellschaftern. Praktisch besteht dafür kein Bedürfnis. In einer nachgelagerten gerichtlichen Ermessenskontrolle könnte die Notwendigkeit der Maßnahme ebenfalls berücksichtigt werden. Die Zustimmungsverweigerung könnte zudem weitere Anhaltspunkte für die Beurteilung liefern, bspw. wenn der Geschäftsführer die Maßnahme nur aus Eigennutz verweigert. Insofern würde eine Begründungspflicht[378] beiden potenziell treuwidrig handelnden Geschäftsführern helfen, die Notwendigkeit der Maßnahme besser einzuschätzen.

c) *Widerspruch gegen Maßnahmen bei Gefahr im Verzug*

Ebenfalls erörtert werden sollen die Rechtsfolgen, wenn ein einzelgeschäftsführungsbefugter Gesellschafter sich auf sein Notgeschäftsführungsrecht beruft und ein anderer Geschäftsführer seinen Widerspruch äußert. § 115 Abs. 2 HGB a. F.

---

372 BGH, NJW-RR 1988, 995, 996; *Hippeli*, Jura 2017, 1192, 1195; vgl. auch *Flume*, Personengesellschaft, S. 257 ff.

373 *Hueck*, Recht der OHG, § 10 III S. 81; *Flume*, Personengesellschaft, S. 267.

374 Vgl. *Hueck*, Recht der OHG, § 10 III S. 81; *Flume*, Personengesellschaft, S. 268.

375 Vgl. BGH, NJW-RR 1988, 995, 996; *Hippeli*, Jura 2017, 1192, 1195.

376 BGH, NJW 1986, 844; vgl. *Hueck*, Recht der OHG, § 10 III S. 81; *Hippeli*, Jura 2017, 1192, 1195.

377 Vgl. bspw. die Fallgruppenbildung bei *Sester*, Treupflichtverletzung, S. 22 ff., 65 ff.

378 Zur Begründungspflicht eines Widerspruchs: *Lieder*, in: Oetker, HGB, § 115 Rn. 10 f.

war seinem Wortlaut nach schon nicht anwendbar.[379] Dieser galt nur bei Gesamtgeschäftsführung und machte die Zustimmung entbehrlich. Dennoch darf diese Restriktion nicht darüber hinwegtäuschen, dass im Ergebnis die Rechtsfolgen identisch waren. Grundsätzlich konnte der einzelgeschäftsführungsbefugte Gesellschafter die notwendige Maßnahme im Innenverhältnis alleine vornehmen. Widersprach ein anderer einzelgeschäftsführungsbefugter Gesellschafter der Maßnahme, musste diese unterbleiben. War die notwendige Erhaltungsmaßnahme jedoch eilbedürftig, konnte sich der einzelgeschäftsführungsbefugte Gesellschafter auf § 744 Abs. 2 BGB berufen. Der Widerspruch entfaltet also gegenüber einer notwendigen Erhaltungsmaßnahme keine Wirkung, weshalb sich im Ergebnis kein Unterschied zu § 115 Abs. 2 HGB a. F. ergibt.

3. *Schlussfolgerungen*

Im Ergebnis lassen sich folgende Schlussfolgerungen ableiten: Zunächst ist festzustellen, dass das Erhaltungsinteresse den nicht geschäftsführungsbefugten Gesellschafter dazu ermächtigte, eine eilbedürftige Maßnahme durchzusetzen, selbst wenn ein Geschäftsführer sich im Rahmen seines Notgeschäftsführungsrechts weigerte, die Maßnahme vorzunehmen. Auch wenn die Notgeschäftsführung vor dem Hintergrund eines Gefahrenabwehrrechts nicht mehr notwendig war, ist die Geschäftsführungsordnung nicht geeignet, das Handlungsrecht einzuschränken. Denn eine notwendige Erhaltungsmaßnahme ist der privatautonomen Entscheidungsbefugnis der Geschäftsführung entzogen. Sollte die Geschäftsführung die Handlung pflichtwidrig nicht vornehmen, konnte sie für einen entstandenen Schaden haftbar gemacht werden. Für einen gesamtgeschäftsführungsbefugten Gesellschafter galt, dass dieser sich über die verweigerte Zustimmung auf eigenes Risiko hinwegsetzen konnte.[380] Dies ergibt sich aus der Treuwidrigkeit einer verweigerten Zustimmung zu notwendigen Erhaltungsmaßnahmen.[381] Gleiches galt für den einzelgeschäftsführungsbefugten Gesellschafter, der sich über einen Widerspruch eines anderen Geschäftsführers hinwegsetzt.

Zu berücksichtigen ist, dass stets eine haftungsrelevante Kompetenzüberschreitung vorlag, wenn die Maßnahme nicht eilbedürftig war. Gleichbedeutend ist der Fall, dass alle Geschäftsführer in den Entscheidungsprozess involviert sind. In diesen Fällen kann das materielle Erhaltungsinteresse trotz etwaiger Begründetheit im Rahmen einer Notgeschäftsführung keine Berücksichtigung finden, da die

379 *Weipert*, in: HGB-RGRK, § 115 Anm. 7 (S. 117).
380 **A. A.** offenbar *Hueck*, Recht der OHG, § 10 II S. 77.
381 Differenzierend *Flume*, Personengesellschaft, S. 269 f.

formalen Erfordernisse an die Notgeschäftsführung nicht gegeben sind. Freilich können Ausgleichsansprüche mangels Schadens entfallen.

III. Rechtsunsicherheit und Problemfelder

Die Ausführungen zum Notgeschäftsführungsrecht zeigen, dass das Institut von einer Reihe von Rechtsunsicherheiten geprägt ist.

1. *Blockadesituationen*

Insbesondere im Rahmen von Blockadesituationen offenbaren sich Schwächen. Auf der einen Seite ist das Notgeschäftsführungsrecht als Gefahrenabwehrrecht unverzichtbar und in diesem Sinne auch klar ausformuliert. Keine Gesellschaft soll aufgrund ihrer Geschäftsführungsordnung einen Schaden hinnehmen müssen, der durch ein Handeln eines Gesellschafters hätte verhindert werden können. Auf der anderen Seite muss die Geschäftsführungsordnung und deren Ermessen respektiert werden. § 115 Abs. 2 Halbs. 2 HGB a. F. bündelte diese Prinzipien und brachte sie in angemessenen Ausgleich. Für § 744 Abs. 2 BGB ergibt sich, dass der Eingriff in die Geschäftsführungsordnung nur gerechtfertigt sein kann, wenn die Maßnahme eilbedürftig ist. So sollte der Vorrang der Geschäftsführung sichergestellt werden. Kam es zu Blockadesituationen kollidierten Erhaltungsinteresse und Geschäftsführungsordnung. In solchen Situationen zeigte sich, dass der Vorrang der Geschäftsführungsordnung kein Gegengewicht zum Erhaltungsinteresse bilden kann. Das Erhaltungsinteresse setzte sich vielmehr gegenüber der Geschäftsführungsordnung durch. Entsprechend bedurfte es auch keiner Konsultation der Geschäftsführung in eilbedürftigen Fällen. Kam es dennoch dazu, so wie es auch § 115 Abs. 2 Halbs. 2 HGB a. F. vorsah und waren sich die Gesellschafter nicht einig, befanden sich beide in einem haftungsrelevanten Bereich: Entweder kommt es zum Kompetenzverstoß oder zu einer treuwidrigen Zustimmungsverweigerung. Dieses unbefriedigende Ergebnis resultiert aus dem Vorrang des Erhaltungsinteresses. Aus der Perspektive einer Gefahrenabwehr wäre es in solchen Fällen streng genommen nicht notwendig, dem Gesellschafter ein Handlungsrecht zuzubilligen, da der Geschäftsführer die Gefahr abwehren könnte. Diese Schwierigkeiten relativieren sich im Hinblick auf die Rechtsfolgen, auch wenn das Ergebnis nicht befriedigend ist: Da der Notgeschäftsführer ohnehin im eigenen Namen ohne Vertretungsmacht für die Gesellschaft tätig werden muss, wurde er auf eigenes Risiko tätig. Stellte sich das Geschäft im Nachhinein als positiv für die Gesellschaft heraus, könnten die Gesellschafter im Innenverhältnis Ausgleich schaffen. Steht die Maßnahme weiterhin im Streit, konnte im Nachhinein gerichtlich festgestellt werden, ob der Widerspruch bzw. die verweigerte Zustimmung gegen die Maßnahme treuwidrig und damit unbeachtlich war, bzw. ob die Maßnahme unter Umständen nicht notwendig oder erforderlich war. Unbefriedigend ist ein solcher Umgang mit der Notgeschäftsführungsbefugnis in der Hinsicht, als dass der Streit auf Ausgleichsansprüche verlagert wird, anstatt die formellen und materiellen Voraussetzungen von vorneherein klar zu definieren und Gesellschafterstreitigkeiten zu vermeiden. Auch könnten die Hürden, die sich aus der gerichtlichen Überprüfbarkeit ergeben auch dafür sorgen, dass die Maßnahme letztlich unterlassen wird, was dem Gedanken der Gefahrenabwehr zuwiderläuft. Letztlich sind die verweigerte Zustimmung und die daraus entwachsenen Rechtsfolgen kein originäres Problem der Notgeschäftsführung. Da aber die Treuepflicht die Zustimmung zu notwendigen Erhaltungsmaßnahmen gebietet und somit den Vorrang des Erhaltungsinteresses statuiert, wird diese Problematik im Rahmen der Notgeschäftsführung virulent.

2. *Notwendigkeit einer Maßnahme*

Auch die Frage um die Notwendigkeit einer Maßnahme führte zu Rechtsunsicherheit. Dies betrifft in erster Linie die Unbestimmtheit des Rechtsbegriffs. Umfasst man jeglichen der Gesellschaft oder gar einem einzelnen Gesellschaftsgegenstand drohenden Schaden, ohne die Bedeutung des Schadens oder der Maßnahme in einen wirtschaftlichen Gesamtkontext zu setzen, wird weit in das Geschäftsführungsermessen eingegriffen. Denn so wie der Geschäftsführer grundsätzlich einen Ermessensspielraum bei der Ausübung seiner Geschäftsführungspflichten hat, so unterliegt auch das Zustimmungsrecht den Grenzen pflichtgemäßen Geschäftsführerermessens.[382] So kann nicht jede verweigerte Zustimmung zu einer Maßnahme, auch wenn sie objektiv im Interesse der Gesellschaft liegt, als Pflichtwidrigkeit abgetan werden.[383] Je weiter der Bereich der notwendigen Erhaltungsmaßnahmen gezogen wird, desto stärker wird auch das Geschäftsführungsermessen beschnitten. Die einer Ermessensausübung vorgelagerte Frage der Notwendigkeit einer Maßnahme wird so den Gerichten verantwortet. Es besteht die Gefahr, dass sich dadurch nicht justiziable Zweckmäßigkeitserwägungen[384] mit der Notgeschäftsführung vermischen. In Anbetracht der zahlreichen Kriterien, nachdem sich die Notwendigkeit letztlich bestimmen lassen kann, wird ein uneinheitliches Bild geschaffen. Erschwerend kommt hinzu, dass die Rechtspre-

382 *Martens*, in: Schlegelberger, HGB, § 115 Rn. 25; *Schäfer*, in: Staub, HGB, § 115 Rn. 32, 5 f.

383 Vgl. *Flume*, Personengesellschaft, S. 268 ff.

384 Vgl. *Martens*, in: Schlegelberger, HGB, § 115 Rn. 14.

chung das Kriterium der Notwendigkeit nicht stringent einhält, sondern teilweise auf die Gefahrenabwehr abstellt und beide Voraussetzungen vermischt, bzw. nicht klar voneinander abgrenzt.[385] Eine Ermessenskontrolle dagegen böte den Vorteil, auf altbewährte Grundsätze zurückgreifen zu können und die Frage der Notwendigkeit primär in den Händen der Geschäftsführer zu belassen. Im Kern geht es nur um die Frage, ob eine Maßnahme so elementar für die Gesellschaft ist, dass der Gesellschaftszweck unter Zugrundelegung der Treuepflicht eine Vornahme der Maßnahme gebietet. Diese Fragestellung ist nicht neu und kann im Rahmen einer Ermessenskontrolle ausreichend Berücksichtigung finden.

3. Verständnis des § 744 Abs. 2 BGB als Erhaltungsrecht

Zuletzt resultierte die Übertragung des Erhaltungsinteresses aus dem Bruchteilsgemeinschaftsrecht in Widersprüchlichkeiten. Dabei fällt vor allem ins Gewicht, dass das Selbstverständnis von § 744 Abs. 2 BGB im Personengesellschaftsrecht nicht klar herausgearbeitet ist und im Gegensatz zu § 115 Abs. 2 Halbs. 2 HGB a. F. nicht nur die Gefahrenabwehr bei Handlungsunfähigkeit der Gesellschaft im Blick hat.

§ 744 Abs. 2 BGB manifestiert das Erhaltungsinteresse des Teilhabers, im Falle seiner analogen Anwendung das (Selbst-)Erhaltungsinteresse der Gesellschaft. Die Umsetzung von Partikularinteressen im Rahmen von Gesellschaftsverhältnissen kommt damit nicht in Betracht. Es berechtigt daher nur zur Umsetzung von für die Gesellschaft notwendigen Erhaltungsmaßnahmen. Aufgrund der Komplexität von Gesellschaftsverhältnissen ist dieses Erhaltungsinteresse naturgemäß schwer zu bestimmen und einzelfallabhängig. Der Anwendungsbereich ist eng gezogen. Wenn eine solche Maßnahme allerdings vorliegt, kann sich die Geschäftsführung aufgrund der Treuepflicht nicht dagegen wehren. Es ist somit ein enges, aber wirksames Recht. Um die Geschäftsführung nicht zu unterwandern und den Anwendungsbereich nicht auszudehnen, kann es nur subsidiär Anwendung finden. Damit werden Konflikte zwischen Gesellschaftern um Geschäftsführungsmaßnahmen und das Missbrauchsrisiko entschärft. Durch die Eilbedürftigkeit wird verhindert, dass die Geschäftsführung unter dem Deckmantel des Notgeschäftsführungsrechts

---

385 Vgl. BGH, DNotZ 2018, 866, 869 Rn. 26 ff.: Dort wurde auf die Gefahr abgestellt, im Anschluss daran zusätzlich die Notwendigkeit raschen Handelns verneint. Richtigerweise hätte festgestellt werden müssen, inwiefern die Abwehr der Gefahr notwendig war und anschließend gefragt werden müssen, ob die Gefahr nicht durch die Geschäftsführung abgewendet hätte werden können. Mit der richtigen Tendenz: OLG Dresden, NZG 2000, 248, 250. Vorbildlich OLG München, BeckRS 2006, 12957.

regelmäßig unterwandert wird und die Frage nach der Notwendigkeit einer Maßnahme nur retrospektiv beantwortet wird. Solange die Maßnahme nicht eilbedürftig ist, kann die Notwendigkeit der Maßnahme vorab, notfalls gerichtlich, geklärt werden. Die Eilbedürftigkeit schränkt das Notgeschäftsführungsrecht somit formell zur Wahrung der Geschäftsführungsordnung ein. Insofern gebietet die innere Organisation der Gesellschaft, dass der Notgeschäftsführer nur in eilbedürftigen Fällen ohne oder gegen den Willen der Geschäftsführung tätig wird. Ist die Maßnahme im Gesellschaftsinteresse allerdings tatsächlich notwendig, kann ihr auch die Geschäftsführung nichts entgegensetzen. Die Einschränkung über die Eilbedürftigkeit wahrt zwar den grundsätzlichen Vorrang der Geschäftsführungsordnung und ist in diesem Sinne auch elementar, um einer Ausuferung der Notgeschäftsführung entgegenzutreten, im Ergebnis kann die Maßnahme mit diesem Argument nicht verhindert werden. Insofern ist die Eilbedürftigkeit Kontrollelement, beschränkt die Wirksamkeit des Notgeschäftsführungsrechts allerdings nicht. Im Ergebnis statuiert sie nur den formalen Vorrang der Geschäftsführungsordnung, kann dem Erhaltungsinteresse materiell aber nicht beikommen.

Der Vergleich zu § 115 Abs. 2 Halbs. 2 HGB a. F. offenbart diese Schwäche. Die unechte Notgeschäftsführung manifestiert nicht (nur) das Erhaltungsinteresse, sondern ist primär Gefahrenabwehrrecht. Der Anwendungsbereich ist im Grundsatz weit, das Recht ist allerdings nicht sehr wirksam, da im Grundsatz eine verweigerte Zustimmung die Durchführung der Maßnahme sperrt. Zudem wird der Konflikt nicht nur über die Eilbedürftigkeit, sondern auch über die Konsultationspflicht entschärft. Dies überzeugt insofern, als dass der Norm nicht das Erhaltungsinteresse, sondern die allgemeine Gefahrenabwehr zugrunde lag. Der weitere Anwendungsbereich wurde durch die Konsultationspflicht ausgeglichen. In den Fällen, in denen keine treuepflichtig gebotene Erhaltungsmaßnahme in Rede steht, überzeugt daher der Vorrang der Geschäftsführungsordnung, der formal und, wenn auch ungeschrieben, tatbestandlich durch die Konsultationspflicht implementiert wird. Nur in den Fällen, in denen tatsächlich eine notwendige Erhaltungsmaßnahme vorliegt, überzeugt der Vorrang der Geschäftsführung nicht. Durch die tatbestandliche Manifestierung (Konsultationspflicht) entsteht dennoch ein angemessener Ausgleich zwischen Erhaltungsinteresse und Geschäftsführung.

D. Zusammenfassung in Thesen

Nachdem die bis zum 31.12.2023 geltenden Regelungen der Notgeschäftsführungsrechte des Personengesellschaftsrechts aufgearbeitet wurden, sollen die Ergebnisse in den nachfolgenden Thesen abgebildet werden.

4. Das Notgeschäftsführungsrecht aus § 744 Abs. 2 BGB ist in seiner analogen Anwendung seit jeher von dogmatischen Ungereimtheiten geprägt. Die weitere Rechtsfortbildung erschwert inzwischen eine präzise Bestimmung der Tatbestandsmerkmale. Während das Notgeschäftsführungsrecht der Bruchteilsgemeinschaft der Sicherung des individuellen Erhaltungsinteresse dient, gebieten der Gesellschaftszweck und die Treuepflicht eine gesellschaftsrechtskonforme Auslegung des Erhaltungsinteresses. Das Notgeschäftsführungsrecht im Personengesellschaftsrecht dient daher nicht zur Umsetzung von Partikularinteressen, sondern der Erhaltung im Gesellschaftsinteresse.
5. Die Beurteilung und Bewertung des Gesellschaftsinteresses kann in einer komplexen, durch kaufmännische Ermessensentscheidungen geprägten Interessenabwägung münden. Im Grundsatz obliegt diese bis zur Grenze der Treuwidrigkeit und der Beschlusskompetenz der Geschäftsführung. Eine Notgeschäftsführung darf die gebotene Interessenabwägung der Geschäftsführung nicht unterwandern. Sie ist nur subsidiär zulässig. Ebenso verpflichtet auch die Bindung an die gesellschaftliche Ordnung den Gesellschafter die Umsetzung von Erhaltungsmaßnahmen primär der Geschäftsführung zu überlassen. Die subsidiäre Anwendung drückt sich in dem Kriterium der Eilbedürftigkeit aus. Der Notgeschäftsführer kann nur tätig werden, wenn die Maßnahme so eilbedürftig ist, dass eine Entscheidung der Geschäftsführung nicht mehr erreicht werden kann.
6. Die subsidiäre Anwendung ist zur Aufrechterhaltung der Geschäftsführungsordnung notwendig. Das Verständnis von § 744 Abs. 2 BGB als absolutes Erhaltungsrecht zur Umsetzung „notwendiger Erhaltungsmaßnahmen" im Interesse der Gesellschaft führt dazu, dass der Maßnahme weder verweigerte Zustimmung noch ein Widerspruch entgegengesetzt werden können. Entsprechend kann der Notgeschäftsführer eine eilbedürftige Erhaltungsmaßnahme ohne und gegen den Willen der Geschäftsführung durchsetzen. Eine notwendige Erhaltungsmaßnahme ist aus Treuepflichtgesichtspunkten immer geboten, da sie der privatautonomen Entscheidungshoheit der Geschäftsführung entzogen ist. Die Eilbedürftigkeit schränkt das Notgeschäftsführungsrecht auf formaler Ebene ein. Ein grundsätzlicher Vorrang der Geschäftsführungsordnung geht damit allerdings nicht einher. Denn soweit eine notwendige Erhaltungsmaßnahme vorliegt, kann zumindest ein einzelner gesamtgeschäftsführungsbefugter Gesellschafter die Maßnahme nicht verhindern. Das Notgeschäftsführungsrecht ist somit ein enges, aber wirksames Recht. Dies wirft die Frage auf, ob es richtig sein kann, dass ein Gesellschafter gegen den Willen eines Geschäftsführers tätig werden kann, obwohl der Geschäftsführer nach der inneren Ordnung prinzipiell weiter

entscheidungsbefugt ist, als ein nicht geschäftsführungsbefugter Gesellschafter. Die Frage stellt sich umso mehr, als dass eine Notgeschäftsführung aus Gesichtspunkten der Gefahrenabwehr nicht mehr nötig wäre.

7. § 115 Abs. 2 Halbs. 2 HGB a. F. schützte im Gegensatz zu § 744 Abs. 2 BGB nicht das Erhaltungsinteresse, sondern ist allgemeines Instrument der Gefahrenabwehr. Es ist im Vergleich ein weites, aber nicht sehr wirksames Recht. Im Grundsatz entfällt das Notgeschäftsführungsrecht, soweit ein Geschäftsführer seine Zustimmung verweigert.
8. Überschneiden sich Notgeschäftsführungsbefugnisse, weil einer von mehreren Gesamtgeschäftsführern erreicht wurde, kann es zur Kollision zwischen Erhaltungsinteresse und Geschäftsführungsbefugnis kommen. Das Erhaltungsinteresse setzt sich hierbei auf materiell-rechtlicher Ebene durch, da der Geschäftsführung diesbezüglich keine Entscheidungskompetenz zusteht.
9. Differenzen um Geschäftsführungsmaßnahmen lassen sich nicht vermeiden. Liegt eine notwendige Erhaltungsmaßnahme tatsächlich vor, ist das „Ob“ der Maßnahme der Entscheidungskompetenz der Geschäftsführung entzogen. Problematisch ist, dass es kaum Anknüpfungspunkte für die Bewertung einer solchen Maßnahme gibt. Wann eine notwendige Erhaltungsmaßnahme vorliegt, lässt sich pauschal nicht beantworten und bestimmt sich nach dem Gesellschaftszweck und den im Einzelfall relevanten Umständen.
10. § 115 Abs. 2 Halbs. 2 HGB a. F. trug diesem Umstand Rechnung, indem die Entscheidungskompetenz der Geschäftsführung zunächst unterstellt wird. Dadurch wird eine vorrangige Ermessensausübung zugelassen. Im Anschluss daran kann gefragt werden, ob dieses Ermessen fehlerhaft ausgeübt wurde. Ein solches Vorgehen erleichtert die Beurteilung der Notwendigkeit einer Maßnahme und legt die primäre Interessenabwägung in die Hände der dazu berufenen Gesellschafter. Liegt eine notwendige Erhaltungsmaßnahme vor, stellen sich die gleichen Probleme wie im Rahmen des § 744 Abs. 2 BGB.
11. Die Notgeschäftsführungsrechte sollten nicht primärer Austragungsort von Gesellschafterstreitigkeiten sein. Das MoPeG hat insofern Vorsorge zu tragen, dass derartige Streitigkeiten soweit möglich, vermieden werden und für ein klares Verhältnis zwischen Notgeschäftsführung und Geschäftsführung zu sorgen.

E. Verhältnis der Notgeschäftsführung zur Gesellschafterklage

Notgeschäftsführung und Gesellschafterklage gehen oft Hand in Hand. Denn nicht selten wurde auf das Institut der Notgeschäftsführung zurückgegriffen, um gerichtliche Schritte gegen einen Dritten einzuleiten, denen die Geschäftsführung nicht zugestimmt hat. Die Klageerhebung musste sich dann als notwendige Erhaltungsmaßnahme darstellen. Auch die Gesellschafterklage erfasst im weitesten Sinne die Geltendmachung von Ansprüchen gegen Dritte, an deren Geltendmachung sich die Geschäftsführung nicht beteiligen will. Es bestehen insoweit Überschneidungen, als dass die gesetzte Kompetenzordnung umgangen wird. Zur Gesellschafterklage haben sich in Abhängigkeit von der konkreten Fallgestaltung verschiedene Begründungsansätze herausgebildet. Teilweise wurde dafür auch die Notgeschäftsführung herangezogen, um eine befriedigendere dogmatische Grundlage zu schaffen.[386]

Die rechtliche Geltendmachung einer zum Gesellschaftsvermögen gehörenden Forderung durch einen nicht geschäftsführungsbefugten Gesellschafter beschäftigte die obersten Gerichte regelmäßig.[387] Dabei musste sich die Rechtsprechung des Öfteren zur Notgeschäftsführungsbefugnis äußern, was der Rechtsfortbildung in dieser Hinsicht nicht unbedingt förderlich war. Abgegrenzt werden müssen die Einzelbefugnis des Gesellschafters (Gesamthänderklage/Gesellschafterklage) und die Befugnis der Gesamtheit aller Gesellschafter (Gesamthandsklage) bzw. das Recht einzelner Gesellschafter im Rahmen ihrer Geschäftsführungs- und Vertretungsbefugnisse im Namen der Gesellschaft zu handeln.[388] Aufgrund der thematischen Überschneidungen soll im Folgenden ein kursorischer Überblick über die Gesellschafterklage nach der bis zum 31.12.2023 geltenden Rechtslage gegeben werden,[389] wobei insbesondere die Parallelen zur Notgeschäftsführung identifiziert werden sollen. Nachdem durch das MoPeG Notgeschäftsführung und Gesellschafterklage kodifiziert wurden, dient der folgende Abschnitt dem besseren Verständnis beider Institute. Der Begriff der Gesellschafterklage soll dabei schlicht als Klage eines einzelnen Gesellschafters verstanden werden.[390] Im

---

386 Vgl. *Hadding*, JZ 1975, 159, 161 f.

387 Zuletzt: BGH, NJW-RR 2021, 1400 Rn. 35 ff.; weiterhin BGH, NJW 1973, 2198; BGHZ 102, 152 = NJW 1988, 558; OLG Koblenz, NZG 1999, 250; OLG Dresden, NZG 2000, 248; OLG Düsseldorf, NZG 2000, 475; OLG Köln, BeckRS 2017, 131802; instruktiv: OLG München, BeckRS 2006, 12957; vgl. auch BFH, NJW-RR 1998, 1187. Zur Beschlussmängelklage einer GbR im Rahmen der Notgeschäftsführungsbefugnis vgl. auch OLG Düsseldorf, BeckRS 2016, 130950.

388 Überblick bei *Nitschke*, ZHR 128 (1966), 48 ff.

389 Zur Gesellschafterklage im Allgemeinen: *Grunewald*, Gesellschafterklage; *Barnert*, Gesellschafterklage; *Nitschke*, ZHR 128 (1966), 48; *Hadding*, JZ 1975, 159; *Grunewald/Otte*, ZIP 2017, 1737; *Bork/Oepen*, ZGR 2001, 515.

390 Den Versuch, eine sprachliche Differenzierung vorzunehmen, hat bereits *Nitschke* unternommen, vgl. *Nitschke*, ZHR 128 (1966), 48 ff. Die Terminologie zur internen Gesamthänderklage/Gesellschafterklage und externen Gesamthänderklage hat sich

Hinblick auf die GbR ist zu berücksichtigen, dass die Diskussion größtenteils vor der Anerkennung der Rechtsfähigkeit der (Außen-) GbR stattfand. Die Argumente müssen daher in den damaligen Kontext gesetzt werden.

I. Grundlagen

Von vorneherein sind bei der gerichtlichen Geltendmachung nicht vertretungsberechtigter Gesellschafter über Rechte der Gesellschaft mehrere Fälle zu unterscheiden. Der Gesellschafter kann nicht im Namen der Gesellschaft auftreten, da er keine Vertretungsmacht hat. Der Gesellschafter klagt daher im eigenen Namen und muss die Leistung an die Gesellschaft, bzw. die Gesellschafter fordern. Die Geltendmachung von Gesellschaftsforderungen gegen Dritte ist zudem ein Akt der Geschäftsführung.[391] Dazu gehören die interne Willensbildung, als auch die Durchführung der Geltendmachung, wie Mahnungen und Klageerhebung.[392] Je nach Argumentation und Konstellation macht der Gesellschafter eigene oder fremde Rechte geltend. Als Grundlage für die Einzelklage wurden insbesondere die actio pro socio, § 432 BGB (analog) und das Notgeschäftsführungsrecht nach § 744 Abs. 2 BGB analog diskutiert.

Soweit von der Geltendmachung fremder Gesellschaftsrechte ausgegangen wird, gehören diese Begründungsansätze thematisch zur Prozessführungsbefugnis im Rahmen der Zulässigkeit der Klage. Die Prozessführungsbefugnis schlägt die Brücke zum materiellen Recht.[393] Denn der Gesellschafter macht mit dem Recht der Gesellschaft ein ihm fremdes Recht geltend. Es fehlt ihm an der Aktivlegitimation, da er nicht Inhaber des Rechts ist. Prozessführungsbefugnis (Zulässigkeitsvoraussetzung) und Sachlegitimation (Begründetheitsvoraussetzung) fallen auseinander. Es handelt sich um eine Prozessstandschaft, die der Begründung bedarf.

---

aber nicht durchgesetzt, vgl. *Grunewald*, Gesellschafterklage, S. 1 („*Gesellschafterklagen gibt es in mehreren Varianten.*").

391 BGHZ 12, 308 = BGH, NJW 1954, 1159; BGHZ 39, 14 = BGH, NJW 1963, 641, 642; OLG Saarbrücken, NZG 2023, 1453, 1454, Rn. 32; *Diederichsen*, MDR 1963, 632; *Nitschke*, ZHR 128 (1966), 48, 63; *Hadding*, JZ 1975, 159, 160; *Gebauer*, in: Soergel (2010), BGB, § 432 Rn. 6.

392 *Hadding*, JZ 1975, 159, 160.

393 *Ulrich/Jäckel*, NZG 2009, 1132; vgl. *Barnert*, Gesellschafterklage, S. 16.

II. § 432 BGB als Grundlage der Gesamthänderklage in der BGB-Gesellschaft

Das Recht des BGB-Gesellschafters, eine Gesamthänderklage gegen einen externen Dritten zu erheben wurde im Laufe der Zeit durch die Gerichte ausführlich diskutiert.[394] Das Reichsgericht ließ die Gesamthänderklage auf Grundlage des § 432 BGB zu.[395] Die Gesamthänder wurden als Mitgläubiger eingestuft, die Leistung, da sie an die Gesamthand zu leisten war, als unteilbar. Die Anwendung des § 432 BGB wurde dabei als grundliegendes Prinzip der Gesamthand proklamiert,[396] da jede einer Gesamthand geschuldete Leistung rechtlich unteilbar sei.[397] Damit wurde der Anwendungsbereich des § 432 BGB eröffnet. Dieser gibt dem Mitgläubiger die Einzelforderungsberechtigung[398] und vermittelt dem Gesellschafter die Klagebefugnis zur Geltendmachung der Forderung.[399]

Die Einzelbefugnis des Gesellschafters wurde darauf aufbauend immer mehr eingeschränkt. Soweit die Gesellschaft abweichend von § 709 BGB a. F. organisiert sei, schließe dies die Einzelbefugnis des Gesamthänders aus.[400]

> *Ist über die Geschäftsführung bei bürgerlich-rechtlichen Gesellschaften eine Sonderbestimmung nicht getroffen, so gilt der Grundsatz des § 432 BGB […]. Jeder einzelne Gesamthänder kann im eigenen Namen Leistung an alle fordern. Liegen jedoch Sonderbestimmungen über die Geschäftsführung für die Gesellschaft vor, so behalten diese die Oberhand. Der Grundsatz des § 432 BGB gilt dann (wie stets bei den handelsrechtlichen Personalgesellschaften) nicht.*[401]

---

394 Einen guten Überblick über die gerichtliche Entwicklung gibt *Nitschke*, ZHR 128 (1966), 48, 53.

395 RGZ 70, 32.

396 Vgl. *Heinemeyer*, in: MünchKommBGB, § 432 Rn. 10; vgl. *Huber*, Gesellschaftsanteil, S. 124 ff.

397 RGZ 70, 32, 34. Eine Zusammenfassung der Argumentation des Reichsgerichts findet sich bei *Barnert*, Gesellschafterklage, S. 6 f. Zur Abgrenzung von Gläubigermehrheiten und Bruchteilsgemeinschaft, vgl. *Hadding*, in: Festschrift Canaris 2007, 379.

398 *Rüßmann*, in: jurisPK-BGB, § 432 Rn. 13.

399 RGZ 70, 32, 33 f.

400 RGZ 86, 66, 70 („*Danach findet bei der Gesellschaft bürgerlichen Rechtes, wenn die Geschäftsführung gemäß § 710 [BGB] einem oder mehreren Gesellschaftern übertragen ist, der § 432 [BGB] keine Anwendung*"). Ebenso RG, JW 1935, 3296.

401 RG, JW 1935, 3296.

Für diese Interpretation rekurrierte das Gericht auf die Gesetzesmaterialien.[402] Denn Zweck des § 432 BGB sei es nur Schwierigkeiten vorzubeugen, die entstehen könnten, wenn ein Gesamthandgläubiger seine Mitwirkung verweigere. Diese Problematik sei ausgeschlossen, wenn die Geschäftsführung einem oder mehreren Gesellschaftern übertragen worden sei.[403] Eine Anwendung von § 432 BGB gehe dann über den vom Gesetz intendierten Anwendungsbereich hinaus. Im Ergebnis sollte dadurch der Fall verhindert werden, dass gerade ein von der Geschäftsführung ausgeschlossener Gesellschafter derartig in die Geschäftsführung eingreifen könnte.[404]

1. Einschränkung der Gesamthänderklage durch den BGH

Während das Reichsgericht noch darauf abstellte, ob die Geschäftsführung abweichend von § 709 BGB a. F. geregelt worden sei, schränkte der BGH die Einzelklage und die Anwendung des § 432 BGB weiter ein.[405] Das individuelle Recht eines Gesellschafters aus § 432 BGB sei auch durch die gesetzliche Geschäftsführungsordnung zugunsten der Gesellschaftssphäre ausgeschlossen.[406] Diese Einschränkung entfalte allerdings dann keine Wirkung, wenn das berechtigte Interesse des Einzelnen mit dem Gesellschaftsinteresse nicht in Widerspruch stehe.[407] Soweit es das Gesellschaftsinteresse daher nicht erfordere, könne der Gesellschafter nach § 432 BGB Klage erheben. Daraus schloss der BGH, dass die Geltendmachung einer Gesellschaftsforderung nach § 432 BGB möglich sei, wenn der andere Gesellschafter die gerichtliche Geltendmachung der Forderung durch ein bewusstes Zusammenwirken mit dem Gesellschaftsschuldner zu verhindern suche.[408] Im weiteren Verlauf schuf der BGH das Credo, dass § 432 BGB nur Anwendung finden könne, wenn der Gesellschafter an der Geltendmachung ein berechtigtes Interesse hat, wenn die anderen Gesellschafter die Einziehung der Forderung aus gesellschaftswidrigen Gründen verweigern und der Gesellschaftsschuldner an

402 RGZ 86, 66, 70 unter Bezugnahme auf *Mugdan*, Band V, Denkschrift, S. 860; *Mugdan*, Band II, Motive 1. Lesung, S. 94 f.

403 RGZ 86, 66, 69 ff.; mit dieser Argumentation schränkte der BGH schließlich auch die Anwendung des § 432 BGB bei der GbR weiter ein, vgl. BGHZ 39, 14.

404 *Huber*, Gesellschaftsanteil, S. 126.

405 BGHZ 12, 308 = BGH, NJW 1954, 1159.

406 BGHZ 12, 308, 311 f. = BGH, NJW 1954, 1159.

407 BGHZ 12, 308, 311 f. = BGH, NJW 1954, 1159.

408 BGHZ 17, 340, 346 = BGH, NJW 1955, 1393.

dem gesellschaftswidrigen Verhalten der anderen Gesellschafter beteiligt ist.[409] Insbesondere wenn der Dritte an dem gesellschaftswidrigen Verhalten beteiligt sei, sei eine vorherige Klage auf Zustimmung ein unnötiger Umweg. Denn im Grundsatz gelte:

> *Kein Gesellschafter braucht daher zu dulden, daß [sic] ein Gesellschafter das in der klageweisenden Geltendmachung einer Forderung liegende Geschäft allein führt und damit den Grundsatz durchbricht, daß [sic] die Geschäftsführung den Gesellschaftern nur gemeinschaftlich oder nach Maßgabe des Gesellschaftsvertrages zusteht.*[410]

Der BGH stützte seine Entscheidung auf eine Interessenabwägung zwischen den Interessen des klagenden Gesellschafters, der übrigen Gesellschafter und des Gesellschaftsschuldners. Soweit die Mitwirkung an der Geltendmachung der Forderung gesellschaftswidrig sei, sei der klagende Gesellschafter zwar durchaus schutzwürdig, allerdings habe er stets die Möglichkeit, die übrigen Gesellschafter auf Mitwirkung zu verklagen.[411] Es bestehe zudem ein (allerseitiges) Interesse daran, zu klären, ob ein berechtigtes Interesse des Gesellschafters zur Einziehung der Forderung bestehe. Der Drittschuldner könne aufgrund des gesellschaftsinternen Sachverhalts kaum Gegenteiliges vortragen, sondern das Interesse des Klägers nur bestreiten. Damit bestünde die Gefahr, den Sachverhalt nicht umfassend aufzuklären.[412] Der Gesellschaftsschuldner kenne die Tatsachen nicht, welche ein solches Interesse begründen oder verneinen könnten. Es bestünde die Gefahr, dass eine Forderung geltend gemacht werde, welche die Gesellschaft aus sachlichen Erwägungen heraus nicht geltend machen würden.[413] Bei einer Klageabweisung drohe ihm zudem ein erneuter Prozess, sollten die Gesellschafter erneut Klage erheben. Im Ergebnis könnten diese Abwägungskriterien nur entkräftigt werden, wenn der Schuldner an dem gesellschaftswidrigen Verhalten der anderen Gesellschafter beteiligt sei.

---

409 BGHZ 39, 14, 16 = BGH, NJW 1963, 641. Anschließend: BGHZ 102, 152 = NJW 1988, 558 f.; Überblick über die historische Entwicklung bei *Diederichsen*, MDR 1963, 632, 633 und *Bork/Oepen*, ZGR 2001, 515, 544 ff.

410 BGHZ 39, 14 = BGH, NJW 1963, 641, 642 f.

411 BGH, NJW 1963, 641, 643.

412 Kritisch hierzu *Grunewald/Otte*, ZIP 2017, 1737, 1739.

413 BGH, NJW 1963, 641, 643; **a. A.** *Nitschke*, ZHR 128 (1966), 48, 66.

2. *Ablehnung des § 432 BGB als Grundlage der Gesamthänderklage in der Personenhandelsgesellschaft*

Bemerkenswert ist, dass die Rechtsprechung eine Anwendung des § 432 BGB für Personen*handels*gesellschaften seit jeher ausschließt.[414] Der Kläger machte als Gesellschafter einer OHG Ansprüche der Gesellschaft in eigenem Namen auf Leistung an die Gesellschaft geltend. Das Gericht verneinte, wie die Vorinstanzen, dessen Aktivlegitimation. Tatbestandlich könne § 432 BGB zwar auf Gesamthandsforderungen angewandt werden,[415] allerdings sei das Einzelklagerecht mit den Regelungen der Geschäftsführung und Vertretung nicht vereinbar.[416] Denn sobald die Geschäftsführung einem oder mehreren Gesellschaftern übertragen worden sei, widerspreche die Geschäftsführungsordnung der Gesellschaft der Befugnis des Gesellschafters, Geschäfte der Gesellschaft zu führen. Zweck des § 432 BGB sei es nur Schwierigkeiten vorzubeugen, die entstehen könnten, wenn ein Gesamthandsgläubiger seine Mitwirkung verweigere. Diese Problematik sei ausgeschlossen, wenn die Geschäftsführung einem oder mehreren Gesellschaftern übertragen worden sei.[417] Im gesetzlichen Regelfall der Einzelgeschäftsführung und -vertretung bedürfe es bei der OHG keine Einzelklagebefugnis, da jeder Gesellschafter im Namen der OHG tätig werden könne. Um das Widerspruchsrecht nach § 115 Abs. 1 Halbs. 2 HGB a. F. nicht zu konterkarieren, müsse eine Klage im eigenen Namen ausgeschlossen sein.[418] Auch die Rechtsstellung des Dritten wurde berücksichtigt. Dieser habe ein berechtigtes Interesse daran, dass die Gesellschaft ihm gegenüber nur als Einheit auftrete, auch um von einer mehrfachen Inanspruchnahme geschützt zu sein.[419] Dies sei aufgrund der Verselbstständigung der OHG und deren Annährung zur juristischen Person anzunehmen.[420] Der BGH bestätigte schließlich das Reichsgericht in seiner Auffassung und baute die Argumentationsgrundlage weiter aus.[421] Eine persönliche Geltendmachung durch

---

414 RGZ 86, 66, 69 ff.; BGH, NJW 1973, 2198.

415 RGZ 86, 66, 68, wobei im Folgenden auch Zweifel geäußert werden, RGZ 86, 66, 69: („*Es muß [sic] zweifelhaft erscheinen, ob nicht diese für die Gesellschaft getroffenen Sondervorschrift [§ 709 BGB] die Anwendung der allgemeinen Regel des § 432 BGB auf die Gesellschaft ausschließt.*").

416 RGZ 86, 66, 71.

417 RGZ 86, 66, 69 ff.; mit dieser Argumentation schränkte der BGH schließlich auch die Anwendung des § 432 BGB bei der GbR weiter ein, vgl. BGHZ 39, 14.

418 RGZ 86, 66, 71.

419 RGZ 86, 66, 71.

420 RGZ 86, 66, 70.

421 BGH, NJW 1973, 2198.

einen Gesellschafter vertrage sich nicht mit der Geschäftsführungsordnung. Denn Rechte und Pflichten seien bei Personenhandelsgesellschaften der Gesellschaft selbst als eigenes Rechtssubjekt (§ 124 HGB a. F.) zugeordnet und nicht der gesamten Hand.[422] § 432 BGB sei daher bei Personenhandelsgesellschaften nicht anzuwenden.

3. *Dogmatische Aufarbeitung durch das Schrifttum*

Die behandelten Urteile waren Gegenstand zahlreicher juristischer Diskussionen. In ihren Aussagen sind die Urteile interpretationsbedürftig. Aussagekräftige Thesen lassen sie vermissen. Übrig bleibt, dass die Einzelklage bei der Personenhandelsgesellschaft ausgeschlossen ist, bei der GbR nur in Ausnahmefällen zugelassen werden kann. Ob für letztere noch auf § 432 BGB (analog) rekurriert werden muss[423] oder ob der BGH eine eigene Fallgruppe geschaffen hat, lässt sich nicht klar beantworten.

a) *Der Ansatz von Nitschke*

Einen viel beachteten Beitrag zur Diskussion und Aufarbeitung der Rechtsprechung hat *Nitschke* unternommen.[424]

Er spricht sich gegen § 432 BGB als Grundlage der Gesellschafterklage aus. Dieser schränke das Forderungsrecht nur in der Hinsicht ein, als dass der Gesellschafter nur Leistung an alle fordern kann.[425] Entgegen der herrschenden Meinung und Rechtsprechung rekurriert er allerdings auf ein eigenes materielles Forderungsrecht des Gesellschafters und lehnt eine Prozessstandschaft ab.[426] Hierzu bedient er sich der Argumentationslinie des BGH zur Unterscheidung zwischen Personenhandelsgesellschaft und GbR und dehnt diese weiter aus. Da die GbR gerade kein Rechtssubjekt sei, sondern nur die Zusammenfassung von Rechten mehrerer Rechtssubjekte, könne auch nur der einzelne Gesellschafter Rechtsträger und damit Gläubiger der Forderung sein. Der einzelne Gesellschafter sei daher materiell berechtigt und habe die Befugnis den Anspruch gerichtlich und außergerichtlich geltend zu machen.[427] Diesen materiell rechtlichen Anspruch

---

422 BGH, NJW 1973, 2198, 2199.

423 *Huber* spricht insoweit von einem „*theoretischen Ausgangspunkt*", der im Ergebnis ausgeschlossen werde, *Huber*, Gesellschaftsanteil, S. 128.

424 *Nitschke*, ZHR 128 (1966), 48.

425 *Nitschke*, ZHR 128 (1966), 48, 56 f.

426 *Nitschke*, ZHR 128 (1966), 48, 54 ff.

427 *Nitschke*, ZHR 128 (1966), 48, 54 ff.

gegen den Dritten macht der Gesellschafter selbstverständlich im eigenen Namen geltend. Es handele sich daher nicht um eine Prozessstandschaft, sondern um die Geltendmachung eines eigenen Forderungsrechts. Eines Rückgriffs auf § 432 BGB oder § 744 Abs. 2 BGB bedürfe es gar nicht. Im Ergebnis sei nicht die Gesamthänderklage begründungsbedürftig, sondern nur deren Ausschluss.[428]

aa) Verselbstständigung als Ausschlusskriterium

Den Ausschluss der Einzelklagebefugnis subsumiert er unter den Punkt der Verselbstständigung der Gesellschaft bzw. der Geschäftsführung. Er anerkennt, dass die Verselbstständigung als Frage der Rechtszuständigkeit oder als eine der Verwaltungszuständigkeit aufgefasst werden kann.[429] Darunter lassen sich verschiedene Ausschlussgründe fassen.[430]

Zum einen kann hinter der Verselbstständigung der Gesellschaft ein tatbestandlicher Ausschluss des § 432 BGB gesehen werden. Denn wenn die Gesellschaft als solche Forderungsinhaberin ist, besteht keine Mehrheit von Gläubigern mehr (vgl. § 432 BGB: „Haben mehrere […].").[431] Dieser Ansatz priorisiert die Verselbstständigung der Gesellschaft zu einem „*im Rechtsverkehr als Einheit auftretenden Sozialgebilde*"[432]. *Nitschke* wiederum sah das Ausschlusskriterium in der sich aus der Verselbstständigung ergebenden Konkurrenz zwischen Einzelbefugnis und Gesamtbefugnis.

Zum anderen ist dahinter auch der Gedanke erkennbar, dass die intensivere Verselbstständigung der Geschäftsführung von ihrer verbandlichen Grundlage das Individualrecht des Gesamthänders zur Einzelklage einschränkt.[433] So bezeichnet insbesondere *Karsten Schmidt* die nach §§ 709, 714 BGB a. F. organisierte GbR als eine Gesellschaft ohne selbstständige Vertretungsorganisation.[434] Die Gesellschaft werde daher weiterhin von der Gesamthand, also allen Gesellschaftern repräsentiert. Das Klagerecht verbleibe entsprechend bei den einzelnen

---

428 *Nitschke*, ZHR 128 (1966), 48, 55 f.

429 *Nitschke*, ZHR 128 (1966), 48, 58 ff.

430 Siehe hierzu *Nitschke*, ZHR 128 (1966), 48, 58 ff.

431 Vgl. *Rüßmann*, in: jurisPK-BGB, § 432 Rn. 6; *Böttcher*, in: Erman, BGB, § 432 Rn. 14; *Hadding*, in: Festschrift Wolf, 1985, 107, 115.

432 *Nitschke*, ZHR 128 (1966), 48, 58, 67.

433 *Karsten Schmidt*, Gesellschaftsrecht, § 21 IV 634 ff; vgl. *Barnert*, Gesellschafterklage, S. 10. Offenlassend: *Nitschke*, ZHR 128 (1966), 48, 58. Vgl. zur Verselbstständigung durch die Implementierung von organisationsrechtlichen Elementen, *Wiedemann*, ZGR 1996, 286.

434 *Karsten Schmidt*, Gesellschaftsrecht, § 21 IV 634, 643 f.

Mitgliedern.[435] Je weiter sich die Geschäftsführungs- und Vertretungsorganisation von den Verbandsmitgliedern entferne und verselbstständige, also nur einzelne zur Geschäftsführung oder Vertretung berechtigt seien, desto stärker müsse das Einzelklagerecht eingeschränkt werden. Die Organisationsverfassung verdränge dann das im Grundsatz bestehende Einzelklagerecht.[436] Diese Auffassung setzt allerdings voraus, dass eine abweichende Organisation der Geschäftsführung, bzw. der Vertretung zwangsläufig auf eine gewollte Verselbstständigung der Geschäftsführung zurückzuführen ist. Dieser Rückschluss ist allerdings nicht zwingend. Vielmehr kommen für eine von § 709 BGB a. F. (Gesamtgeschäftsführung) abweichende Organisation auch andere Gründe in Betracht. Und auch die OHG kann sich eine dem § 709 BGB a. F. entsprechende Organisation geben. Die Gesamtgeschäftsführung kann daher pauschal nicht als Ausdruck einer mangelnden Verselbstständigung der Geschäftsführung angesehen werden. Im Ergebnis überzeugt das Kriterium der Verselbstständigung der Geschäftsführung von den Verbandsmitgliedern nicht, um eine Differenzierung zu rechtfertigen.[437] Denn die Berechtigung im Innenverhältnis berührt das Prozessverhältnis zum Dritten nicht.[438]

bb) Gerechtfertigte Differenzierung zwischen OHG und GbR?

Die weitergehende Verselbstständigung der OHG sei auch geeignet, um die Unterschiede bei der Behandlung der Gesamthänderklage zwischen Personenhandelsgesellschaft und GbR zu rechtfertigen. Ausschlaggebend könne nur die zunehmende Verselbstständigung der Gesellschaft im Rechtsverkehr sein. Im Gegensatz zur Verselbstständigung der inneren Organisation schlage sich die Verselbstständigung der Gesellschaft im Außenverhältnis nieder und konkurriere mit der Einzelbefugnis des Gesamthänders. Ein einheitliches Auftreten der Gesellschaft schließe Einzelbefugnisse daher aus.[439] Im Hinblick auf die Verselbstständigung sei diese bei Personenhandelsgesellschaften weiter fortgeschritten als bei

435 *Karsten Schmidt*, Gesellschaftsrecht, § 21 IV 634, 643 f.

436 *Karsten Schmidt*, Gesellschaftsrecht, § 21 IV 636 f., 643 f.

437 *Nitschke*, ZHR 128 (1966), 48, 63 ff.; zustimmend *Huber*, Gesellschaftsanteil, S. 128; *Barnert*, Gesellschafterklage, S. 30 f.

438 *Barnert*, Gesellschafterklage, S. 21 („*Als unhaltbar erweist sich das Argument, bei gemeinschaftlicher Geschäftsführung der Gesellschafter fehle der Gesellschaft ein von diesen rechtlich getrenntes Gemeinschaftsorgan, so dass jeder Gesellschafter einzeln berechtigt sei, jederzeit und unbeschränkt Gesellschaftsforderungen gegen Dritte geltend zu machen.*“).

439 *Nitschke*, ZHR 128 (1966), 48, 67 ff.

der GbR, die in dieser Hinsicht der Erbengemeinschaft näherstehe.[440] Während die OHG durch § 124 HGB a. F. der juristischen Person angenähert sei, trete die GbR noch als Personenmehrheit auf.[441] Es sei daher konsequent, im Rahmen der OHG Einzelbefugnisse zu versagen, sie bei der GbR allerdings zuzulassen.[442] Einen Rückgriff auf die Geschäftsführung lehnt er – wie bereits gezeigt – ab. Denn diese betreffe als Innenbeziehung nicht das Verhältnis zum außenstehenden Dritten.[443] Ansonsten könnte der Schuldner auch gegenüber dem vertretungsberechtigten, im Namen der Gesellschaft klagenden Gesellschafter einen Mangel der Geschäftsführung einwenden, wenn dieser im Innenverhältnis nicht berechtigt sei, etwa weil intern der Klage widersprochen wurde.[444]

b) Generelle Kritik an der Anwendung des § 432 BGB

Auch abseits der Verselbstständigung wurde die Begründung der Einzelklage in der Literatur diskutiert. Namentlich die uneingeschränkte Anwendung des § 432 BGB auf Gesamthandsverhältnisse wurde kritisch hinterfragt.

Denn wenn die Gesellschafter in ihrer Verbundenheit Inhaber der Forderung seien, widerspreche es schon dem „Wesen der Gesamthand“, wenn ein einzelner Gesellschafter zur Geltendmachung der Forderung berechtigt sei.[445] Allerdings legt man mit dieser Argumentation der gesamthänderischen Verbundenheit bereits einen Grundstein für die Anwendbarkeit des § 432 BGB, da insofern die Annahme einer Gläubigermehrheit bereits näherliegt, als wenn man die Gesellschaft selbst als Rechtssubjekt anerkennt. Das Wesen der Gesamthand mag ohnehin kein taugliches Argument liefern, da die verschiedenen Gesamthandsgebilde sich in wesentlichen Punkten unterscheiden und es daher schwer fällt mit abstrakten Leitlinien zu argumentieren.[446]

---

440 *Nitschke*, ZHR 128 (1966), 48, 67 ff.

441 *Nitschke*, ZHR 128 (1966), 48, 67 ff.

442 *Nitschke*, ZHR 128 (1966), 48, 67 ff; kritisch hierzu *Barnert*, Gesellschafterklage, S. 38 f.

443 *Nitschke*, ZHR 128 (1966), 48, 64; *Huber*, Gesellschaftsanteil, S. 128; *Barnert*, Gesellschafterklage, S. 30 ff.

444 *Nitschke*, ZHR 128 (1966), 48, 64. *Huber* spricht insoweit von einer beispielhaften „exceptio ex jure tertii“, also einer Einrede aus dem Recht eines Dritten, vgl. *Huber*, Gesellschaftsanteil, S. 128.

445 *Diederichsen*, MDR 1963, 632, 634; vgl. *Hadding*, JZ 1975, 159, 162; **a. A.** *Nitschke*, ZHR 128 (1966), 48, 60 ff.

446 *Nitschke*, ZHR 128 (1966), 48, 60 f.

Auch *Ganssmüller* äußerte in seiner Anmerkung[447] Bedenken hinsichtlich der Anwendung des § 432 BGB auf Gesamthandsansprüche.[448] Aus einer Gesamtschau ergebe sich, dass § 2039 BGB eine Sonderbestimmung der Erbengemeinschaft sei, bei der eine Geschäftsführungsordnung gerade fehle. Dort sei die Einzelklagebefugnis daher zwingend erforderlich. Im Umkehrschluss sei daraus zu ziehen, dass eine Einzelklagebefugnis bei anderen Gesamthandsgebilden nicht vorgesehen sei. Eine allgemeine Anwendung von § 432 BGB unterlaufe die in § 2039 BGB statuierte Ausnahmeregelung.[449] Ebenfalls kritisch aufgenommen wurde die Schlussfolgerung, eine Gesamthandsforderung sei *per se* unteilbar. Dies verkehre die Korrelation zwischen Tatbestand und Rechtsfolge. Von der Rechtsinhaberschaft auf Gläubigerseite könne nicht auf die zu erbringende Leistung geschlussfolgert werden.[450] Insbesondere *Hadding* lehnt die Anwendung des § 432 BGB aufgrund dessen generell ab.[451] Eine Einzelklagebefugnis könne nur im Rahmen der Notgeschäftsführung in Betracht kommen.[452] Zudem müsse auch das Interesse des Drittschuldners berücksichtigt werden, der bei vertraglichen Ansprüchen einwenden können müsse, dass er nur mit der gesamten Hand kontrahiert habe. Vor einer Klage Einzelner sei er entsprechend zu schützen. Den übrigen Gesellschaftern werde darüber hinaus eine Zeugenstellung im Prozess zugebilligt.[453] *Lehmann* bemerkte schon früh, dass allein eine Begründung zur Anwendbarkeit des § 432 BGB nicht ausreichend sei, um eine Einzelklage zuzulassen. Vielmehr sei zusätzlich eine Interessenabwägung vorzunehmen, die darlege, weshalb die Einzelklage gegenüber dem Gesamthandsgedanken den Vorzug verdiene.[454] Hervorzuheben sei noch der Ansatz *Hubers*, der ein selbstständiges Klagerecht ebenfalls verneint. Gesamthandsforderungen könnten nur im Rahmen

447 *Ganssmüller*, NJW 1963, 641, 644.

448 Siehe auch *Ganssmüller*, DB 1954, 860, 862 f; ebenso, allerdings § 744 BGB ablehnend *Diederichsen*, MDR 1963, 632, 633.

449 *Ganssmüller*, DB 1954, 860, 861; zustimmend *Huber*, Gesellschaftsanteil, S. 130; *Hadding*, in: Festschrift Wolf, 1985, 107, 116; *Grunewald*, Gesellschafterklage, S. 12; Staudinger/*Looschelders* (2022) § 432 Rn. 14 ff.

450 *Hadding*, in: Festschrift Wolf, 1985, 107, 114.

451 *Hadding*, JZ 1975, 159, 161 f.; *Hadding*, in: Festschrift Wolf, 1985, 107, 113 ff.; *Hadding*, in: Soergel (1985), BGB, § 705 Rn. 56; *Hadding*, Actio pro socio, S. 33 ff.

452 *Hadding*, JZ 1975, 159, 161 f.; *Hadding*, in: Soergel (1985), BGB, § 705 Rn. 56; **a. A.** *Huber*, Gesellschaftsanteil, S. 131 f.

453 *Ganssmüller*, DB 1954, 860, 861.

454 *Lehmann*, JW 1935, 3298. Die in BGHZ 39, 14 vorgestellte Interessenabwägung wog lediglich die Interessen des klagenden Gesellschafters, der übrigen Gesellschafter und des Drittschuldners ab.

der für die jeweilige Gesamthandsgemeinschaft geltenden Bestimmungen geltend gemacht werden.[455] Aus der nur gesamthänderischen Berechtigung folge, dass dem einzelnen Gesellschafter gerade kein Klagerecht zuzubilligen sei.[456] Denn die Rechte des Gesellschafters resultieren aus seiner Mitgliedschaft in der Gesellschaft und nicht aus der Rechtsstellung als Gesamthänder.[457] Die Befugnisse hätten sich somit nach dem mitgliedschaftlichen Recht zu richten.

c) *Stellungnahme*

Der Streit um die Anwendung des § 432 BGB auf die BGB-Gesellschaft hat erheblich an Bedeutung verloren. Die Frage, ob die Forderung den Gesellschaftern in ihrer gesamthänderischen Verbundenheit zusteht oder ob die Gesellschaft selbst als Rechtssubjekt Forderungsinhaberin ist, stellt sich seit der Anerkennung der Rechtsfähigkeit der (Außen-)GbR nicht mehr.[458] Die ursprünglich vom Reichsgericht herangezogene Differenzierung zwischen der Ausgestaltung der Geschäftsführung als ausschlaggebendes Kriterium der Prozessführungsbefugnis überzeugt nicht. Das Risiko, dass ein geschäftsführender Gesellschafter untätig bleibt, besteht unabhängig von der konkreten Ausgestaltung der Geschäftsführung.[459]

Die Zweifel, die Binnenorganisation der Gesellschaft heranzuziehen, um die Rechtsfolgen und die Außenwirkung des § 432 BGB einzuschränken,[460] sind nachvollziehbar und begründet. Dem Schuldner stellt sich im Prozess nur die Frage, ob die Gesellschaft wirksam vertreten ist (Gesamthandsklage) oder ob die Gesamthänderklage durch eine Einzelprozessführungsbefugnis gedeckt ist.[461] Inwieweit der Gesellschafter gegen die Binnenorganisation der Gesellschaft verstößt, ist für den Beklagten ohne Belang. Tatsächlich kann über die Schutzbedürftigkeit des Drittschuldners allerdings auch nicht hinweggedacht werden. Mangels Rechtskrafterstreckung kann der Schuldner bei Klageabweisung erneut mit einem Prozess überzogen werden.[462] Es besteht daher durchaus ein schutz-

455 *Huber*, Gesellschaftsanteil, S. 129.
456 *Huber*, Gesellschaftsanteil, S. 129.
457 *Huber*, Gesellschaftsanteil, S. 124, 129 f.
458 Zur Rechtsfähigkeit der (Außen-)GbR: BGHZ 146, 341 = BGH, NJW 2001, 1056.
459 Vgl. *Grunewald*, Gesellschafterklage, S. 42; *Barnert*, Gesellschafterklage, S. 21 f.
460 *Nitschke*, ZHR 128 (1966), 48, 64; *Barnert*, Gesellschafterklage, S. 32.
461 *Barnert*, Gesellschafterklage, S. 33.
462 Staudinger/*Looschelders* (2022) § 432 Rn. 79; *Althammer*, in: Zöller, ZPO, Vor § 50 Rn. 33; *Barnert*, Gesellschafterklage, S. 29 hält dieses Risiko für überbewertet. Der Schuldner könne sich durch Erfüllung schützen oder Zwischenfeststellungswiderklage (§ 256 Abs. 2 ZPO) gegen den Gesellschafter und die Gesellschaft erheben.

würdiges Interesse des Dritten, dass Gesellschaftsansprüche nicht außerhalb der Geschäftsführungsordnung geltend gemacht werden und ein Prozessrechtsverhältnis mit der materiellen Rechtsinhaberin begründet wird. Verantwortlich für die Verbindung zwischen Innenverhältnis und Einzelbefugnis zeichnet die damalige Argumentation des Reichsgerichts. Es führte aus:

> *Ein Gesellschafter, der von einem Schuldner der Gesellschaft Leistung an alle fordert, führt kraft des eigenen, ihm am Gesellschaftsvermögen zustehenden Rechtes die Geschäfte der Gesellschaft. Seine Befugnis kann sich nur auf das Recht gründen, das er kraft des Gesellschaftsverhältnisses am Gesellschaftsvermögen hat; sie kann deswegen nicht bestehen, wenn die Gesellschaft durch Gesetz oder Vertrag so organisiert ist, daß [sic!] eine Befugnis des Gesellschafters, Geschäfte der Gesellschaft überhaupt, oder doch im eigenen Namen zu führen, damit unvereinbar ist.*[463]

Diese Argumentation ist indes nicht unproblematisch. Wird auf ein eigenes (materielles) Recht zur Leistungsforderung rekurriert, stellt sich in der Tat die Frage, warum dieses eigene Recht durch die Zuständigkeitsordnung der Gesellschaft beschränkt werden soll. Die Binnenorganisation der Gesellschaft kann primär nur für Ansprüche der Gesellschaft relevant sein.[464] Zudem steht auch die Annahme einer Prozessstandschaft in Frage, wenn dem Gesellschafter im Kern ein (eingeschränktes) eigenes materielles Recht zugebilligt wird.[465] Zu Recht wirft *Huber* die Frage auf, ob in der Konsequenz eines eigenen Klagerechts auch ein Kommanditist zur Geltendmachung einer Gesellschaftsforderung legitimiert wäre.[466] Es mutet wie ein Zirkelschluss an, § 432 BGB zunächst anzuwenden und den Gesellschafter in Prozessstandschaft tätig werden zu lassen und ihn im Anschluss auf die fehlende Reichweite des eigenen materiellen Rechts zu verweisen.[467] Dies macht den Rückgriff auf die im Rahmen der actio pro socio diskutierten Mitverwaltungsrechte[468] oder Stammrechte[469], welche aufgrund der Vermögenszuordnung dem

---

463 RGZ 86, 66, 69; bestätigend BGHZ 39, 14 = BGH, NJW 1963, 641, 642.

464 Vgl. *Bork/Oepen*, ZGR 2001, 515, 530; *Kumkar*, ZGR 2021, 123, 139.

465 Vgl. hierzu *Hadding*, in: Festschrift Wolf, 1985, 107, 129.

466 *Huber*, Gesellschaftsanteil, S. 130 f.

467 So statuiert *Barnert*, Gesellschafterklage, S. 30: „*Regel und Ausnahme werden vertauscht, wird § 432 BGB auf Gesellschaftsforderungen grundsätzlich angewendet, die Rechtsfolge der Vorschrift aber weiterhin ausgeklammert, weil die gesetzliche oder vertragliche Regelung der Geschäftsführung als speziellere Bestimmung vorgehe.*“

468 Siehe hierzu *Hadding*, in: Soergel (1985), BGB, § 705 Rn. 50 ff; *Hadding*, JZ 1975, 159, 164 f.

469 *Gebauer*, in: Soergel (2010), BGB, § 432 Rn. 15.

Gesellschafter fremd sind, notwendig.[470] Diese eingeschränkten Mitverwaltungsrechte könnten dann in Prozessstandschaft geltend gemacht werden. Anders als bei der actio pro socio wird bei der Klage gegen externe Dritte heutzutage kaum mehr auf ein eigenes materielles Recht zur Geltendmachung von Gesellschaftsansprüchen rekurriert.[471] Dies scheint die damalige Entscheidung des Reichsgerichts auch nicht bezwecken zu wollen. Die Lösung über die Klage in Prozessstandschaft ist im Ergebnis somit folgerichtig.[472]

Es ist den kritischen Stimmen daher zuzustimmen, dass die eigentliche Problematik in der Anwendbarkeit des § 432 BGB auf Forderungen der Gesamthandsgesellschaft und damit auf tatbestandlicher Seite liegt.[473] Der Rückgriff auf den Vorrang der Geschäftsführungsordnung verdeutlicht, dass die Anwendbarkeit des § 432 BGB von vorneherein kein tauglicher Anknüpfungspunkt für die Gesellschafterklage war. Im Ergebnis wird so oft argumentiert, § 432 BGB sei zwar anwendbar, aber regelmäßig durch speziellere gesellschaftsrechtliche Vereinbarungen ausgeschlossen.[474] Im Grundsatz ist dem Gedanken von *Huber* zuzustimmen: Aus der gesamthänderischen Zuständigkeit folgt der Ausschluss privater Befugnisse im Hinblick auf das Gesellschaftsvermögen. Aktivlegitimiert sind nur die Gesellschafter in ihrer Gesamtheit.[475]

In den Rechtsfolgen ist eine Unterscheidung zwischen GbR und Personenhandelsgesellschaften nicht gerechtfertigt.[476] Die Differenzierung auf Grundlage der Geschäftsführungsbefugnis überzeugt nicht. Blockadesituationen können unabhängig von der Ausgestaltung der Geschäftsführung auftreten. Gründe, weshalb gerade die Geschäftsführungsordnung bei Personenhandelsgesellschaften die Einzelklage ausschließt, sie bei der GbR allerdings nicht entgegensteht, sind nicht ersichtlich.[477] Diese Differenzierung ist ohnehin obsolet, seitdem der BGH[478] die Rechtsfähigkeit der Außengesellschaft bürgerlichen Rechts anerkannt hat.[479]

---

470 Vgl. *Lutter*, AcP 180 (1980), 84, 134; *Kumkar*, ZGR 2021, 123, 130 f.

471 **A. A.** *Nitschke*, ZHR 128 (1966), 48, 54.

472 **A. A.** *Nitschke*, ZHR 128 (1966), 48, 54.

473 *Huber*, Gesellschaftsanteil, S. 129 f.; *Hadding*, JZ 1975, 159, 161 f.; *Barnert*, Gesellschafterklage, S. 33.

474 Vgl. Staudinger/*Looschelders* (2022) § 432 Rn. 14 ff.; *Gebauer*, in: Soergel (2010), BGB, § 432 Rn. 5; dies kritisierend auch *Huber*, Gesellschaftsanteil, S. 128 f.

475 *Huber*, Gesellschaftsanteil, S. 129 f.

476 *Grunewald/Otte*, ZIP 2017, 1737, 1741.

477 *Grunewald*, Gesellschafterklage, S. 54; *Barnert*, Gesellschafterklage, S. 21 f.

478 Zur Rechtsfähigkeit der (Außen-)GbR: BGHZ 146, 341 = BGH, NJW 2001, 1056.

479 Mit dieser Tendenz schon *Grunewald*, Gesellschafterklage, S. 54; *Bork/Oepen*, ZGR 2001, 515, 548; *Barnert*, Gesellschafterklage, S. 46. Ebenso: *Ulrich/Jäckel*, NZG 2009,

Anspruchsinhaberin ist die Gesellschaft. Es fehlt daher, ebenso wie bei der Personenhandelsgesellschaften, an einer Mehrheit von Gläubigern. Mit dem MoPeG verliert diese Unterscheidung weiter an Gewicht.

III. Die Gesamthänderklage als notwendige Erhaltungsmaßnahme

Das Notgeschäftsführungsrecht aus § 744 Abs. 2 BGB konnte den Gesellschafter ebenfalls ermächtigen, Klage im eigenen Namen gegen einen Dritten zu erheben.[480] Soweit die Klage gegen einen Dritten als notwendige Erhaltungsmaßnahme eingestuft werden konnte, ermächtigte § 744 Abs. 2 BGB jeden Gesellschafter einer Personengesellschaft Klage gegen den Dritten im eigenen Namen auf Leistung an die Gesellschaft zu erheben. § 744 Abs. 2 BGB war als Form der gesetzlichen Prozessstandschaft anerkannt.[481] Der Notgeschäftsführer machte das Einziehungsrecht der Gesellschaft im eigenen Namen geltend. Ermächtigt wird er dabei durch sein ergänzendes Mitverwaltungsrecht aus § 744 Abs. 2 BGB.[482] Zwingend scheint mir diese Herleitung einer Prozessstandschaft nicht. Letztlich wird

---

1132, 1137; *Grunewald/Otte*, ZIP 1737, 1738; *Rüßmann*, in: jurisPK-BGB, § 432 Rn. 11.

480 In diesem Sinne schon BGHZ 17, 181 = NJW 1955, 1027, 1028; BGH, NJW 2000, 3272; BGH, VIZ 2004, 79, 80; BGH, NJW-RR 2008, 1484, 1487; BGH, DNotZ 2018, 866, 868 Rn. 24; BGH, NJW-RR 2021, 1400 Rn. 35 ff.; OLG Dresden, NZG 2000, 248, 250; OLG München, BeckRS 2006, 12957; OLG Düsseldorf, NZG 2012, 1148, 1150; OLG Köln, BeckRS 2017, 131802 insb. Rn. 10 f.; vgl. *Hübsch/Kersting*, in: BeckOK, ZPO, § 51 Rn. 43 ff.; *Schäfer*, in: MünchKommBGB, § 709 Rn. 21; *Barnert*, Gesellschafterklage, S. 34 f; *Althammer*, in: Zöller, ZPO, Vor § 50 Rn. 21 nunmehr unter Verweis auf § 715b BGB; *Hadding*, JZ 1975, 159, 161.

481 BGH, VIZ 2004, 79, 80; BGH, DNotZ 2018, 866, 868 Rn. 24 unter Verweis auf BGHZ 94, 117, 120 = NJW 1985, 1826, 1827 zur Bruchteilsgemeinschaft und BGHZ 51, 125, 128 = NJW 1969, 424; OLG Dresden, NZG 2000, 248, 250; OLG Düsseldorf, NZG 2012, 1148, 1150; OLG Köln, BeckRS 2017, 131802 insb. Rn. 10 f.; mit dieser Tendenz auch BayObLG, ZIP 1980, 904 f.; vgl. *Hübsch/Kersting*, in: BeckOK, ZPO, § 51 Rn. 43 ff.; *Schäfer*, in: MünchKommBGB, § 709 Rn. 21; *Barnert*, Gesellschafterklage, S. 34 f; *Althammer*, in: Zöller, ZPO, Vor § 50 Rn. 21; *Hadding*, JZ 1975, 159, 161; *Bergmann*, WM 2019, 189, 195.

482 *Hadding*, in: Soergel (1985), BGB, § 705 Rn. 56; vgl. *Althammer*, in: Zöller, ZPO, Vor § 50 Rn. 21; vgl. *Hadding*, Actio pro socio, S. 57 ff.; ähnlich: *Ulrich/Jäckel*, NZG 2009, 1132, 1135. Im Ergebnis ablehnend: *Barnert*, Gesellschafterklage, S. 34 f. („*Dann trete das Mitverwaltungsrecht des Gesellschafters neben die in der Gesellschaft bestehende vertragliche oder gesetzliche Geschäftsführungs- und Vertretungsordnung und der einzelne Gesellschafter erlange das Recht, in gesetzlicher Prozessstandschaft Gesellschaftsforderungen gegen Dritte zu verfolgen.*“).

der normative Kern von § 744 Abs. 2 BGB weit ausgedehnt. In diesem Sinne ist die Kodifizierung der Gesellschafterklage durch den neuen § 715b BGB zu begrüßen.

Im Rahmen der Einschränkung des § 432 BGB erteilte der Senat einer Anwendung des § 744 Abs. 2 BGB eine Absage.[483] Missverstanden wird diese Passage, wenn behauptet wird, § 744 Abs. 2 BGB sei daher als Grundlage der Klageerhebung prinzipiell ausgeschlossen.[484] *In concreto* fehlte Vortrag zur Notwendigkeit. In der Rückschau hätte die Klage zudem an dem Subsidiaritätskriterium scheitern müssen.

1. Abgrenzung zur Klageerhebung auf Grundlage von § 432 BGB

Die Klageerhebung nach § 432 BGB oder § 744 Abs. 2 BGB schlossen sich nicht gegenseitig aus.[485] Denn Anwendungsbereich von § 432 BGB und Klageerhebung als Notgeschäftsführungsmaßnahme decken sich nicht zwingend. § 432 BGB geht über den Anwendungsbereich des § 744 Abs. 2 BGB hinaus, indem auch geklagt werden kann, wenn der Gesellschafter an der Geltendmachung ein berechtigtes Interesse hat, wenn die anderen Gesellschafter die Einziehung der Forderung aus gesellschaftswidrigen Gründen verweigern und der Gesellschaftsschuldner an dem gesellschaftswidrigen Verhalten der anderen Gesellschafter beteiligt ist.[486] Solche Fälle stellen nicht zwangsläufig Notsituationen dar, in denen eine Klageerhebung gerechtfertigt wäre.[487] Nach der hier vertretenen Ansicht wäre die Erhebung der Klage sowieso nur subsidiär zulässig gewesen. Die vom BGH entwickelte Rechtsprechung betrifft aber primär Fälle, in denen die Geschäftsführung nicht tätig werden will. Solche Fälle liegen im Grundsatz außerhalb des Anwendungsbereichs der Notgeschäftsführung, die nur dann greifen soll, wenn die Geschäftsführung nicht tätig werden kann, weil die Maßnahme akut eilbedürftig ist.[488]

---

483 BGHZ, 39, 14, 20 = BGH, NJW 1963, 641, 644.

484 Missverständlich insoweit *Huber*, Gesellschaftsanteil, S. 128, 132.

485 Dies wird häufig suggeriert, insbesondere da § 744 Abs. 2 BGB als Lösungsansatz herangezogen wurde, um der Anwendung des § 432 BGB entgegenzutreten. Übersicht hierzu bei *Barnert*, Gesellschafterklage, S. 34 f., insbesondere Fn. 170.

486 Vgl. BGHZ 39, 14, 16 = BGH, NJW 1963, 641.

487 So auch *Barnert*, Gesellschafterklage, S. 34 f; *Grunewald/Otte*, ZIP 2017, 1737, 1738.

488 Ausdrücklich: BGH, DNotZ 2018, 866, 869 Rn. 27; OLG Nürnberg, BeckRS, 2010, 30509. Ebenso *Barnert*, Gesellschafterklage, S. 37; **a. A.** *Kort*, DStR 2001, 2162, 2165, der die Weigerung der geschäftsführenden Gesellschafter für ausreichend erachtet. Ebenfalls: OLG München, BeckRS 2006, 12957, hier kam das Gericht zu dem Schluss, dass die Weigerung der Geschäftsführung die Anspruchsverfolgung unmöglich machte, da der Anspruch nicht bezifferbar war. *Huber*, Gesellschaftsanteil, S. 131 f. schließt

2. *Notwendigkeit der Klageerhebung?*

Die Klageerhebung als Notgeschäftsführungsmaßnahme stößt auf dieselben Hürden wie außerprozessuale Notgeschäftsführungsmaßnahmen. Die Frage, wann eine Klageerhebung zur Erhaltung der Gesellschaft notwendig ist, erfordert eine umfassende Interessenabwägung. Zuletzt verdeutlichte ein Urteil des BGH[489] die Schwierigkeiten bei der Beurteilung einer Gefahrenlage. Der Kläger erhob als Gesellschafter einer GbR Beschlussanfechtungsklage gegen die von der GbR als Alleingesellschafterin einer GmbH für die GmbH gefassten Beschlüsse hinsichtlich seiner Abberufung als Geschäftsführer der GmbH.[490] Während die Vorinstanz die Prozessführungsbefugnis des Klägers aus § 744 Abs. 2 BGB herleitete,[491] verneint der BGH die Prozessführungsbefugnis.[492] Richtigerweise führte der BGH aus, dass die kurze Anfechtungsfrist alleine keine Gefahr für die Gesellschaft begründen könne.[493] Ob darüber hinaus allerdings eine Gefahrenlage vorlag, wurde nicht weiter erörtert. Dies mag an fehlendem Parteivortrag zur Notwendigkeit gelegen haben, jedenfalls wirft *Schirrmacher* auf, dass aus den angefochtenen Beschlüssen Schadensersatzforderungen resultieren könnten, die zuletzt auch auf das GbR-Vermögen durchschlagen.[494] Bei entsprechendem Vortrag, wäre eine Gefahrenlage durchaus nicht ausgeschlossen gewesen. Ob deren Abwehr allerdings zur Notgeschäftsführungsbefugnis berechtigt hätte, mag bezweifelt werden. Zu Recht zeigte der BGH auf, dass die behauptete objektive Rechtswidrigkeit der Beschlüsse, nicht ausreichend sein könne, da sonst eine uferlose Ausweitung der Notgeschäftsführung drohen würde.[495]

---

§ 744 Abs. 2 BGB ebenfalls kategorisch aus. Es sei verfehlt aus dem Fehlverhalten eines Dritten (Geschäftsführer) einen Anspruch des nicht geschäftsführungsbefugten Gesellschafters gegen einen Gesellschaftsschuldner herzuleiten. Dem ist zu entgegnen, dass es nicht zwangsläufig um ein Fehlverhalten des Geschäftsführers geht, sondern um eine Notsituation, die nicht an ein Verschulden geknüpft ist. Der Anspruch resultiert also nicht aus der Beziehung zu dem Dritten, sondern aus der Notlage der Gesellschaft als Gläubigerin des Anspruchs.

489 BGH, DNotZ 2018, 866, 869 Rn. 25.

490 Vgl. zum Tatbestand die Vorinstanz: OLG Düsseldorf, Urteil vom 21. Juli 2016 – I-6 U 33/15 –, juris.

491 OLG Düsseldorf, Urteil vom 21. Juli 2016 – I-6 U 33/15 –, juris, Rn. 64.

492 BGH, DNotZ 2018, 866, 868 Rn. 22 ff.

493 BGH, DNotZ 2018, 866, 869 Rn. 26.

494 *Schirrmacher*, NJW 2018, 3348.

495 BGH, DNotZ 2018, 866, 869 Rn. 26.

Es zeigt sich, dass die Notwendigkeit aufgrund der Komplexität der Sachverhalte kaum rechtssicher eingeschätzt werden kann. Eine solche Ausweitung des Notgeschäftsführungsrechts auf Klageerhebungen verschärft daher die ohnehin bestehenden Rechtsunsicherheiten.

IV. Die Gesellschafterklage aufgrund der actio pro socio

Die actio pro socio ist seit jeher Gegenstand der juristischen Diskussion.[496] Eine Aufarbeitung ist nicht Gegenstand der Arbeit. Thematisch bieten Teile der Diskussion jedoch Anknüpfungspunkte für die Notgeschäftsführung, welche hier dargestellt werden sollen. Mit dem MoPeG soll auch die actio pro socio in § 715b BGB aufgehen.[497]

Bei der actio pro socio macht der Gesellschafter Ansprüche der Gesellschaft im eigenen Namen zu Gunsten der Gesellschaft geltend. In erster Linie geht es dabei um Ansprüche aus dem Gesellschaftsvertrag (Sozialansprüche) gegen Mitgesellschafter. Auch die Anwendung der actio pro socio auf Ansprüche gegen externe Dritte wurde diskutiert.[498]

Die herrschende Meinung sieht in der actio pro socio die Geltendmachung fremder Rechte.[499] Da der Gesellschafter Ansprüche der Gesellschaft geltend macht, fallen Aktivlegitimation und Prozessführungsbefugnis auseinander, weshalb die Zulassung der Klage über eine Prozessstandschaft begründet werden muss.[500] Gestritten wird, ob es sich dabei um einen Fall der gesetzlichen oder der gewillkürten Prozessstandschaft handelt.[501] Wie auch in den anderen Fällen der Einzelklage oder der Notgeschäftsführung im Allgemeinen, steht die actio pro socio im Widerspruch zur Organisationverfassung der Gesellschaft. Einschrän-

---

496 Vgl. *Fleischer/Harzmeier*, ZGR 2017, 239 und *Kumkar*, ZGR 2021, 123 mit weiteren Nachweisen. Zur Gesellschafterklage allgemein über das Recht der Personengesellschaften hinaus, vgl. auch *Raiser*, ZHR 153 (1989), 1. Grundliegend natürlich: *Hadding*, Actio pro socio.

497 BT-Drs. 19/27635, S. 153.

498 Vgl. *Kort*, DStR 2001, 2162; *Bork/Oepen*, ZGR 2001, 515; *Ulrich/Jäckel*, NZG 2009, 1132, 1136; *Fleischer/Harzmeier*, ZGR 2017, 239, 250.

499 Nachweise bei *Fleischer/Harzmeier*, ZGR 2017, 239, 248.

500 *Kort*, DStR 2001, 2162, 2163; *Mock*, JuS 2015, 590, 591.

501 Nachweise bei *Fleischer/Harzmeier*, ZGR 2017, 239, 248; *Kort*, DStR 2001, 2162, 2163; *Kumkar*, ZGR 2021, 123, 132. Zur gewillkürten Prozessstandschaft siehe insbesondere: *Grunewald*, Gesellschafterklage, S. 56.

kungen der actio pro socio in der Form eines nur subsidiären Rechtsbehelfs werden daher ebenfalls diskutiert.[502]

Namentlich *Fleischer/Harzmeier* sehen in der subsidiären Anwendung die einzige Möglichkeit, den „*Konflikt mit der gesetzlichen und gesellschaftsvertraglichen Kompetenzordnung in der organisierten Personengesellschaft [zu] vermeiden, nach der die Verfolgung von Sozialansprüchen zuvörderst in den Händen des Geschäftsführungs- und Vertretungsorgans liegt.*“[503]

Auch im Rahmen der actio pro socio spiegelt sich die für die Notgeschäftsführung elementare Diskussion wider. Soweit der Gesellschafter ein fremdes Recht der Gesellschaft geltend macht, müssten auch deren Regelungen über die Organisationsordnung vorrangig Berücksichtigung finden (Subsidiarität). Konstruiert man hingegen einen eigenen Anspruch des Gesellschafters, spielen auch die Zuständigkeitsregeln der Gesellschaft keine unmittelbare Rolle. Dann steht die Einzelbefugnis des Gesellschafters neben der Klagebefugnis der Gesellschaft.[504]

V. Fazit

An der Zulässigkeit der Gesellschafterklage können sowohl bei der GbR als auch bei den Personenhandelsgesellschaften keine Zweifel bestehen. Das praktische Bedürfnis in Ausnahmefällen eine Einzelklage zuzulassen, war anzuerkennen. Mit § 715b BGB ist dies nun durch den Gesetzgeber klargestellt. Für Sozialansprüche konnte auf die gefestigten Grundsätze der actio pro socio zurückgegriffen werden. Neben der actio pro socio war für § 432 BGB kein Raum.[505] Für Einzelklagen gegen Dritte bildeten die Rechtsprechung des BGH,[506] sowie die Notgeschäftsführung die Grundlage: Die Einzelklage des Gesellschafters in Prozessstandschaft war zulässig, wenn der Gesellschafter an der Geltendmachung ein berechtigtes Interesse hat, wenn die anderen Gesellschafter die Einziehung der Forderung aus gesellschaftswidrigen Gründen verweigern und der Gesellschaftsschuldner an dem gesellschaftswidrigen Verhalten der anderen Gesellschafter beteiligt war oder ein Fall der Notgeschäftsführung vorlag. Beide Institute waren anzuerkennen, jedoch auf tatbestandlicher Seite einzuschränken. Problematisch ist indes,

---

502 *Fleischer/Harzmeier*, ZGR 2017, 239, 249. Kritisch: *Flume*, Personengesellschaft, S. 144.

503 *Fleischer/Harzmeier*, ZGR 2017, 239, 267.

504 Siehe hierzu *Kumkar*, ZGR 2021, 123, 125, 139; *Bork/Oepen*, ZGR 2001, 515, 530.

505 Staudinger/*Looschelders* (2022) § 432 Rn. 19; *Gebauer*, in: Soergel (2010), BGB, § 432 Rn. 6; so wohl auch *Gehrlein*, in: BeckOK, BGB 2024, § 432 Rn. 5.

506 BGHZ 39, 14, 16 = BGH, NJW 1963, 641.

unterstellt man dieses durch Rechtsfortbildung geschaffene Credo dem Anwendungsbereich des § 432 BGB. Zu Recht wirft *Barnert* auf, dass § 432 BGB bereits eine Interessenabwägung vornimmt, indem es dem Gläubiger eine Möglichkeit gibt, die Leistung trotz Blockade eines Mitgläubigers einzufordern. Insofern wurde bereits eine legislative Interessenabwägung vorgenommen, welche dem Individualinteresse gegenüber der Gemeinschaftssphäre den Vorrang einräumt. Diese getroffene Interessenabwägung wird konterkariert, sobald die Einzelklagebefugnis aus § 432 BGB zugunsten der Gesellschaft aufgegeben wird.[507] Es ist daher vorzugswürdig, die Einzelklagebefugnis nicht aus § 432 BGB abzuleiten. Der Streit ist im Ergebnis unerheblich. Mit § 715b BGB ist die Gesellschafterklage gesetzlich ausgeformt, wodurch Zweifelsfragen beigelegt werden.

VI. Parallelen und Überschneidungen in der Argumentation

Die vorstehenden Ausführungen zeigen, dass im Rahmen der Gesellschafterklage unabhängig von der konkreten Konstellation die Argumentationslinien angeglichen sind. Den verschiedenen Anwendungsbereichen der Gesellschafterklage ist gemein, dass die Geschäftsführungsordnung der Gesamthänderklage entgegensteht. Die Binnenordnung der Gesellschaft soll nicht ohne weitere Voraussetzungen außer Kraft gesetzt werden. Das Institut der Gesamthänderklage kann daher nur subsidiär zur Anwendung gelangen. Da allerdings im Grundsatz immer noch gilt, dass dem Innenverhältnis keine Außenwirkung zukommt, muss die Gesellschafterklage auf tatbestandlicher Seite eingeschränkt werden. Es bedarf daher bestimmter tatbestandlicher Anwendungsvoraussetzungen, die eine Umgehung der Geschäftsführungsordnung verhindern.

Inwieweit auf die vom BGH entwickelten Grundsätze, die actio pro socio oder auf die Notgeschäftsführung zurückgegriffen wurde, war eine Frage des Einzelfalls. Jedenfalls musste berücksichtigt werden, dass die Notgeschäftsführung zur Begründung der Prozessführungsbefugnis nur herangezogen werden konnte, wenn die Klageerhebung notwendig war und der Weg über die Geschäftsführung nicht mehr gangbar war. Keinesfalls dürfen über die Notgeschäftsführung Fallkonstellationen gelöst werden, in denen die Geschäftsführung nicht tätig werden will. Ansonsten würde der Anwendungsbereich zu weit ausgedehnt. Zwar kann argumentiert werden, dass auch in diesem Fall die Klage auf Mitwirkung nur ein unnötiger Umweg wäre, wenn der Gesellschafter durch die Notgeschäftsführung tatsächlich zur Klageerhebung berechtigt wäre. Dehnt man allerdings die Grundsätze im Rahmen der Gesellschafterklage weiter aus, droht Rechtsunsicherheit,

507 *Barnert*, Gesellschafterklage, S. 26 f.

wenn die Notgeschäftsführung sich nicht auf eine Klageerhebung bezieht, sondern auf außerprozessuales Handeln.

F. Fazit und Ausblick auf die Entwicklungen unter dem MoPeG

Das Notgeschäftsführungsrecht des Gesellschafters schwankt zwischen Erhaltungsrecht (§ 744 Abs. 2 BGB) und Gefahrenabwehrrecht (§ 115 Abs. 2 Halbs. 2 HGB a. F.). Es dient nicht dazu, Blockadesituationen innerhalb der Gesellschaft zu lösen; es ist in diesem Sinne kein Instrument zur Durchsetzung von Individualinteressen. Daraus folgt auch, dass der Notgeschäftsführer nur auf eigenes Risiko tätig werden kann. Nur wenn die Maßnahme eilbedürftig ist, kann der Gesellschafter eigenmächtig tätig werden. Soweit eine Mitwirkung der übrigen Gesellschafter erreicht werden kann, scheidet eine Notgeschäftsführung im Grundsatz aus. Dies schließt auch eine zeitlich nachgelagerte Notgeschäftsführung aus. Auf das Erhaltungsinteresse kann sich der Gesellschafter nicht berufen, wenn er die fragliche Maßnahme durchsetzt, obwohl er die Maßnahme der Geschäftsführung hätte übertragen können. Die Geschäftsführungsordnung ist von dem Gesellschafter zu respektieren, soweit die Maßnahme nicht eilbedürftig ist. Wenn die Gesellschafter keine Einigung über eine Erhaltungsmaßnahme erzielen können, ist der Sachverhalt notfalls einer gerichtlichen Klärung zuzuführen oder im Rahmen einer einstweiligen Verfügung vorläufig zu regeln.[508]

Nachdem die Grundlagen der Notgeschäftsführung geklärt und die Schwächen adressiert wurden, soll im folgenden Teil hinterfragt werden, inwiefern das MoPeG Abhilfe schafft. Die Anforderungen sind dabei nicht gering. Die analoge Anwendung des § 744 Abs. 2 BGB mochte im Ansatz überzeugen, bei der Übertragung auf Gesellschaftsverhältnisse entstanden jedoch Begründungslücken. Die große Schwäche liegt in den offenen tatbestandlichen Voraussetzungen. Was für eine Gesellschaft notwendig ist und was nicht, ist eine Frage, die letztlich der Geschäftsführung übertragen und von einem oftmals kaufmännischen Ermessen geprägt ist. Diese Ermessensausübung sollte zunächst zugelassen und ermöglicht werden. Denn es fällt wesentlich leichter eine fehlerhafte Ermessensausübung zu kontrollieren, als eine notwendige Erhaltungsmaßnahme ohne Anknüpfungspunkt zu bestimmen. Die weitere Ausformung der tatbestandlichen Voraussetzungen muss Rechtsprechung und Schrifttum überlassen werden. Eine legislative, abstrakte Regelung alleine kann nur der erste Schritt sein. Sichergestellt

508 Vgl. BGH, NJW 2014, 3780, 3379 Rn. 15.

werden sollte durch die neue Regelung allerdings eine weitere Konkretisierung des Subsidiaritätserfordernis. Denn durch eine Verschärfung der Pflichten des Notgeschäftsführers wird gleichzeitig gewährleistet, dass eine Umgehung der Geschäftsführung auf Notfälle beschränkt bleibt. Dadurch werden die Unsicherheiten der offenen Tatbestandsvoraussetzungen weiter relativiert. Da das materielle Erhaltungsinteresse sich zudem gegenüber der Geschäftsführungsordnung durchsetzt, muss ein Handlungsrecht auf formaler, tatbestandlicher Ebene eingeschränkt werden. Hier ist insbesondere an den Nachweis eines Versuchs, die Geschäftsführung zu konsultieren, sowie an eine daran anknüpfende Begründungspflicht zu denken.

§ 4 Die Notgeschäftsführungsbefugnis nach dem MoPeG

Am 24.06.2021 hat der Bundestag einstimmig den Gesetzesentwurf zur Modernisierung des Personengesellschaftsrechts in der Ausschussfassung[509] angenommen.[510] Am 17.08.2021 wurde das MoPeG im Bundesgesetzblatt veröffentlicht.[511] Es trat am 01.01.2024 in Kraft. Mit der Reform des Personengesellschaftsrechts wurde auch das Institut der Notgeschäftsführungsbefugnis erstmals für die GbR und damit auch für die Personenhandelsgesellschaften kodifiziert. Im Vergleich zum Entwurf der Bundesregierung (BT-Drs. 19/27635) wurden im Rahmen der (Not-) Geschäftsführungsbefugnis nur kleinere redaktionelle Änderungen vorgenommen.[512] Die konkrete Ausgestaltung erfolgte dabei zweistufig.[513] Die § 715 Abs. 3 BGB und § 116 Abs. 4 HGB adressieren die grundsätzlich zur Geschäftsführung berufenen Gesellschafter. § 715a BGB hingegen gibt auch von der Geschäftsführung ausgeschlossenen Gesellschaftern das Recht zur Notgeschäftsführung. Letzterer greift die Rechtsprechung zur analogen Anwendung des § 744 Abs. 2 BGB auf und soll dessen Anwendung obsolet machen. Die Dualität des Notgeschäftsführungsrechts bleibt somit erhalten.

Die neuen Regelungen haben den Anspruch, die bisherige herrschende Meinung und Rechtsprechung zur Notgeschäftsführung zu normieren. Inhaltliche Änderungen sind nicht beabsichtigt.[514] Die Rechtsanwendung soll durch die Kodifizierung erleichtert werden, indem bisherige Zweifelsfragen und Unschärfen aufgeklärt werden. Flankiert werden die Regelungen zur Notgeschäftsführung durch den neuen § 715b BGB, welcher das Ziel verfolgt, die verschiedenen Fälle der Gesellschafterklage abschließend zu kodifizieren.[515]

---

509 BT-Drs. 19/30942.

510 Dem Gesetzesentwurf BT-Drs. 19/27635 liegen die Empfehlung des Ausschusses für Recht und Verbraucherschutz (BT-Drs. 19/31105 und BT-Drs. 19/30942) zugrunde.

511 Bundesgesetzblatt Jahrgang 2021, Teil I Nr. 53, S. 3436.

512 BT-Drs. 19/31105, S. 7.

513 So schon *Lieder*, ZGR 2021, Sonderheft 23, 169, 196.

514 *Lieder*, ZGR 2021, Sonderheft 23, 169, 197.

515 BT-Drs. 19/27635, S. 153.

A. Die neuen Regelungen zur Geschäftsführung im Überblick

Die Regelungen finden sich in den neu gestalteten §§ 715 BGB ff. und § 116 HGB wieder. Im Folgenden sollen die neuen Regelungen inhaltlich überblicksartig dargestellt werden.[516]

I. Die Geschäftsführung nach dem MoPeG im BGB

§ 715 BGB regelt die Geschäftsführung im Rahmen der Gesellschaft bürgerlichen Rechts und bewirkt eine Annäherung an die aus dem Personengesellschaftsrecht bekannten Regelungen der OHG. Der bisherige Normbestand der §§ 709–712 BGB a. F. wird nach neuem Recht in einer Norm zusammengeführt.[517] Den Anfang macht ein inhaltlich nicht neues Pflichtrecht zur Geschäftsführung, welches in § 715 Abs. 1 BGB kodifiziert wird und § 114 Abs. 1 HGB a. F. nachempfunden ist. Dadurch wird klargestellt, dass sich die Geschäftsführung am Gesellschaftsinteresse zu orientieren hat.

Ebenfalls eine klarstellende Funktion hat § 715 Abs. 2 BGB. Werden abweichend von der gesetzlichen Regelung einzelne Gesellschafter von der Geschäftsführung ausgeschlossen, statuiert die Norm bei außergewöhnlichen Geschäften ein Beschlusserfordernis aller Gesellschafter. Die nicht geschäftsführungsbefugten Gesellschafter sind somit nicht schutzlos gestellt. Der Zuschnitt der Gesellschaft kann ohne ihre Zustimmung nicht wesentlich verändert werden.[518] Insofern dient § 116 Abs. 2 HGB a. F. als Vorbild.[519]

§ 715 Abs. 3 BGB erfüllt mehrere Zwecke. Die Norm übernimmt zum einen den bisherigen § 709 Abs. 1 BGB a. F. und sieht als gesetzlichen Regelfall die Gesamtgeschäftsführungsbefugnis vor.[520] Sie ersetzt darüber hinaus § 710 Satz 2 BGB a. F. und gestaltet diesen als Zweifelsregelung aus. Soweit die Geschäftsführung mehreren Gesellschaftern zusteht, sind auch diese im Zweifel nur gesamtgeschäftsführungsbefugt. Zudem enthält die Norm eine Teilregelung der allgemeinen Notgeschäftsführungsbefugnis. Diese ist dem

---

516 Kommentierungen zu den neuen Vorschriften finden sich bereits. Siehe z. B. *Lieder*, in: Oekter, HGB 2024, § 116 ff.

517 So die Begründung in BT-Drs. 19/27635, S. 149.

518 BT-Drs. 19/27635, S. 150; vgl. *Jickeli*, in: MünchKommHGB, § 116 Rn. 2.

519 BT-Drs. 19/27635, S. 150.

520 Die Gesamtgeschäftsführungsbefugnis bleibt somit entgegen der Beschlüsse des 71. Deutscher Juristentages der Regelfall, vgl. 71. Deutscher Juristentag 2016, Beschluss III.12 O 221; vgl. *Storz*, GWR 2020, 257, 259.

bisherigen § 115 Abs. 2 Halbs. 2 HGB a. F. nachempfunden.[521] Normiert wird eine gesetzliche Einzelgeschäftsführungsbefugnis, soweit die gesetzlichen Tatbestandsvoraussetzungen vorliegen. Nach der Gesetzesbegründung adressiert § 715 Abs. 3 BGB den Gesellschafter, welchem die Geschäftsführung gemeinsam mit anderen Gesellschaftern zusteht.[522] Ein grundsätzlich nicht geschäftsführungsbefugter Gesellschafter kann sich auf § 715 Abs. 3 BGB nicht berufen. Dies wird schon durch die systematische Stellung als Absatz des § 715 BGB, welcher die Geschäftsführung regelt, deutlich gemacht und kommt auch im Wortlaut hinreichend zur Geltung.

§ 715 Abs. 4 BGB übernimmt den bisherigen § 711 BGB a. F. Soweit vertragliche Einzelgeschäftsführungsbefugnis vorliegt, hat das Geschäft bei einem Widerspruch eines geschäftsführungsbefugten Gesellschafters zu unterbleiben. Die Norm wirkt allerdings nur im Innenverhältnis, was angesichts der systematischen Stellung als Regelungskomplex der Geschäftsführung konsequent ist und in § 720 Abs. 3 BGB klargestellt wird. § 715 Abs. 5 und 6 BGB beziehen sich zuletzt auf die Entziehung und Kündigung der Geschäftsführung und ersetzen § 712 BGB a. F.

II. Die Geschäftsführung nach dem MoPeG im HGB

Die Geschäftsführung der Personenhandelsgesellschaften ist vollständig in § 116 HGB geregelt. § 116 Abs. 1 HGB entspricht der alten Rechtslage (§ 114 Abs. 1 HGB a. F.) und statuiert das Recht und die Pflicht aller Gesellschafter zur Geschäftsführung. § 116 Abs. 2 HGB normiert das Beschlusserfordernis für außergewöhnliche Geschäfte und nimmt diese von der (Not-) Geschäftsführung aus. Zudem enthält er Regelungen zur Bestellung eines Prokuristen. § 116 HGB a. F. geht damit vollständig in § 116 Abs. 2 HGB auf.[523] Der dritte Absatz statuiert die bekannte Einzelgeschäftsführungsbefugnis im Rahmen der Personenhandelsgesellschaften und das Widerspruchsrecht. Er ersetzt § 115 Abs. 1 HGB a. F. und bereichert diesen um eine Zweifelsregelung, welche die Einzelgeschäftsführungsbefugnis auch für Fälle vorsieht, in denen die Geschäftsführung mehreren Gesellschaftern zusteht. § 116 Abs. 4 HGB entspricht dem bisherigen § 115 Abs. 2 Halbs. 2 HGB a. F. und regelt das Zustimmungserfordernis bei Gesamtgeschäftsführungsbefugnis und die bekannte Ausnahme bei Gefahr für die Gesellschaft oder das Gesellschaftsvermögen.

521 BT-Drs. 19/27635, S. 151; *v. Ditfurth*, in: MünchHdB GesR I 2024, § 14 Rn. 68.
522 BT-Drs. 19/27635, S. 152.
523 BT-Drs. 19/27635, S. 237.

§ 116 Abs. 5 und 6 HGB enthalten abschließend die Entziehung der Geschäftsführungsbefugnis durch gerichtliche Entscheidung und die Kündigung durch den Gesellschafter.

B. Die neuen Regelungen zur Notgeschäftsführung

Die relevanten Neuregelungen zur Notgeschäftsführungsbefugnis befinden sich in den §§ 715 Abs. 3, 715a BGB und § 116 Abs. 4 HGB.

I. § 715 Abs. 3 BGB

Auch wenn es § 715 Abs. 3 BGB in seiner durch den Ausschuss für Recht und Verbraucherschutz gefassten Form nicht mehr so deutlich zum Ausdruck bringt wie noch BT-Drs. 19/27635 bedarf jedes Geschäft grundsätzlich der Zustimmung aller geschäftsführungsbefugten Gesellschafter. Dies entspricht der bisherigen Regelung des § 709 Abs. 1 BGB a. F.

Nach § 715 Abs. 3 BGB steht die Geschäftsführung allen Gesellschaftern in der Art zu, dass sie nur gemeinsam zu handeln berechtigt sind, es sei denn, dass mit dem *Aufschub eines Geschäfts Gefahr für die Gesellschaft oder das Gesellschaftsvermögen* verbunden ist. Dies soll im Zweifel entsprechend gelten, wenn nach dem Gesellschaftsvertrag die Geschäftsführung mehreren Gesellschaftern zusteht. Normiert wird eine gesetzliche Einzelgeschäftsführungsbefugnis eines *grundsätzlich geschäftsführungsbefugten* Gesellschafters, soweit die gesetzlichen Tatbestandsvoraussetzungen vorliegen. Diese „Teilregelung der allgemeinen Notgeschäftsführungsbefugnis“[524] orientiert sich an dem bisherigen § 115 Abs. 2 Halbs. 2 HGB a. F.[525] Auf hier bereits gewonnene Erkenntnisse kann zurückgegriffen werden.[526]

II. § 116 Abs. 4 HGB

Die §§ 114–116 HGB a. F. gehen in dem mit „Geschäftsführungsbefugnis“ überschriebenen § 116 HGB auf. Das Notgeschäftsführungsrecht aus § 115 Abs. 2 Halbs. 2 HGB a. F. findet sich in § 116 Abs. 4 HGB wieder: Ist mit dem Aufschub des Geschäfts *Gefahr für die Gesellschaft oder das Gesellschaftsvermögen* verbunden, bedarf es der Zustimmung aller *geschäftsführungsbefugten* Gesellschafter nicht. Auch hier resultiert die Norm in einer *Einzelgeschäftsfüh-*

524 BT-Drs. 19/27635, S. 151.
525 *Lieder*, ZGR 2021, Sonderheft 23, 169, 197.
526 BT-Drs. 19/27635, S. 153.

rung eines *grundsätzlich nur gesamtgeschäftsführungsbefugten Gesellschafters.* Der Gesetzgeber verzichtet im Vergleich zu § 115 Abs. 2 Halbs. 2 HGB a. F. auf den Begriff „Gefahr im Verzug“. Trotz der Umformulierung sind damit keine inhaltlichen Änderungen beabsichtigt.[527] Es kann daher auf die Erkenntnisse zu § 115 Abs. 2 Halbs. 2 HGB a. F. rekurriert werden. Der Gesetzgeber hat in seiner Begründung zu § 116 Abs. 4 HGB auf die Erläuterung zu § 715 Abs. 3 BGB verwiesen.[528] § 116 Abs. 4 HGB entspricht somit spiegelbildlich dem § 715 Abs. 3 BGB.

III. § 715a BGB

Das echte Notgeschäftsführungsrecht in § 715a BGB flankiert die beiden Teilregelungen. Soweit alle geschäftsführungsbefugten Gesellschafter verhindert sind, bei einem Geschäft mitzuwirken, kann jeder Gesellschafter das Geschäft vornehmen, wenn mit dem Aufschub Gefahr für die Gesellschaft oder das Gesellschaftsvermögen verbunden ist. Eine gesellschaftsvertragliche Vereinbarung, welches dieses Recht ausschließt, ist unwirksam. Dadurch wird verdeutlicht, dass das Erhaltungsinteresse Ausdruck der treuepflichtigen Bindung ist und daher nicht zur generellen Disposition der Gesellschafter steht. Im Gegensatz zu den § 715 Abs. 3 BGB und § 116 Abs. 4 HGB gibt der § 715a BGB auch einem *nicht geschäftsführungsbefugten* Gesellschafter das Recht, geschäftsführend für die Gesellschaft tätig zu werden. Das Notgeschäftsführungsrecht findet über die entsprechenden Verweisungen auch für die offene Handelsgesellschaft, die Kommanditgesellschaft und die Partnerschaftsgesellschaft Anwendung.[529]

1. Zunächst: Redaktionsversehen im Rahmen des § 715a BGB

§ 715a Satz 1 BGB bezieht sich auf den vorangehenden § 715 Abs. 3 BGB. In seiner zunächst verabschiedeten Form verwies § 715a Satz 1 BGB noch auf § 715 Abs. 3 Satz 3 BGB, welcher in der Veröffentlichung durch das Bundesgesetzblatt vom 17.08.2021 nicht vorhanden ist. Es handelt sich um ein Redaktions-

527 BT-Drs. 19/27635, S. 237; *Drescher,* in: EBJS, HGB 2024, § 116 Rn. 90 stellt weiterhin auf den Begriff ab, auch wenn hiermit im Ergebnis keine Änderungen einhergehen.

528 BT-Drs. 19/27635, S. 237.

529 BT-Drs. 19/27635, S. 152: § 105 Abs. 3 HGB-E für die OHG; § 161 Abs. 2 HGB-E für die KG; § 1 Abs. 4 PartGG-E für die Partnerschaftsgesellschaft.

versehen.[530] Der Gesetzgeber hat noch kurz vor Inkrafttreten des Gesetzes den Verweis auf den dritten Satz im § 715 Abs. 3 BGB gestrichen.[531]

Der Hintergrund erklärt sich erst im Hinblick auf die Genese der Vorschrift. § 715 Abs. 3 BGB lautete in seiner ursprünglichen Fassung noch:

> *Die Geschäftsführung steht vorbehaltlich des Absatzes 4 allen Gesellschaftern in der Art zu, dass sie nur gemeinsam zu handeln berechtigt sind. Das gilt im Zweifel entsprechend, wenn nach dem Gesellschaftsvertrag die Geschäftsführung mehreren Gesellschaftern zusteht. Für jedes Geschäft ist die Zustimmung aller geschäftsführungsbefugten Gesellschafter erforderlich, es sei denn, dass mit dem Aufschub Gefahr für die Gesellschaft oder das Gesellschaftsvermögen verbunden ist.*[532]

Mit der Beschlussempfehlung durch den Ausschuss für Recht und Verbraucherschutz wurde § 715 Abs. 3 BGB abgeändert und in seine aktuelle Form gegossen.[533] Das ausdrückliche Zustimmungserfordernis wurde dabei gestrichen. Dies ergibt sich bereits aus der Gesamtgeschäftsführungsbefugnis. Die Lesbarkeit wurde dadurch verbessert und die Vorschrift auf zwei Sätze gekürzt.[534] Allerdings wurde dabei offensichtlich der Verweis auf Satz 3 in § 715a BGB übersehen. Im Hinblick auf das Gesamtverständnis der Norm wäre der Verweis auf das Zustimmungserfordernis jedoch hilfreich gewesen.

Eine wesentliche Errungenschaft der neuen Kodifikation kommt damit nicht zur Geltung. Denn die Bezugnahme der echten Notgeschäftsführung auf die unechte Notgeschäftsführung manifestiert die Subsidiarität der Notgeschäftsführung und nimmt sich damit einer der Begründungsschwierigkeiten an, die eine Befugnis analog § 744 Abs. 2 BGB immer mit sich brachte. Es wird dadurch das bereits angesprochene Stufenverhältnis der Notgeschäftsführungsrechte in eine gesetzliche Form gegossen, indem klargestellt wird, dass das Recht eines nicht geschäftsführungsbefugten Gesellschafters erst dann greifen kann, wenn die

---

530 *Beyer*, in: BeckOK, HGB 2024, § 164 Rn. 35.1; *Roth*, in: Hopt, HGB 2024, § 715a BGB Rn. 2.

531 Satz 1 geändert durch das Gesetz vom 22.12.2023 veröffentlich am 29.12.2023 (BGBl. 2023 I Nr. 411), Art. 34 Abs. 3 Nr. 2: In § 715a Satz 1 wird die Angabe „Satz 3" gestrichen. Hierzu auch *v. Ditfurth*, in: MünchHdB GesR I 2024, § 14 Rn. 68.

532 BT-Drs. 19/27653, S. 18 (17.03.2021).

533 BT-Drs. 19/30942, S. 23 (22.06.2021).

534 Zur Begründung in BT-Drs. 19/31105, S. 7 (23.06.2021) wurde angeführt: *„Es handelt sich um eine redaktionelle Änderung, die der besseren Verständlichkeit der Norm dient."*

geschäftsführungsbefugten Gesellschafter ihr Notgeschäftsführungsrecht nicht wahrnehmen können.[535]

Freilich kommt der Wille des Gesetzgebers dennoch zur Geltung. § 715a Satz 1 BGB muss im Kontext seiner Genese so gelesen werden, dass sich der Verweis auf § 715 Abs. 3 Satz 1 BGB bezieht.[536] In seinem Anwendungsbereich für Personenhandelsgesellschaften ist der Verweis auf eine Norm für die das HGB eine eigene Vorschrift enthält ohnehin nicht zielführend. Soweit es sich also um das Notgeschäftsführungsrecht eines nicht geschäftsführungsbefugten Gesellschafters einer Personenhandelsgesellschaft handelt, muss die Norm als Verweis auf § 116 Abs. 4 HGB verstanden werden.

2. Zwischenergebnis

Die neuen Regelungen zur Notgeschäftsführung enthalten auf den ersten Blick keine weitreichenden Änderungen zur bisherigen Rechtslage. Mit der zweistufigen Ausarbeitung der Notgeschäftsführungsbefugnisse wird inhaltlich eine Annäherung an das bisherige Recht der OHG bewirkt. Die genauere Analyse der Notgeschäftsführung wird jedoch aufzeigen, dass die Normen durchaus einen progressiven Regelungsgehalt haben.

C. Die Notgeschäftsführungsregelungen im Detail

Nachdem die neuen Regelungen zur Notgeschäftsführung überblicksartig vorgestellt wurden, soll im folgenden Teil gefragt werden, inwieweit durch das MoPeG inhaltliche Änderungen implementiert wurden. Maßgebliche Änderungen werden dabei als Thesen vorangestellt und im darauffolgenden Teil weiter beleuchtet und begründet.

I. Tatbestandliche Voraussetzung

1. Gefahr für die Gesellschaft oder das Gesellschaftsvermögen

Die Ausübung des unechten Notgeschäftsführungsrechts nach § 115 Abs. 2 Halbs. 2 HGB a. F. knüpfte an den Begriff der Gefahr im Verzug an. Zukünftig verzichtet der Gesetzgeber auf diesen Begriff. Stattdessen heißt es sowohl im

535 *„Damit wird klargestellt, dass von mehreren Gesellschaftern zuvorderst die mitgeschäftsführungsbefugten Gesellschafter im Rahmen von § 715 Absatz 3 Satz 3 [sic!] zur Notgeschäftsführung befugt sind."* – BT-Drs. 19/27635, S. 152.

536 *Roth*, in: Hopt, HGB 2024, § 715a BGB Rn. 2.

Recht der Personenhandelsgesellschaften und im GbR-Recht, dass mit dem Aufschub des Geschäfts Gefahr für die Gesellschaft oder das Gesellschaftsvermögen verbunden sein muss, vgl. §§ 715 Abs. 3, 715a BGB, 116 Abs. 4 HGB. Damit verknüpft der Gesetzgeber inhaltlich die bisherigen Tatbestandsvoraussetzungen des § 744 Abs. 2 BGB mit denen des § 115 Abs. 2 Halbs. 2 HGB a. F. Inhaltliche Änderungen sollen mit dieser Umformulierung nicht beabsichtigt sein.[537] Insofern kann auf die Ausführungen unter § 3 verwiesen werden.

Nach herrschender Meinung lag Gefahr im Verzug vor, wenn die konkrete Gefahr bestand, dass der Gesellschaft ein Schaden entstehen würde, wenn bis zur Zustimmung der anderen gesamtgeschäftsführungsbefugten Gesellschafter zugewartet werden würde.[538] Nur ein sofortiges Handeln sollte den Schaden abwenden können.[539] Dabei sollte es keine Rolle spielen, weshalb die übrigen Geschäftsführer dem Geschäft nicht zustimmen können. Auch ein etwaiges Verschulden war nicht relevant.[540] Der Gesetzgeber übernimmt diese Einschätzung unter Verweis auf das Schrifttum und passte die Formulierung entsprechend an. Eine Gefahr für die Gesellschaft oder das Gesellschaftsvermögen liegt demnach vor, wenn der Gesellschaft „ohne sofortiges und alleiniges Handeln ein Schaden" droht.[541] Ob eine Gefahr gegeben ist, richtet sich nach einer ex post Beurteilung.[542] Zudem schließt sich der Gesetzgeber der wohl herrschenden Meinung[543] zu § 115 Abs. 2 Halbs. 2 HGB a. F. an und bejaht das Notgeschäftsführungsrecht auch für den Fall, dass der Gesellschaft ein entsprechender Gewinn zu entgehen

---

537 BT-Drs. 19/27635, S. 152 f., 237. Zustimmend *Klimke*, in: BeckOK, HGB 2024, § 116 Rn. 69.1; *Oswald*, in: Henssler/Strohn, Gesellschaftsrecht 2024, § 116 HGB Rn. 83.

538 *Drescher*, in: EBJS, HGB, § 115 Rn. 33 ebenso zur neuen Rechtslage *Drescher*, in: EBJS, HGB 2024, § 116 Rn. 90; *Lieder*, in: Oetker, HGB 2024, § 116 Rn. 88; *Oswald*, in: Henssler/Strohn, Gesellschaftsrecht 2024, § 116 HGB Rn. 126; zum alten Recht: *Lieder*, in: Oetker, HGB, § 115 Rn. 25; *Jickeli*, in: MünchKommHGB, § 115 Rn. 58.

539 *Jickeli*, in: MünchKommHGB, § 115 Rn. 58.

540 *Jickeli*, in: MünchKommHGB, § 115 Rn. 58.

541 BT-Drs. 19/27635, S. 152.

542 BT-Drs. 19/27635, S. 153; *Lieder*, in: Oetker, HGB 2024, § 116 Rn. 88.

543 Zu § 115 Abs. 2 HGB: *Drescher*, in: EBJS, HGB, § 115 Rn. 33; *Lieder*, in: Oetker, HGB, § 115 Rn. 25; *Jickeli*, in: MünchKommHGB, § 115 Rn. 58; *Schäfer*, in: Staub, HGB, § 115 Rn. 37; *v. Ditfurth*, in: MünchHdB GesR I, § 53 Rn. 59; **a. A.** *Bergmann*, WM 2019, 189, 192, der einen entgangenen Gewinn unter Verweis auf die Ausführungen zu § 1858a BadLR nicht für ausreichend erachtet.

droht.[544] Das Umfassen eines entgangenen Gewinns wurde bereits im Grundlagenteil kritisch beleuchtet.[545]

Der Gesetzgeber hält den Tatbestand weiterhin offen, indem er über die reine vermögensrechtliche, schadensbezogene Perspektive die Gefahr für die Gesellschaft ebenfalls für ausreichend erachtet, um eine Notgeschäftsführungsbefugnis zu begründen. Damit wird nach dem MoPeG die nicht rechtsfähige Gesellschaft adressiert.[546] Nach der Gesetzesverweisung in § 740 Abs. 2 BGB finden die Notgeschäftsführungsbefugnisse auch auf die nicht rechtsfähige Gesellschaft Anwendung, vgl. § 705 Abs. 2 BGB. Die nicht rechtsfähige Gesellschaft zeichnet sich dadurch aus, dass der Wille der Gesellschafter nicht auf eine Teilnahme am Rechtsverkehr gerichtet ist. Entsprechend hält die Gesellschaft kein Vermögen, vgl. § 740 Abs. 1 BGB. Auch die Bildung von Gesamthandsvermögen ist ausgeschlossen.[547] Der Gesetzgeber verweist hier bspw. auf Kooperationen zwischen wissenschaftlich arbeitenden Einrichtungen.[548] Die gesellschaftsrechtlichen Vorschriften dienen dazu, das Rechtsverhältnis der Gesellschafter untereinander zu organisieren. Dort, wo die nach § 740 Abs. 2 BGB entsprechend anwendbaren Normen die Rechtsfähigkeit der Gesellschaft voraussetzen, ist diese auszublenden und durch das Verhältnis der Gesellschafter untereinander zu ersetzen. Vermögensrechtliche Aspekte sind daher zwischen den Gesellschaftern untereinander, statt zwischen der Gesellschaft und den Mitgliedern in einen Ausgleich zu bringen.[549]

2. *These: Erweiterter Anwendungsbereich der Notgeschäftsführung*

Die Kodifizierung des Notgeschäftsführungsrechts als allgemeines Institut des Personengesellschaftsrechts macht einen Rückgriff auf § 744 Abs. 2 BGB obsolet. Die ohnehin zweifelhaften Analogievoraussetzungen sind nicht mehr gegeben. Obwohl der Gesetzgeber augenscheinlich keine Änderungen beabsichtigte, werden die nachfolgenden Ausführungen zeigen, dass der Gesetzgeber nicht unwesentliche Änderungen implementiert hat. Die weitergehende Untersu-

544 Siehe BT-Drs. 19/27635, S. 152; *Lieder*, in: Oetker, HGB 2024, § 116 Rn. 88; *Drescher*, in: EBJS, HGB 2024, § 116 Rn. 90; *Oswald*, in: Henssler/Strohn, Gesellschaftsrecht 2024, § 116 HGB Rn. 83; *Servatius*, in: Henssler/Strohn, Gesellschaftsrecht 2024, § 715 BGB Rn. 4; kritisch weiterhin *Beyer*, BeckOK, HGB 2024, § 164 Rn. 37.

545 Vgl. oben § 3 A. IV. 4. b).

546 Vgl. *Geibel*, BeckOGK, BGB, § 709 Rn. 84.

547 BT-Drs. 19/27635, S. 190.

548 BT-Drs. 19/27635, S. 125.

549 Vgl. BT-Drs. 19/27635, S. 191.

chung soll die These aufwerfen, dass der tatbestandliche Anwendungsbereich der neuen Regelungen weiter ist, als der des § 744 Abs. 2 BGB. Denn während § 744 Abs. 2 BGB nur notwendige Erhaltungsmaßnahmen umfasste, verstehen sich die neuen Notgeschäftsführungsrechte als umfassende Gefahrenabwehrrechte, deren Ziel es ist, Schaden von der Gesellschaft abzuwenden. Vordergründig ist damit die Schadensabwehr und nicht nur die Erhaltung der Gesellschaft. Der Anwendungsbereich wird damit erheblich ausgeweitet.

II. Subsidiaritätserfordernis

Die Sicherstellung der subsidiären Anwendung der Notgeschäftsführung, um den grundsätzlichen Vorrang der Geschäftsführungsordnung zu wahren, ist elementar, um die innerorganisatorischen gesellschaftsrechtlichen Bindungen zu respektieren. Durch die vorausgesetzte Eilbedürftigkeit einer Maßnahme trug der Gesetzesanwender diesem Bedürfnis Rechnung. Mit dem MoPeG wird eine Konsultationspflicht die subsidiäre Anwendung gewährleisten.

Unter der Prämisse, dass sich das Notgeschäftsführungsrecht nur noch als reines Gefahrenabwehrrecht und nicht mehr als Erhaltungsrecht begreift, wird der Anwendungsbereich der Vorschriften ausgeweitet. Auf die Notwendigkeit der Maßnahme kommt es nicht mehr an. Entscheidend ist allein, dass der Gesellschaft ein Schaden droht. Angesichts des grundsätzlich restriktiven Verständnisses der Notgeschäftsführungsrechte aufgrund des Eingriffs in die Geschäftsführungsordnung überrascht diese Entscheidung des Gesetzgebers auf den ersten Blick. Im Ergebnis ist diese Entwicklung jedoch zu begrüßen, da es die praktische Anwendung der Vorschrift erleichtert. Mit der Erweiterung des Anwendungsbereichs steigt auch die Gefahr ungerechtfertigter Eingriffe in die Geschäftsführungsordnung. Durch weniger strenge Voraussetzungen fällt es nun leichter, das Gefahrenabwehrrecht materiell zu begründen, da insoweit die Abwehr eines Schadens bereits ausreichend ist. Der Gesetzgeber musste daher sicherstellen, dass die Schadensabwehr auf Notfälle beschränkt bleibt und die Geschäftsführungsordnung nicht außer Kraft gesetzt wird. Dies gelingt durch eine Formalisierung des Notgeschäftsführungsrechts, welches die Subsidiarität der Notgeschäftsführung gesetzlich verankert und das vorgeschlagene Stufenverhältnis etabliert.

1. These: Die Formalisierung der Notgeschäftsführungsrechte

In Konsequenz des größeren Anwendungsbereichs und der Erkenntnisse aus der Anwendungsproblematik des § 744 Abs. 2 BGB hat der Gesetzgeber die Notgeschäftsführungsrechte formalisiert. Die strengeren formalen Voraussetzungen stellen einen Ausgleich für den erweiterten Anwendungsbereich dar und gießen das Subsidiaritätserfordernis in gesetzliche Form. Die subsidiäre Anwendung der Notgeschäftsführungsrechte wird durch die Konsultationspflicht und das damit einhergehende Stufenverhältnis der Notgeschäftsführungsrechte sichergestellt.

a) *Pflicht zur Konsultierung aller verfügbaren Geschäftsführer: Konsultationspflicht*

Der Gesetzgeber schließt sich ausweislich der Gesetzesmaterialien der herrschenden Meinung in der Literatur zu § 115 Abs. 2 Halbs. 2 HGB a. F. an und legt dem Geschäftsführer im Rahmen der § 715 Abs. 3 BGB und § 116 Abs. 4 HGB ebenfalls die Pflicht auf, die Zustimmung aller verfügbaren Gesellschafter einzuholen.[550] Diese Pflicht ist Ausdruck des restriktiven Verständnisses der Norm und manifestiert die Subsidiarität der Notgeschäftsführung. Die innergesellschaftliche Ordnung darf nur in Ausnahmefällen durchbrochen werden. Haben sich die Gesellschafter auf eine Form der Gesamtgeschäftsführungsbefugnis verständigt, haben sie die gesellschaftsvertragliche festgelegte Organisationsordnung zu respektieren.[551] Die Anordnung einer Gesamtgeschäftsführungsbefugnis dient grundsätzlich einer stärkeren Kontrolle der Geschäftsführung.[552] Insofern ist es konsequent, dass dieser Kontrollmechanismus beibehalten wird und durch das Notgeschäftsführungsrecht nicht unterlaufen wird. Dies gilt umso mehr, als dass die Gesellschafter einer OHG sich bewusst gegen die gesetzliche Einzelgeschäftsführungsbefugnis und für eine Form der Gesamtgeschäftsführung entschieden haben. Was für die OHG schon früher galt, übernimmt der Gesetzgeber nun auch für die BGB-Gesellschaft. Die Notgeschäftsführung ersetzt ebenfalls nur die Zustimmung derjenigen BGB-Geschäftsführer, die nicht rechtzeitig erreicht werden können.[553]

Dies bedeutet, dass trotz der Gefahr eines Schadenseintritts die Zustimmung aller verfügbaren geschäftsführungsbefugten Gesellschafter einzuholen ist. Nur die Zustimmung der nicht erreichbaren Gesellschafter wird durch die entsprechende Norm ersetzt. Widerspricht ein geschäftsführungsbefugter Gesellschafter dem Geschäft oder stimmt er diesem nicht zu, so hat es (im Grundsatz) zu

550 BT-Drs. 19/27635, S. 152; *Lieder*, in: Oetker, HGB 2024, § 116 Rn. 90. Scheinbar mit Zweifeln *Schöne*, in: BeckOK, BGB 2024, § 715 Rn. 21.

551 Vgl. *Drescher*, in: EBJS, HGB, § 114 Rn. 12; *Lieder*, in: Oetker, HGB 2024, § 116 Rn. 90.

552 *V. Ditfurth*, in: MünchHdB GesR I, § 53 Rn. 56.

553 BT-Drs. 19/27635, S. 152. **A. A.** *Schöne*, in: BeckOK, BGB 2024, § 715 Rn. 21.

unterbleiben.[554] Daher ist unabhängig von dem Vorliegen einer Gefahr keine Einzelgeschäftsführungsbefugnis gegeben, wenn ein Gesellschafter die Zustimmung verweigert.[555] Damit wird der Vorrang der innergesellschaftlichen Ordnung gewährleistet.

b) Herleitung und Konsequenzen der Konsultationspflicht

Der Gesetzgeber hat es versäumt, dieses Erfordernis im Wortlaut der §§ 715 Abs. 3 BGB, 116 Abs. 4 HGB deutlich zum Ausdruck zu bringen. Die Normen statuieren lediglich die objektiven Voraussetzungen einer Notgeschäftsführungsbefugnis im Sinne eines „Wenn-dann“-Prinzips.[556] Die Pflicht des Gesellschafters, sich aktiv von dem Vorliegen dieser Voraussetzungen zu überzeugen, kommt darin nicht zum Ausdruck. Dieses Versäumnis ist bedauerlich, in Anbetracht des kollektiven Verständnisses[557] in der Literatur allerdings verschmerzbar. Die Konsultationspflicht lässt sich aus dem systematischen Gesamtverständnis der Normen herleiten.

aa) Vorrang der Geschäftsführung

Zuvörderst streitet das Recht zur Geschäftsführung aus §§ 715 Abs. 1 BGB, 116 Abs. 1 HGB für eine Konsultationspflicht. Jeder Geschäftsführer hat ein Recht auf die Geschäftsführung. Soweit die Gesamtgeschäftsführung aufgrund der Dringlichkeit des Geschäfts lahmgelegt ist, kann dies nur die Rechte desjenigen Geschäftsführers einschränken, der tatsächlich nicht zur Verfügung steht. Eine Einzelgeschäftsführungsbefugnis lässt sich aus einer reinen Notsituation heraus nicht begründen. Darüber hinaus gebietet auch die Treuepflicht eine Konsultation der verfügbaren Geschäftsführer. Bereits für die Einzelgeschäftsführungsbefugnis ist anerkannt, dass der Gesellschafter die übrigen Gesellschafter über das geplante Geschäft informieren muss, soweit Anhaltspunkte dafür ersichtlich sind, dass die anderen Geschäftsführer unter Umständen ihr Widerspruchsrecht ausüben wollen.[558] Im Sinne eines Erst-Recht-Schlusses muss dieser Gedanke umso mehr

---

554 BGHZ 17, 181, 182 = NJW 1955, 1027, 1028; *Drescher*, in: EBJS, HGB, § 115 Rn. 32; *Lieder*, in: Oetker, HGB, § 115 Rn. 25; *Jickeli*, in: MünchKommHGB, § 115 Rn. 57.

555 So die Begründung in BT-Drs. 19/27635, S. 152.

556 Wenn eine Gefahr vorliegt, dann ist der Gesellschafter zur Geschäftsführung befugt.

557 Vgl. schon *Hueck*, Recht der OHG, § 10 II S. 76 f.; *Weipert*, in: HGB-RGRK, § 115 Anm. 23 (S. 122); *Lieder*, in: Oetker, HGB, § 115 Rn. 25; *Drescher*, in: EBJS, HGB, § 115 Rn. 32; *Jickeli*, in: MünchKommHGB, § 115 Rn. 57; *Bergmann*, WM 2019, 189, 192.

558 Vgl. oben unter § 3 A. V. 2. b).

gelten, als dass eine Umgehung der Gesamtgeschäftsführung stets unzulässig ist. Eine Ausnahme kann nur für den Fall gelten, wenn der Geschäftsführer aus tatsächlichen Gründen nicht erreichbar ist. Die Rechtfertigung zur Außerkraftsetzung der Gesamtgeschäftsführungsbefugnis darf nur so weit gehen, als dass die Notwendigkeit zur Ersetzung der Zustimmung wirklich besteht.

bb) Prozessualer Rückschluss

Auch eine prozessuale Perspektive spricht für eine aktive Konsultationspflicht. Aus dem dargelegten Regel-Ausnahme-Verhältnis folgt, dass der Notgeschäftsführer im Streitfalle darlegen und notfalls beweisen muss, dass er den Versuch unternommen hat, die übrigen Geschäftsführer zu erreichen. Dies wird durch den Wortlaut („es sei denn, …") hinreichend zur Geltung gebracht. Der Notgeschäftsführer muss im Prozess die für ihn günstigen Tatsachen darlegen. Dazu gehört zum einen die Tatsache, dass ein weiteres Zuwarten nicht möglich war, zum anderen allerdings auch der Nachweis, dass eine Entscheidung der Gesamtgeschäftsführung nicht zu erreichen war. Dies wird ihm nur gelingen, wenn er darlegen kann, dass er versucht hat, die nicht verfügbaren Geschäftsführer zu erreichen. Diese formale Einschränkung stellt sicher, dass die Geschäftsführung stets in die Entscheidung miteinbezogen wird.

cc) Bewertung

Diese strengeren Anforderungen an den Notgeschäftsführer haben praktische Vorteile und schränken das Notgeschäftsführungsrecht nicht über Gebühr ein. Selbst in eilbedürftigen Fällen ist es dem Notgeschäftsführer stets möglich, einen Anruf zu tätigen, um abwesende Geschäftsführer zu erreichen. Ein Verbindungsnachweis lässt sich vor Gericht ebenfalls belegen. Zudem können Unsicherheiten hinsichtlich der Zweckmäßigkeit der Maßnahme unter Umständen geklärt und die Maßnahme auf eine breitere Legitimationsgrundlage gestellt werden. Das Subsidiaritätskriterium wird dadurch tatbestandlich greifbar gemacht, ohne die Rechte des Notgeschäftsführers einzuschränken. Selbstverständlich kann es auch zu Fällen kommen, in denen faktisch jeder Versuch von vorneherein untauglich wäre. Dann kann dieser vom Notgeschäftsführer allerdings auch nicht verlangt werden, da Unmögliches nicht eingefordert werden kann.

c) These: Implementierung der Eilbedürftigkeit durch die Konsultationspflicht

Begrüßenswert ist auch, dass der Gesetzgeber mit der Konsultationspflicht ein Stufenverhältnis der Notgeschäftsführungsrechte etabliert und das Subsidiaritätsverständnis weiter ausformt. Mit der Pflicht des Notgeschäftsführers, die übrigen

Geschäftsführer soweit möglich in den Entscheidungsprozess miteinzubeziehen wird auch das Kriterium der Eilbedürftigkeit implementiert. Im Rahmen des unechten Notgeschäftsführungsrechts hat der Geschäftsführer den Versuch zu unternehmen, die verfügbaren Geschäftsführer zu unterrichten. Sind alle Geschäftsführer verfügbar, entfällt das Notgeschäftsführungsrecht des Einzelnen und es verbleibt bei der gemeinsamen Handlungsberechtigung. Nur wenn der Notgeschäftsführer nicht alle übrigen Geschäftsführer erreicht, kann die Maßnahme überhaupt eilbedürftig sein und eine Notgeschäftsführung rechtfertigen. Dadurch werden Eilbedürftigkeit und Subsidiarität miteinander verknüpft.

Dies hat den Vorteil, dass künftig nicht mehr abgewogen werden muss, wie eilbedürftig eine Maßnahme tatsächlich sein muss. Dies ist vor allem im Falle der GbR eine positive Weiterentwicklung der Rechtslage. Denn bürdet man dem Notgeschäftsführer nicht die Pflicht auf, die Zustimmung der übrigen Geschäftsführer einzuholen, kann überhaupt kein Maßstab für die Eilbedürftigkeit gebildet werden. Nun gilt, dass allein die Tatsache, dass der Geschäftsführer die anderen Geschäftsführer nicht erreichen konnte, den Eingriff in die Geschäftsführungsordnung rechtfertigen kann. Dadurch wird ein objektiver Anhaltspunkt geschaffen, der praktisch leicht nachweisbar ist und daher die Anwendung des Notgeschäftsführungsrechts erleichtert. Erst im Anschluss daran ist kumulativ zu fragen, ob die Maßnahme tatsächlich keinen Aufschub dulden würde oder ob die Geschäftsführung auch später noch eine Entscheidung treffen könnte. Diese Frage wird tendenziell leichter einschätzbar sein, wenn bereits tatsächlich feststeht, dass die übrigen Geschäftsführer nicht erreicht werden konnten.

d) These: Konsultationspflicht im Rahmen des § 715a BGB?

Eine Errungenschaft der neuen Kodifikation des echten Notgeschäftsführungsrechts nach § 715a BGB ist die Bezugnahme auf die unechte Notgeschäftsführung der geschäftsführungsbefugten Gesellschafter. Diese müssen verhindert sein, an dem Geschäft mitzuwirken. Damit wird klagestellt, dass das echte Notgeschäftsführungsrecht nur subsidiär zur Anwendung gelangen kann. Den gesellschaftsvertraglichen Vereinbarungen zur Geschäftsführung soll der Vorrang eingeräumt werden.[559] Dadurch werden vormalige Unklarheiten und Diskussionen in der Anwendung des § 744 Abs. 2 BGB bereinigt. Leider hat es der Gesetzgeber verpasst, die Konsultationspflicht eindeutig in den Wortlaut der

559 „*Damit wird klagestellt, dass von mehreren Gesellschaftern zuvorderst die mitgeschäftsführungsbefugten Gesellschafter im Rahmen von § 715 Absatz 3 Satz 3 [sic!] zur Notgeschäftsführung befugt sind.*“ – BT-Drs. 19/27635, S. 152.

Vorschrift zu implementieren. Dieses Versäumnis ist bedauernswert, liefert es weiterhin Anknüpfungspunkte für Kritik. Vorzugswürdig wäre es gewesen, dem Notgeschäftsführer aktiv die Verpflichtung aufzuerlegen, die Geschäftsführer zu erreichen. Ein solches Erfordernis belastet das Notgeschäftsführungsrecht nicht über Gebühr.

Die Konsultationspflicht ergibt sich aus dem Verweis des § 715a BGB auf die jeweilige unechte Notgeschäftsführungsbefugnis.[560] Die Bezugnahme verdeutlich Mehreres: Zum einen wird dadurch ein Stufenverhältnis der Notgeschäftsführungsrechte etabliert. Nimmt ein von der Geschäftsführung ausgeschlossener Gesellschafter das Geschäft vor, hat dieser zunächst zu versuchen, die Zustimmung der Geschäftsführer einzuholen, vgl. § 715a BGB. Erst wenn er diese nicht erreichen kann und/oder das Geschäft bis zur Einholung der Zustimmung bereits verloren wäre, kann er handeln. Sobald sich auch nur ein Geschäftsführer auf sein Notgeschäftsführungsrecht berufen kann, entfällt das Notgeschäftsführungsrecht des nicht geschäftsführungsbefugten Gesellschafters aus § 715a BGB. Denn dann ist der Geschäftsführer nach Maßgabe des jeweiligen Notgeschäftsführungsrechts nicht mehr verhindert, an dem Geschäft mitzuwirken, vgl. § 715a BGB. Das Notgeschäftsführungsrecht geht dann *ipso iure* auf den Geschäftsführer über. Dadurch trägt der Gesetzgeber der Subsidiarität der echten Notgeschäftsführung Rechnung und manifestiert den Vorrang der Geschäftsführungsordnung. Der Wortlaut indiziert dabei eine Konsultationspflicht auch des einfachen Gesellschafters. Denn um sicherzustellen, dass kein Geschäftsführer an dem Geschäft „mitwirken" könnte, muss der Gesellschafter zunächst versuchen, die Geschäftsführer zu erreichen, um die Entscheidung an die zuständige Stelle auszulagern. Auch eine systematisch, teleologische Perspektive zeigt auf, dass die Konsultationspflicht auch im Rahmen des § 715a BGB Geltung beansprucht. Nur eine umfassende Konsultationspflicht stellt sicher, dass die Geschäftsführungsordnung immer vorrangig berücksichtigt werden kann. Auch würde es nicht überzeugen, dem Geschäftsführer die Pflicht aufzuerlegen, die übrigen Geschäftsführer zu konsultieren, während man dem einfachen Gesellschafter umfassende Befugnisse zugesteht. Die Vorschrift orientiert sich in diesem Sinne an dem bewährten § 115 Abs. 2 Halbs. 2 HGB a. F.

Im Ergebnis muss im Rahmen des § 715a BGB von einer Konsultationspflicht ausgegangen werden. Die Bedeutung der Konsultationspflicht für das Gesamtverständnis der Notgeschäftsführungsrechte soll an anderer Stelle nochmals beleuchtet werden.[561]

560 Zum Redaktionsversehen siehe unter § 4 B. III. 1.
561 Siehe unter § 4 D. III.

2. *Zwischenergebnis*

Der Gesetzgeber hat sich der im Rahmen des § 744 Abs. 2 BGB strittigen Fragen angenommen. Die Subsidiarität der Notgeschäftsführungsrechte kommt zukünftig bereits in den einschlägigen Normen, aber vor allem auch in deren Zusammenspiel ausreichend zur Geltung. Durch die Bezugnahme der echten auf die unechte Notgeschäftsführungsbefugnis, etabliert der Gesetzgeber ein systematisches Stufenverhältnis. In erster Linie gelten die Regelungen zur Geschäftsführung. Erst wenn diese versagen, kann das unechte Notgeschäftsführungsrecht greifen. Das echte Notgeschäftsführungsrecht kann wiederum nur zum Einsatz kommen, wenn keine Gefahrenabwehr über das unechte Notgeschäftsführungsrecht möglich ist. Gerade durch das formale Kriterium der Konsultationspflicht wurde ein objektiver Anhaltspunkt geschaffen, der das Vorliegen einer Gefahrenlage greifbar und nachweisbar macht. Diese Formalisierung schafft einen Ausgleich zu dem weiteren Anwendungsbereich der Vorschriften.

III. Rechtsfolgen

Hinsichtlich der Rechtsfolgen der Notgeschäftsführung ergeben sich keine gravierenden Änderungen zum alten Recht.[562] Die relevanten Punkte sollen im Folgenden kurz beleuchtet werden.

1. *Geschäftsführungsbefugnis im Innenverhältnis*

Auf Rechtsfolgenseite beschränken sich die Notgeschäftsführungsrechte auf das Innenverhältnis. Liegen die Voraussetzungen der Notgeschäftsführung vor, handelt der Notgeschäftsführer demnach mit Berechtigung im Innenverhältnis. Vertretungsmacht im Außenverhältnis ist damit nicht verbunden.[563] Insofern ergeben sich keine Änderungen zur bisherigen Rechtslage. Ist die Notgeschäftsführung auf den Abschluss eines Rechtsgeschäfts gerichtet, muss der Notgeschäftsführer im eigenen Namen handeln. Seine dabei entstehenden Aufwendungen kann er von der Gesellschaft nach § 716 Abs. 1 BGB ersetzen lassen.

Mangels Vertretungsbefugnis kann der Notgeschäftsführer nicht im Namen der Gesellschaft handeln. Bei einem Auftreten im Namen der Gesellschaft handelt der Notgeschäftsführer als Vertreter ohne Vertretungsmacht. Die Gesellschaft ist allerdings verpflichtet, das Geschäft zu genehmigen, wenn die Voraussetzungen

---

562 Zu den Rechtsfolgen *Lieder*, in: Oetker, HGB 2024, § 116 Rn. 91.

563 *Drescher*, in: EBJS, HGB 2024, § 116 Rn. 90; *Servatius*, in: Henssler/Strohn, Gesellschaftsrecht 2024, § 715 BGB Rn. 4, der eine materielle Ermächtigung annimmt.

der Notgeschäftsführung vorlagen. Denn dann ist das Handeln des Notgeschäftsführers im Innenverhältnis gerechtfertigt. Verweigert die Gesellschaft die Genehmigung, schuldet sie dem Notgeschäftsführer Schadensersatz.[564] Dieser Schutz des Notgeschäftsführers resultiert aus der gesellschaftsrechtlichen Treuepflicht, denn der Notgeschäftsführer war im Innenverhältnis geschäftsführungsbefugt.[565]

Der Gesetzgeber begründet die fehlende Vertretungsbefugnis mit der Schutzwürdigkeit des Vertragspartners. Dieser könne nicht beurteilen, inwiefern die innergesellschaftliche Geschäftsführungs- oder Vertretungsordnung durch die etwaige Gefahrensituation beeinflusst wird. Ob die Gesellschaft durch den Notgeschäftsführer ordnungsgemäß vertreten wird, liegt außerhalb seiner Kenntnis. Diese Begründung überzeugt nicht vollständig.[566] Denn zum einen ist fehlende Kenntnis von der Vertretungsmacht des Vertreters ein generelles Problem des Vertretungsrechts. Zum anderen obliegt es im Prozess dem Notgeschäftsführer darzulegen, dass eine Gefahrenlage vorlag, die eine Abweichung von der vertraglichen Vertretungsordnung rechtfertigte. Der Vertragspartner kann die Klagebefugnis des Notgeschäftsführers schlicht bestreiten.[567] Er bedarf also keiner besonderen Kenntnis oder Schutzes im Prozess.

Im Ergebnis ist die Beschränkung auf das Innenverhältnis jedoch völlig unzweifelhaft und berechtigt. Zum einen werden, wie vom Gesetzgeber intendiert, Zweifel im Hinblick auf die Vertretungsbefugnis ausgeräumt, zum anderen war es auch im bisherigen Recht unumstritten, dass die Notgeschäftsführung auf das Innenverhältnis beschränkt bleiben muss.[568] Dies ergibt sich schon aus der begrifflichen Differenzierung zwischen Geschäftsführung und Vertretungsmacht, welche das Gesetz auch systematisch zum Ausdruck bringt.[569]

2. *Aufwendungsersatz nach § 716 BGB*

Die Aufwendungen, welche der Notgeschäftsführer tätigt, kann er nach § 716 Abs. 1 BGB von der Gesellschaft erstattet bekommen. Das Zusammenspiel dieser Vorschriften ist notwendig, da der Gesellschafter nur im eigenen Namen handeln kann und damit in erster Linie selbst verpflichtet wird. Die Norm ist

564 Siehe zu den Rechtsfolgen insgesamt: BT-Drs. 19/27635, S. 153.

565 *Jickeli*, in MünchKommHGB, § 115 Rn. 59.

566 Vgl. *Grunewald/Otte*, ZIP 2017, 1737, 1739.

567 *Grunewald/Otte*, ZIP 2017, 1737, 1739.

568 BGHZ 41, 367 = NJW 1964, 1624; BGHZ 17, 181 ff. = NJW 1955, 1027, 1028.

569 Die Vertretungsmacht ist in § 720 BGB und § 124 HGB geregelt. Siehe hierzu auch *Lieder*, in: Oetker, HGB 2024, § 116 Rn. 91.

§ 110 HGB a. F. nachgebildet und soll diesen vollständig ersetzen. Aufgrund der weitestgehenden Annäherung von BGB-Gesellschaft und Personenhandelsgesellschaft hat sich der Gesetzgeber dafür entschieden, den Aufwendungsersatz einheitlich zu regeln.[570] Die Vorschrift ist daher im Recht der BGB-Gesellschaft verortet und gilt für die Personenhandelsgesellschaften gleichermaßen. Hinsichtlich der Tatbestandsvoraussetzungen kann auf die Erkenntnisse zu § 110 HGB a. F. zurückgegriffen werden.

a) *Überblick*

Im Einklang mit der geltenden Rechtslage setzt der Aufwendungsersatz ein objektives sowie ein subjektives Element voraus.[571] In objektiver Hinsicht ist zu verlangen, dass ein Gesellschafter im Geschäftskreis der Gesellschaft tätig geworden ist. Dem Wortlaut und der Gesetzesbegründung nach adressiert die Norm nicht nur die geschäftsführungsbefugten Gesellschafter.[572] Insofern ist gerade auch der im Grundsatz nicht geschäftsführungsbefugte Notgeschäftsführer, der im Rahmen des § 715a BGB tätig wird, umfasst. Subjektiv ist zu fordern, dass der Gesellschafter für die Gesellschaft gehandelt hat („zum Zwecke der Geschäftsbesorgung“, vgl. § 716 Abs. 1 BGB). Ferner musste der Gesellschafter die Aufwendungen „den Umständen nach für erforderlich halten“ dürfen. Abzustellen ist auf einen sorgfältig prüfenden Gesellschafter.[573] Im Einklang mit der herrschenden Meinung im Schrifttum[574] setzt der Aufwendungsersatzanspruch nicht voraus, dass

---

570 Siehe BT-Drs. 19/27635, S. 156. Zustimmend: *Fleischer*, BB 2020, 2114, 2120. Kritisch schon: *Genius*, AcP 173 (1973), 48, 511 f.

571 Zum subjektiv-objektiven Maßstab vgl. *Lieder*, in: Oetker, HGB, § 110 Rn. 9.

572 BT-Drs. 19/27635, S. 156; bestätigend *Fleischer*, BB 2020, 2114, 2120, der allerdings die zugrundeliegende Formulierung kritisiert. Zu § 110 HGB schon: *Genius*, AcP 173 (1973), 481, 506 insb. Fn. 127; *Lieder*, in: Oetker, HGB, § 110 Rn. 3, 9; *Roth*, in: Hopt, HGB, § 110 Rn. 2; *Bergmann*, in: EBJS, HGB, § 110 Rn. 6 f.; *Fleischer*, in: MünchKommHGB, § 110 Rn. 14; *Langhein*, in: MünchKommHGB (2016), § 110 Rn. 6; *Schäfer*, in: Habersack/Schäfer, HGB, § 110 Rn. 6; *Koller*, in: Festschrift Georgiades 2006, 671, 673; *Reichert/Winter*, BB 1988, 981, 991; *Großmann*, NZG 2019, 456, 459; *Gramlich/Müssig*, NZG 2019, 1333, 1337, 1339, 1341. Aus der Rechtsprechung: BGH, NJW-RR 2002, 455; BGH, DStR 2005, 1197 f.

573 BT-Drs. 19/27635, S. 156.

574 *Lieder*, in: Oetker, HGB, § 110 Rn. 3, 9; *Roth*, in: Hopt, HGB, § 110 Rn. 2; *Bergmann*, in: EBJS, HGB, § 110 Rn. 6 f.; *Fleischer*, in: MünchKommHGB, § 110 Rn. 14; *Langhein*, in: MünchKommHGB (2016), § 110 Rn. 6; *Koller*, in: Festschrift Georgiades 2006, 671, 673; *Fleischer*, BB 2020, 2114, 2121; *Großmann*, NZG 2019, 456, 459; *Gramlich/*

im Innenverhältnis eine Handlungsbefugnis vorlag.[575] Die gesellschaftsvertragliche Geschäftsführungsbefugnis oder einen ermächtigenden Beschluss setzt die Vorschrift nicht voraus. Dieses Verständnis der Norm schafft eine abschließende Regelung und macht einen Rückgriff auf die Regelungen zur Geschäftsführung ohne Auftrag obsolet.[576] § 716 BGB ist somit als *lex specialis* zu den Regelungen der Geschäftsführung ohne Auftrag zu verstehen.[577] Eine parallele Anwendung der Regelungen der Geschäftsführung ohne Auftrag ist abzulehnen. Die Norm verhindert durch die Einschränkung, dass der Gesellschafter die Aufwendungen „den Umständen nach für erforderlich halten" musste, eine unbillige Ausweitung des Ersatzanspruches.[578] Aufgrund des subjektiv-objektiven Maßstabs wird der Gesellschafter dadurch günstiger gestellt als nach den Vorschriften der Geschäftsführung ohne Auftrag.[579] Die engere Verbundenheit der Gesellschafter rechtfertigt diese Form der Risikoverteilung. Ob die Tätigkeit im objektiven Interesse der Gesellschaft lag und dem wirklichen bzw. mutmaßlichen Willen der Gesellschaft entsprach, ist nicht relevant.[580] Ausschlaggebend ist nur, ob der Gesellschafter dies annehmen durfte.[581]

b) *These: Spannungsverhältnis zwischen Notgeschäftsführungsrecht und Aufwendungsersatzanspruch*

Der Aufwendungsersatz nach § 716 BGB stellt eine eigene Anspruchsgrundlage dar und schließt die bisher von § 110 HGB a. F. umfassten Konstellationen mit ein. Der Notgeschäftsführer soll seine Aufwendungen ebenfalls nach § 716 BGB ersetzt bekommen. Dies führt zu einem Spannungsverhältnis, da die Voraussetzungen der Notgeschäftsführung enger sind als die des Aufwendungsersatzanspruches. Mit der Kodifizierung des Notgeschäftsführungsrechtes wird dieses zukünftig eine neue Reichweite erlangen. Daher stellt sich die Frage, welche Bedeutung dem Aufwendungsersatzanspruch zukommt, sollten die Voraussetzungen der Notgeschäftsführung nicht vorliegen. Dieses Spannungsverhältnis ist nicht neu.

Müssig, NZG 2019, 1333, 1337, 1339, 1341; **a. A.** *Hueck*, Recht der OHG, § 15 I S. 133; *Schäfer*, in: Habersack/Schäfer, HGB, § 110 Rn. 9 f.

575 BT-Drs. 19/27635, S. 156.

576 BT-Drs. 19/27635, S. 156 f.; *Fleischer*, BB 2020, 2114, 2121.

577 Zu § 110: *Lieder*, in: Oetker, HGB, § 110 Rn. 3; *Großmann*, NZG 2019, 456, 459.

578 Zu § 110: *Bergmann*, in: EBJS, HGB, § 110 Rn. 6 f.

579 BT-Drs. 19/27635, S. 156 f.; *Lieder*, in: Oetker, HGB, § 110 Rn. 3; *Fleischer*, BB 2020, 2114, 2121.

580 *Fleischer*, BB 2020, 2114, 2115.

581 *Fleischer*, BB 2020, 2114, 2115.

Die Notgeschäftsführung hat allerdings bislang nur eine untergeordnete Rolle gespielt.[582] Es ist daher zu erwarten, dass das Zusammenspiel der Normen zukünftig neu bewertet werden muss.

aa) Problemaufriss

Die Kernproblematik liegt in dem Widerspruch zwischen dem weiten Anwendungsbereich des Aufwendungsersatzanspruches und den strengeren Voraussetzungen der Notgeschäftsführungsbefugnis. Während der Aufwendungsersatz grundsätzlich keine Berechtigung im Innenverhältnis voraussetzt und der Wille eines sorgfältigen prüfenden Gesellschafters subjektiv ausreicht, um den Aufwendungsersatzanspruch zu begründen, verlangt die Notgeschäftsführung eine Gefahr und legt dem Gesellschafter die Pflicht auf, die Geschäftsführungsordnung, soweit wie möglich, einzuhalten. Zudem ist eine Abgrenzung anhand des Tatbestandsmerkmals „Geschäftsbesorgung" im Sinne des § 716 Abs. 1 BGB im Vergleich zur Geschäftsführung im Sinne des Gesellschaftsrechts nicht zielführend.

Daher stellt sich die Frage, ob § 716 BGB stets zur Anwendung kommen soll, auch wenn die Voraussetzungen der Notgeschäftsführung nicht vorlagen. Denn würde man dem vermeintlichen Notgeschäftsführer bzw. dem einfachen Gesellschafter stets einen Aufwendungsersatzanspruch zugestehen, nur weil er im Geschäftskreis der Gesellschaft tätig geworden ist und dies subjektiv auch wollte, würde man die strengeren Voraussetzungen der Notgeschäftsführung umgehen. Mit dem Vorrang der Geschäftsführungsordnung, der durch das Zusammenspiel der Normen gerade implementiert werden sollte, verträgt sich dieser Gedanke nicht. Einerseits muss sichergestellt werden, dass der Notgeschäftsführer durch einen weiten Aufwendungsersatzanspruch nicht ermutigt wird, die Geschäftsführung zu umgehen. Andererseits muss berücksichtigt werden, dass der Aufwendungsersatz grundsätzlich jedem Gesellschafter zugutekommt und gesellschaftsförderliches Verhalten gerade belohnt.[583] Der vermeintliche Notgeschäftsführer, der an strengere Voraussetzungen gebunden ist, darf daher im Rahmen des Aufwendungsersatzanspruches nicht *per se* schlechter gestellt werden als andere Gesellschafter, die außerhalb einer Notsituation Aufwendungen tätigen.

bb) Bewertung anhand des Gegenstandes der Maßnahme

In einem ersten Schritt ist zu überprüfen, ob sich der Anwendungsbereich im Hinblick auf die den Aufwendungen zugrundeliegenden Maßnahmen überhaupt

---

582 *Schöne*, in: BeckOK, BGB 2024, § 715a Rn. 2.

583 Vgl. *Gramlich/Müssig*, NZG 2019, 1333, 1334.

deckt. Denn könnte gewährleistet werden, dass durch den Aufwendungsersatzanspruch keine Maßnahmen der Geschäftsführung betroffen sind, erübrigt sich eine weitere Abgrenzung. Eine Abgrenzung auf Basis des Geschäftsbesorgungs- bzw. Geschäftsführungsbegriffes in Relation zu der den Anspruch auslösenden Maßnahme bringt jedoch dogmatisch keine weiteren Erkenntnisse. Nach dem engen Geschäftsbesorgungsbegriff ist darunter die selbstständige wirtschaftliche Tätigkeit zur Wahrnehmung fremder Vermögensinteressen zu verstehen.[584] Ähnlich umfasst die Geschäftsführung sämtliche Maßnahmen, die der Förderung des gemeinsamen Zwecks dienen.[585] Beide Konstruktionen können (rechts-)geschäftliche, aber auch rein tatsächliche Handlungen umfassen.[586] Der Gegenstand der Maßnahme ist daher kein durchgängig taugliches Kriterium, um eine Abgrenzung zu ermöglichen. Im Ergebnis setzt der Aufwendungsersatzanspruch nur ein objektives Tätigwerden im Geschäftskreis der Gesellschaft voraus.[587] Inwiefern dadurch Geschäftsführungsangelegenheiten ausgeschlossen werden, wird durch den Wortlaut der Norm nicht beantwortet.

cc) Bewertung anhand der Interessenlage

Weiterhin könnte hinterfragt werden, ob sich aus der den Vorschriften innewohnenden Interessenlage Rückschlüsse für eine Differenzierung gewinnen lassen. Die Maßnahmen, welche regelmäßig einen Aufwendungsersatzanspruch auslösen können, werden durch deren Fremdnützigkeit charakterisiert. Dies unterscheidet sie von Geschäftsführungsmaßnahmen, durch die zumindest auch eigennützige Interessen wahrgenommen werden. Aus dieser im Grundsatz abweichenden Interessenlage kann allerdings ebenfalls keine dogmatische Grundlage für die Abgrenzung der Normen abgeleitet werden.

Die Norm des § 110 HGB a. F. verfolgte das Ziel einen gesellschaftsinternen Ausgleich für ein Sonderopfer des Gesellschafters zu schaffen, welches er im Interesse der Gesellschaft auf sich genommen hat.[588] Der Anspruch basierte auf dem Gedanken, dass Aufwendungen von demjenigen getragen werden müssen, in dessen Interesse sie vorgenommen werden.[589] Die Vorschrift nahm damit nur

584 *Teichmann*, in: BeckOGK, BGB, § 675 Rn. 11.

585 *Geibel*, in: BeckOGK, BGB, § 709 Rn. 2.

586 Zur Geschäftsbesorgung: *Teichmann*, in: BeckOGK, BGB, § 675 Rn. 10. Zur Geschäftsführung: *Geibel*, in: BeckOGK, BGB, § 709 Rn. 2.

587 BT-Drs. 19/27635, S. 156.

588 *Bergmann*, in: EBJS, HGB, § 110 Rn. 3; *Finckh*, in: Henssler/Strohn, Gesellschaftsrecht, § 110 HGB Rn. 1.

589 *Klimke*, in: BeckOK, HGB, § 110 Rn. 1; *Gramlich/Müssig*, NZG 2019, 1333, 1335.

fremdnützige Tätigkeiten in den Blick.[590] Von vorneherein nicht ersatzfähig waren daher Aufwendungen, die der Gesellschafter im eigenen Interesse tätigte, selbst wenn diese im engen Zusammenhang mit seiner Gesellschafterstellung standen.[591] In diesem Sinne konnte Tätigkeiten, die zur Geschäftsführung gehörten, gewöhnlich nicht durch § 110 HGB a. F. abgegolten werden, da ein geschäftsführender Gesellschafter stets (auch) eigene Interessen wahrnimmt.[592] Zudem liegt solchen Handlungen der Geschäftsführung bereits die mitgliedschaftliche Verpflichtung zur Geschäftsführung zugrunde, die über den Gewinnanteil abgegolten wird.[593] Es kann – streng genommen – nicht von einem Sonderopfer gesprochen werden. Vielmehr trifft diese Verpflichtung alle geschäftsführenden Gesellschafter.

Systematisch ist die Notgeschäftsführung als Unterfall der Geschäftsführung einzuordnen. Im Hinblick auf die Interessenwahrnehmung nimmt der Notgeschäftsführer somit eigene Interessen wahr. Ganzheitlich betrachtet trifft diese Feststellung jedoch nicht zu. Denn soweit es um die echte Notgeschäftsführung geht, wird ein nicht geschäftsführungsbefugter Gesellschafter tätig, vgl. § 715a BGB. Diesen trifft grundsätzlich keine Pflicht zur Geschäftsführung. Tatsächlich liegt in diesem Fall die Annahme einer fremdnützigen Tätigkeit näher, da der Notgeschäftsführer nur tätig wird, weil die dazu berufenen Geschäftsführer nicht tätig werden können. Auch hier ist jedoch zu differenzieren: Denn davon ausgehend, dass sich das Recht zur Notgeschäftsführung in besonderen Situationen zu einer Pflicht zum Tätigwerden verdichten kann, wird der Notgeschäftsführer nicht mehr auf einer rein freiwilligen Basis tätig. Meines Erachtens kann dies nicht dazu führen, dass die echte Notgeschäftsführung in diesen Fällen ihren fremdnützigen Charakter verliert. Zwar sind durch die Pflicht zur Notgeschäftsführung mittelbar auch eigene Interessen des Notgeschäftsführers betroffen, dies schließt die Annahme einer (auch) fremdnützigen Tätigkeit jedoch nicht aus.[594] Vielmehr spricht gerade in dem besonderen Fall einer Notlage vieles dafür, von einem echten Sonderopfer des Notgeschäftsführers auszugehen. Auch für die unechten Notgeschäftsführungsbefugnisse aus § 715 Abs. 3 BGB

---

590 *Klimke*, in: BeckOK, HGB, § 110 Rn. 1.

591 Vgl. *Gramlich/Müssig*, NZG 2019, 1333, 1335.

592 Vgl. *Geibel*, in: BeckOGK, BGB, § 709 Rn. 6.

593 Dies betrifft insbesondere die Geschäftsführervergütung: *Gramlich/Müssig*, NZG 2019, 1333, 1335 f.; *Schäfer*, in: MünchKommBGB, § 709 Rn. 17; *Roth*, in: Hopt, HGB, § 110 Rn. 19.

594 *Lieder*, in: Oetker, HGB, § 110 Rn. 9; *Klimke*, in: BeckOK, HGB, § 110 Rn. 10; *Finckh*, in: Henssler/Strohn, Gesellschaftsrecht, § 110 HGB Rn. 12; *Gramlich/Müssig*, NZG 2019, 1333, 1339.

und § 116 Abs. 4 HGB lässt sich dieser auch fremdnützige Bezug nicht pauschal verneinen. Denn auch dieser wird nur tätig, weil die anderen Geschäftsführer nicht rechtzeitig reagieren können. Es wäre daher unbillig, den Gesellschaftern den Aufwendungsersatz zu versagen, nur weil diesem auch eine etwaige Pflicht zugrunde liegt. Vielmehr erbringt jeder Notgeschäftsführer bereits ein Sonderopfer, was im Rahmen des Aufwendungsersatzes berücksichtigt werden kann. Dies entspricht nach der Gesetzesbegründung dem Willen des Gesetzgebers.[595] Die Interessenlage ist daher nicht geeignet, um eine Abgrenzung der Notgeschäftsführung von dem weiteren Anwendungsbereich des § 716 BGB zu gewährleisten. Da eine Abgrenzung somit nicht gewährleistet werden kann, kann das Notgeschäftsführungsrecht nicht etwa als *lex specialis* mit Rechtsfolgenverweisung auf § 716 BGB verstanden werden. Vielmehr müssen die einschränkenden Voraussetzungen der Notgeschäftsführung im Rahmen des § 716 BGB berücksichtigt werden, um deren Voraussetzungen nicht zu konterkarieren.

dd) Einschränkungen des Aufwendungsersatzanspruches

Nachdem geklärt wurde, dass innerhalb des Anwendungsbereichs des Aufwendungsersatzanspruch nach § 716 BGB nicht zwischen Notgeschäftsführungsmaßnahmen und anderweitigen den Aufwendungsersatzanspruch auslösenden Maßnahmen differenziert werden kann, ist zu hinterfragen, inwieweit der Aufwendungsersatzanspruch zukünftig eingeschränkt werden muss. Zum Schutze der Geschäftsführungsordnung vor aufgedrängten Aufwendungsersatzansprüchen darf der Aufwendungsersatzanspruch die Regelungen zur Notgeschäftsführung nicht unterlaufen.

Das Augenmerk liegt dabei auf den folgenden Punkten: Will der Notgeschäftsführer seinen Aufwendungsersatzanspruch geltend machen, ist zu fordern, dass die Konsultationspflicht beachtet wurde. Unbillig wäre es, dem Notgeschäftsführer, der keinen Versuch unternimmt, die Maßnahme der Geschäftsführung zu übertragen, seine Aufwendungen zu erstatten. Ansonsten würde gerade ein Anreiz zu eigenmächtigem Handeln geschaffen. Diese Hürde ist für den Notgeschäftsführer unproblematisch zu nehmen und sichert den Vorrang der Geschäftsführungsordnung ab. Zum Schutze der Geschäftsführungsordnung ist ebenfalls zu fordern, dass der Maßnahme keine unter dem Gesichtspunkt der Treuepflicht wirksam verweigerte Zustimmung entgegensteht. Beide Aspekte lassen sich unter dem Tatbestandsmerkmal „für erforderlich halten dürfen" subsumieren, vgl. § 716 Abs. 1 BGB. Denn stellt der Notgeschäftsführer keine

595 BT-Drs. 19/27635, S. 153.

Erkundigungen an, fehlt es an einer sorgfältigen Abwägung zur Gebotenheit der den Aufwendungsersatz auslösenden Maßnahme.[596] Infolgedessen fehlt es an einer belastbaren Grundlage, die Maßnahme für erforderlich halten zu dürfen. Gleiches gilt, wenn ein (Mit-)Geschäftsführer seine Zustimmung im Rahmen des ihm zustehenden Geschäftsführerermessens verweigert.

Soweit die Anforderungen an die Konsultationspflicht erfüllt sind, steht dem Notgeschäftsführer der Aufwendungsersatz grundsätzlich zu. Das Risiko, die Gefahrenlage falsch eingeschätzt zu haben, kann im Rahmen des § 716 Abs. 1 BGB berücksichtigt werden. Insofern ist zu beurteilen, inwieweit der Notgeschäftsführer seine Berechtigung ohne vorwerfbares Verschulden angenommen hat. Nach der Streichung des § 708 BGB a. F.[597] kommt es dabei nicht mehr auf die eigenübliche Sorgfalt an, die allgemeinen schuldrechtlichen Grundsätze ermöglichen allerdings weiterhin eine einzelfallbezogene Abwägung.[598] Auch hier zeigt sich, welche Auswirkungen die Konsultationspflicht hat. Denn Grundvoraussetzung für ein nicht vorwerfbares Verhalten ist, dass der Notgeschäftsführer sich redlich bemüht hat, die Geschäftsführungsordnung einzuhalten.

ee) Folgerungen

Im Übrigen können Aufwendungen weiterhin nach den bekannten Grundsätzen zu § 110 HGB a. F. ersetzt werden. Denn nicht alle Aufwendungen sind automatisch als Geschäftsführungsmaßnahmen zu qualifizieren. Aufwendungen wie bspw. Fahrtkosten können zwar mit Geschäftsführungsmaßnahmen im engen Zusammenhang stehen und daher nach § 716 BGB ersetzt werden. Sie stellen deswegen jedoch noch keine Geschäftsführungsmaßnahmen dar. Insofern bleibt für § 716 BGB der typische Anwendungsbereich erhalten. Gleiches gilt für die Ersatzfähigkeit von Schäden.[599] Die Anwendbarkeit des Aufwendungsersatzanspruches hinsichtlich rechtsgeschäftlicher Handlungen im eigenen Namen für

596 Vgl. *Bergmann*, in: EBJS, HGB, § 110 Rn. 15; *Finckh*, in: Henssler/Strohn, Gesellschaftsrecht, § 110 HGB Rn. 13; *Gramlich/Müssig*, NZG 2019, 1333, 1340 ff.

597 Siehe hierzu die nicht einheitliche Beurteilung des 71. Deutschen Juristentages, vgl. 71. Deutscher Juristentag 2016, Beschluss III.17 O 222. Ferner, *Bachmann*, in: 71. Deutscher Juristentag 2016, O 161, 163 f.; zustimmend: *Kersting*, 71. Deutscher Juristentag 2016, O 165.

598 Zum neuen Haftungsmaßstab: *Schirrmacher*, ZHR 186 (2022), 250, 257 ff. Vgl. auch *Roßkopf*, in: 71. Deutscher Juristentag 2016, O 203.

599 Siehe hierzu nur: *Gramlich/Müssig*, NZG 2019, 1333, 1339; *Fleischer*, BB 2020, 2114, 2118 ff. jeweils m. w. N.

Rechnung der Gesellschaft[600] muss allerdings zukünftig kritisch hinterfragt werden. Die Ersatzfähigkeit von Aufwendung ohne zugrundeliegende innergesellschaftliche Berechtigung muss auf den Prüfstand gestellt werden. Anderenfalls droht die Geschäftsführungsordnung unterlaufen zu werden, obwohl die Notgeschäftsführung hieran hohe Maßstäbe setzt. Die Problematik ist indes nicht neu, unter der Geltung des MoPeG jedoch unter Umständen neu zu beurteilen. Denn mit der Kodifizierung wird das Notgeschäftsführungsrecht zukünftig eine breitere Resonanz erfahren. Nach der hier vertretenen Auffassung gilt dies umso mehr, als dass der Anwendungsbereich tendenziell größer werden wird. Denn im Gegensatz zu § 744 Abs. 2 BGB versteht das MoPeG die Notgeschäftsführung als vielseitiges Gefahrenabwehrrecht und beschränkt dieses nicht auf notwendige Erhaltungsmaßnahmen.[601] Zudem ist auch der in der Rechtsprechung dominierende Anwendungsbereich der Notgeschäftsführung – die Gesellschafterklage – nunmehr kodifiziert und damit vom Anwendungsbereich der Notgeschäftsführung größtenteils entkoppelt.[602] Insofern bleibt abzuwarten, wie die Rechtsprechung die Erforderlichkeit solcher Aufwendungen im Licht des restriktiveren Maßstabes der Notgeschäftsführung beurteilt.

c) *Widersprüchliche Aussagen zur Anwendbarkeit der Regelungen zur Geschäftsführung ohne Auftrag*

Abschließend zu den Rechtsfolgen soll noch Stellung zur Anwendbarkeit der Vorschriften zur Geschäftsführung ohne Auftrag genommen werden. Während der Gesetzgeber ausweislich der Materialen § 716 BGB als abschließende Norm verstanden haben will,[603] äußert er sich im Rahmen der Notgeschäftsführung gegensätzlich.[604] Dies macht eine Stellungnahme zur Anwendung der Vorschriften der Geschäftsführung ohne Auftrag erforderlich.

aa) Anwendung des § 683 BGB im Rahmen der Notgeschäftsführung?

Hintergrund ist, dass der Gesetzgeber in den Materialen die Möglichkeit anerkennt, dem Notgeschäftsführer könne, sollten die Voraussetzungen der §§ 715 Abs. 3, 715a BGB nicht vorgelegen haben, ein Anspruch nach § 683 Satz 1 BGB zuste-

---

600 Vgl. Beispiele bei *Bergmann*, in: EBJS, HGB, § 110 Rn. 11; *Gramlich/Müssig*, NZG 2019, 1333, 1338 f.

601 Siehe nachfolgend unter § 4 D. III. 3.

602 Siehe unter § 4 F. II.

603 Vgl. BT-Drs. 19/27635, S. 156 f.

604 BT-Drs. 19/27635, S. 153.

hen.[605] An einen solchen Fall sei zu denken, wenn der Gesellschafter die Gefahrensituation subjektiv ex ante falsch eingeschätzt habe.[606] Der vermeintliche Notgeschäftsführer soll dadurch entlastet werden. Denn die Notgeschäftsführung könne sich durch die gesellschaftsrechtliche Treuepflicht zu einer Pflicht zum Tätigwerden verdichten.[607] Sähe sich der Gesellschafter zum Handeln verpflichtet und stelle sich nachträglich heraus, dass die Voraussetzungen nicht vorgelegen hätten, hätte er keine Möglichkeit auf einen Aufwendungsersatz. Dieses Risiko einer Fehleinschätzung soll dem Gesellschafter nicht uneingeschränkt aufgebürdet werden. Denn im Falle dieser subjektiven Alternativlosigkeit wäre es unbillig dem Gesellschafter einen Aufwendungsersatzanspruch pauschal abzuerkennen.

bb) Stellungnahme

Diese Begründung überzeugt nicht.[608] Der Aufwendungsersatzanspruch richtet sich einzig nach der spezielleren Norm des § 716 BGB. Für eine Anwendung der Normen zur Geschäftsführung ohne Auftrag besteht keine Notwendigkeit. Geht der Notgeschäftsführer davon aus, dass der Gesellschaft unmittelbar eine Gefahr droht und wird er infolgedessen als vermeintlicher Notgeschäftsführer tätig und stellt sich im Nachhinein heraus, dass keine Gefahr vorgelegen hat, kann dieses Risiko im Rahmen des § 716 BGB berücksichtigt werden. Das subjektive Element des § 716 Abs. 1 BGB ermöglicht es Fehleinschätzung des Handelnden zu berücksichtigen, solange er objektiv im Geschäftskreis der Gesellschaft tätig geworden ist. Eine subjektive Fehleinschätzung des Gesellschafters ist folglich daran zu bemessen, ob ein sorgfältig prüfender Gesellschafter der Überzeugung sein durfte, die Maßnahme sei erforderlich. Für eine parallele Anwendung des § 683 Satz 1 BGB besteht kein Bedürfnis. Alles andere widerspricht dem Sinn und Zweck des § 716 BGB eine abschließende Risikoverteilung vorzunehmen.

D. Abkehr vom Dogma notwendiger Erhaltungsmaßnahmen?

Im folgenden Abschnitt soll die bereits aufgeworfenen These vom erweiterten Anwendungsbereich der Notgeschäftsführung weiter begründet und ausgearbeitet werden. Während das Notgeschäftsführungsrecht gemäß § 744 Abs. 2 BGB den

605 BT-Drs. 19/27635, S. 153.

606 BT-Drs. 19/27635, S. 153; *Lieder*, in Oetker, HGB 2024, § 116 Rn. 88,

607 BT-Drs. 19/27635, S. 153.

608 **A. A.** *Lieder*, in Oetker, HGB 2024, § 116 Rn. 88; *Roth*, in: Hopt, HGB 2024, § 715a BGB Rn. 3; *v. Ditfurth*, in: MünchHdB GesR I 2024, § 14 Rn. 70 hält offenbar beide Formen des Aufwendungsersatzes für möglich.

Gesellschafter nur zu Maßnahmen ermächtigte, die zur Erhaltung des Gesellschaftsvermögens oder der Gesellschaft selbst notwendig waren, sind die neuen Vorschriften primär auf Gefahrenabwehr ausgerichtet. Die neuen Vorschriften deuten auf eine Abkehr vom Dogma der notwendigen Erhaltungsmaßnahmen[609] hin und entwickeln die Notgeschäftsführung hin zu einem reinen Gefahrenabwehrrecht, welches in unterschiedlichen Situationen greifen kann.

I. Anknüpfungspunkt des Paradigmenwechsels

Der vom Gesetzgeber eingeläutete Paradigmenwechsel lässt sich unter den folgenden Gesichtspunkten begründen.

1. *Schadensbezogenheit der Notgeschäftsführung*

Im Gegensatz zur alten Rechtslage sind die neuen Notgeschäftsführungsrechte schadensbezogen und nehmen Abstand von dem Tatbestandsmerkmal der „Notwendigkeit". Dies lässt sich bereits daraus ableiten, dass ausweislich des gesetzgeberischen Willens zukünftig nur noch auf den drohenden Eintritt eines Schadens abgestellt wird. Dadurch wird der Anwendungsbereich der Notgeschäftsführung ausgedehnt, da es künftig nicht mehr darauf ankommt, ob die Abwehr des drohenden Schadens für die Gesellschaft notwendig ist. Die analoge Anwendung des § 744 Abs. 2 BGB war stets von Auslegungsschwierigkeiten geprägt. Da die Norm dem Bruchteilsrecht entspringt, war die Geschäftsführung dort auf Maßregeln zur Erhaltung des in Bruchteilsgemeinschaft gehaltenen Gegenstandes beschränkt. Ausgangspunkt des Notgeschäftsführungsrecht war das Erhaltungsrecht der einzelnen Teilhaber, welches sich in der Regel nur auf einzelne Gegenstände oder Rechte beschränkte. Bei der Übertragung dieser Grundsätze auf eine Gesellschaft stellte sich das Problem, dass der Verlust einzelner Gegenstände oder Rechte des Gesellschaftsvermögens nicht zwangsläufig die Gesellschaft selbst in ihrem Bestand gefährdete und in diesem Sinne nicht notwendig war. Dies führte zu Rechtsunsicherheit und Auslegungsschwierigkeiten, da die Frage, inwiefern die Maßnahme für den Erhalt der Gesellschaft oder des Gesellschaftsvermögen notwendig ist, kaum zweifelsfrei und wenn dann nur retrospektiv beantwortet werden konnte.

Mit der neuen Formulierung und im Hinblick auf die Gesetzesmaterialien stellt der Gesetzgeber nun klar, dass das entscheidende Kriterium der drohende Schaden für die Gesellschaft oder das Gesellschaftsvermögen ist. Ob die Abwehr dieses

609 Siehe hierzu unter § 3 C. II. 2. b) cc).

Schadens für die Gesellschaft notwendig ist, ist hingegen nicht mehr relevant. Dies überzeugt insofern, als dass eine Schadensabwehr meist im Gesellschaftsinteresse liegen wird und sich die Frage der Notwendigkeit erübrigt.

Von diesem Standpunkt überzeugt es auch, dass die Vermeidung eines entgangenen Gewinns künftig auch eine Notgeschäftsführungsmaßnahme darstellt. Denn unter dem Gesichtspunkt der Schadensabwehr überzeugt es, auch einen entgangenen Gewinn umfasst zu sehen. Hingegen wird man nur in Ausnahmefällen zu der Annahme kommen können, dass ein Gewinn für den Erhalt der Gesellschaft oder des Gesellschaftsvermögens tatsächlich notwendig ist.

2. *Abgeschwächte Rechtsfolgen bei unberechtigter Notgeschäftsführung*

Für diese schadensbezogene Perspektive der Notgeschäftsführung spricht auch, dass der Gesetzgeber die Rechtsfolgen für den eigenmächtig Handelnden abschwächt. Der Gesetzgeber anerkennt damit die Möglichkeit, dass es im Rahmen der Notgeschäftsführung aufgrund des erweiterten Anwendungsbereichs häufiger zu Fehleinschätzungen kommen kann. Die Abmilderung der Rechtsfolgen ist eine direkte Reaktion auf den Paradigmenwechsel. Denn während notwendige Erhaltungsmaßnahmen nur selten diskutiert wurden, wird die Notgeschäftsführung als Gefahrenabwehrrecht einen breiteren Anwendungsbereich erfahren, was die Berücksichtigung von Fehleinschätzungen in den Rechtsfolgen erforderlich macht.

Der Gesetzgeber hat sich ausweislich der Materialien für einen Aufwendungsersatz nach § 683 Satz 1 BGB ausgesprochen, für den Fall, dass die Voraussetzungen der Notgeschäftsführung nicht vorlagen und der Aufwendungsersatzanspruch nach § 716 Abs. 1 BGB nicht greift.[610] Bereits im Abschnitt über die Rechtsfolgen wurde klargestellt, dass eine Anwendung der Vorschriften über die Geschäftsführung ohne Auftrag keinen Mehrwert zur Anwendung des § 716 Abs. 1 BGB birgt. Ein Rückgriff auf die Geschäftsführung ohne Auftrag ist daher nicht gerechtfertigt. Die Gesetzesmaterialien sind hinsichtlich dieser Problematik widersprüchlich.[611] Im Ergebnis kann eine Fehleinschätzung der Gefahrenlage hinlänglich im Rahmen des § 716 Abs. 1 BGB berücksichtigt werden. Das subjektive Element des für-erforderlich-halten-Dürfens gestattet eine einzelfallbezogene Abwägung

---

610 BT-Drs. 19/27635, S. 153.

611 Vgl. BT-Drs. 19/27635, S. 153: „*[Es] kann gleichwohl ein Aufwendungsersatzanspruch nach den Regeln über die Geschäftsführung ohne Auftrag in Betracht kommen.*" Vgl. BT-Drs. 19/27635, S. 156 f.: „*Es handelt sich bei § 716 BGB-E folglich um eine die Risikoverteilung umfassend regelnde Norm, die einen Rückgriff auf die Vorschriften der Geschäftsführung ohne Auftrag entbehrlich macht […].*"

und kann dem vermeintlichen Notgeschäftsführer eine Berufung auf den Aufwendungsersatzanspruch ermöglichen, selbst wenn keine Gefahr vorgelegen haben sollte.[612] Dies gilt zumindest dann, wenn die übrigen Voraussetzungen der Notgeschäftsführung vorliegen, insbesondere kein Verstoß gegen die Konsultationspflicht gegeben ist.

Unabhängig von der zukünftigen Ausgestaltung eines Aufwendungsersatzanspruches zeigt sich mit Blick auf die Gesetzesbegründung, dass der Gesetzgeber die Rechtsfolgen einer Fehleinschätzung zukünftig deutlich abmindern will. Dies ist logische Konsequenz des erweiterten Anwendungsbereiches und versinnbildlicht den vom Gesetzgeber eingeläuteten Paradigmenwechsel.

3. *Zusammenfassung*

Im Gegensatz zum alten Notgeschäftsführungsrecht, das nur in Extremfällen greifen konnte, wird die Hürde, sich im materiellen Sinne auf das Notgeschäftsführungsrecht zu berufen, herabgesetzt. Dies verdeutlicht das Verständnis des Notgeschäftsführungsrecht als Gefahrenabwehrrecht, unabhängig von der absoluten Notwendigkeit bestimmter Maßnahmen. Das vormals restriktive Verständnis der Notgeschäftsführungsrechte wandelt sich zu einem vielseitigen Gefahrenabwehrrecht. Das Stufenverhältnis der Notgeschäftsführungsrechte, sowie die Konsultationspflicht gewährleisten jedoch einen ständigen Vorrang der Geschäftsführungsordnung. Insofern ist der Anwendungsbereich der Notgeschäftsführungsrechte zwar ausgeweitet worden, die Wirksamkeit wird allerdings zugunsten der Geschäftsführungsordnung klar begrenzt.

II. § 715a BGB als rudimentärer Anknüpfungspunkt des Erhaltungsinteresses

Gänzlich aufgeben will der Gesetzgeber das Dogma notwendiger Erhaltungsmaßnahmen allerdings scheinbar nicht. Als rudimentärer Anknüpfungspunkt bleibt die Vorschrift des § 715a BGB.

Denn nach wie vor geht der Gesetzgeber davon aus, dass § 715a BGB weder der Widerspruch eines anderen Gesellschafters noch die Verweigerung der Zustimmung entgegengesetzt werden könne.[613] Im Gegensatz dazu soll das Recht zur Notgeschäftsführung weiterhin ausgeschlossen sein, wenn ein Gesellschafter im

---

612 Siehe unter § 4 C. III. 2. a).

613 BT-Drs. 19/27635, S. 152: „*Seiner Notgeschäftsführungsbefugnis stehen weder der Widerspruch eines anderen Gesellschafters (§ 715 Abs. 4 BGB-E) noch die Verweigerung von dessen Zustimmung (§ 715 Abs. 3 Satz 3 [sic!] BGB-E) entgegen.*“

Rahmen der unechten Notgeschäftsführungsbefugnisse nach §§ 715 Abs. 3 BGB, 116 Abs. 4 HGB seine Zustimmung verweigert.[614] Der Gesetzgeber scheint im Gleichlauf zur alten Rechtslage (§ 744 Abs. 2 BGB) den Anknüpfungspunkt des § 715a BGB immer noch in dem Erhaltungsinteresse der Gesellschaft zu sehen. Diesem liegt die gesellschaftsrechtliche Treuepflicht zugrunde, welche die Gesellschafter untereinander verpflichtet, die fragliche Maßnahme vorzunehmen. Entsprechend ist eine gesellschaftsvertragliche Abbedingung des Rechts nicht möglich, vgl. § 715a Satz 2 BGB. Unter dieser Prämisse wird die echte Notgeschäftsführung zu einem absoluten Recht erhoben, welches im Hinblick auf die konkrete Situation der Gesellschaft einen objektiven Maßstab bildet, dem sich alle Gesellschafter unterzuordnen haben. Denn nur, wenn eine notwendige Erhaltungsmaßnahme vorliegt, gebietet die Treuepflicht eine Zustimmung bzw. führt zur Unbeachtlichkeit eines Widerspruchs.

III. Vom Erhaltungsinteresse losgelöstes Verständnis der Notgeschäftsführung

Das Festhalten am Dogma der notwendigen Erhaltungsmaßnahmen überzeugt nicht. In diesem Sinne soll hier für ein vom Erhaltungsinteresse losgelöstes Verständnis der Vorschriften plädiert werden. Hierbei soll aufgezeigt werden, dass der Anwendungsbereich des § 715a BGB über die Umsetzung notwendiger Erhaltungsmaßnahmen hinaus geht. Eine maßnahmenbezogene Abgrenzung der Notgeschäftsführungsrechte zueinander ist nicht veranlasst. Daher ist im Ergebnis auch der Gedanke, die Beachtlichkeit einer verweigerten Zustimmung hänge von der jeweiligen Norm ab, zu verwerfen. Dafür lassen sich folgende Punkte ins Feld führen:

1. Wortlautargument

Für ein vom Erhaltungsinteresse losgelöstes Verständnis streitet zunächst der Wortlaut der Vorschriften. Dem Wortlaut des § 715a BGB ist keine Einschränkung auf notwendige Erhaltungsmaßnahmen zu entnehmen. Stattdessen spricht die systematisch zur Geschäftsführung gehörende Norm nur von „einem Geschäft". Ferner verlangt die Norm nur eine Gefahr für die Gesellschaft oder das Gesellschaftsvermögen und gibt damit eine schadensbezogene Perspektive vor.[615]

---

614 BT-Drs. 19/27635, S. 152: „*Wird die Zustimmung auch nur von einem mitgeschäftsführungsbefugten Gesellschafter verweigert, ist trotz Gefahr im Verzug keine Einzelgeschäftsführungsbefugnis gegeben.*"

615 Siehe unter § 4 D. I. 1.

Ein Anknüpfungspunkt für rein notwendige Erhaltungsmaßnahmen ist nicht vorhanden. Die Fixierung auf notwendige Erhaltungsmaßnahmen ist lediglich ein Überbleibsel des § 744 Abs. 2 BGB.

2. *Systematisches Verständnis*

Für ein vom Erhaltungsinteresse losgelöstes Verständnis spricht die neue Systematik der Notgeschäftsführungsrechte. Diese Systematik basiert auf einer rein personellen Abgrenzung der Notgeschäftsführungsrechte und differenziert nicht nach der zugrundeliegenden Maßnahme.

a) *Maßnahmenbezogene Abgrenzung der Notgeschäftsführungsrechte nach dem bisherigen Recht*

Das Dogma notwendiger Erhaltungsmaßnahmen basiert auf dem Gedanken, dass jeder Gesellschafter gleich dem Teilhaber einer Bruchteilsgemeinschaft, notwendige Maßnahmen ohne Zustimmung der anderen Gesellschafter vornehmen könne. Ist eine Zustimmung nicht erforderlich, bedarf es auch keiner Konsultation der Geschäftsführung. In diesem Sinne differenzierte das alte Recht nach der zugrundeliegenden Maßnahme. Notwendige Maßnahmen konnten nach § 744 Abs. 2 BGB vorgenommen werden. Für Personenhandelsgesellschafter konnte ergänzend § 115 Abs. 2 HGB a. F. herangezogen werden. Dieser ging allerdings über notwendige Maßnahmen hinaus. Dies lässt sich daraus ableiten, dass die Maßnahme bei verweigerter Zustimmung unterbleiben musste. Die Frage, nach welcher Norm ein geschäftsführungsbefugter Gesellschafter notwendige Erhaltungsmaßnahmen durchsetzen konnte und wie eine verweigerte Zustimmung zu behandeln wäre, blieb unbeantwortet.[616] Tendenziell wurde bei notwendigen Erhaltungsmaßnahmen stets § 744 Abs. 2 BGB ins Feld geführt.

b) *These: Personeller Anwendungsbereich als Abgrenzungskriterium der Notgeschäftsführungsrechte*

Eine maßnahmenbezogene Abgrenzung der Notgeschäftsführungsrechte nach dem MoPeG lässt sich nicht mehr begründen. Stattdessen kann maßgebliches Abgrenzungskriterium für die Befugnis zur Notgeschäftsführung nur der personelle Anwendungsbereich sein.[617] Während die unechten Notgeschäftsführungsrechte nur die geschäftsführungsbefugten Gesellschafter adressieren, kann sich der

---

616 Siehe die Erläuterung in dieser Arbeit unter § 3 B. III. 2. b).

617 Ähnlich wohl *Schäfer*, in: MünchKommBGB 2024, § 715 Rn. 11, der von einer besonderen Befugnis der Gesamtgeschäftsführer spricht.

nicht geschäftsführungsbefugte Gesellschafter nur auf das echte Notgeschäftsführungsrecht nach § 715a BGB berufen. Dabei sind weder die unechten Notgeschäftsführungsbefugnisse noch die echte Notgeschäftsführung auf notwendige Erhaltungsmaßnahmen beschränkt. Ebenso wenig kann angenommen werden, § 715a BGB sei für notwendige Erhaltungsmaßnahmen gegenüber den unechten Notgeschäftsführungsbefugnissen vorrangig. Diese These wird durch eine Reihe von Umkehrschlüssen und Folgeüberlegungen bestätigt.

aa) Unechte Notgeschäftsführung als umfassendes Instrument der Gefahrenabwehr

Ausgangspunkt der Überlegung ist, dass die unechten Notgeschäftsführungsbefugnisse nicht auf notwendige Erhaltungsmaßnahmen beschränkt sind. Dies ergibt sich aus dem Vergleich zum bisherigen Verständnis des § 115 Abs. 2 HGB a. F.: Der Geschäftsführer hatte die übrigen Geschäftsführer zu konsultieren; die Maßnahme musste unterbleiben, soweit ein Geschäftsführer seine Zustimmung verweigerte.[618] Daraus ergibt sich, dass der Anwendungsbereich über notwendige Erhaltungsmaßnahmen hinaus ging. Denn hätte die unechte Notgeschäftsführungsbefugnis nur notwendige Erhaltungsmaßnahmen im Blick, wäre eine verweigerte Zustimmung stets unbeachtlich. Fest steht aber auch, dass es gerade dem Geschäftsführer möglich sein muss, notwendige Erhaltungsmaßnahmen vorzunehmen. Dieses Recht kann nicht nur dem nicht geschäftsführungsbefugten Gesellschafter im Rahmen des echten Notgeschäftsführungsrechts zustehen. Würde man diese aus dem Anwendungsbereich der unechten Notgeschäftsführungsbefugnisse herausnehmen, bliebe dem Geschäftsführer nur der Weg über § 715a BGB. Die Norm setzt allerdings voraus, dass es der Geschäftsführung nicht möglich ist, an dem Geschäft mitzuwirken, wobei explizit auf die unechte Notgeschäftsführung verwiesen wird. Dieser Verweis wäre obsolet, würde man den Anwendungsbereich für den Geschäftsführer eröffnet sehen. Schon der Wortlaut („Sind alle geschäftsführungsbefugten Gesellschafter verhindert…“) indiziert, dass die Geschäftsführer gerade nicht von der Norm umfasst sein sollen. Grenzt man die Notgeschäftsführungsrechte anhand des Adressaten ab, bleibt daher kein Raum für eine maßnahmenbezoge-

618 Zu § 115 Abs. 2 HGB: BGHZ 17, 181 = BGH, NJW 1955, 1027, 1028; *Hueck*, Recht der OHG, § 10 II S. 76 f.; *Lieder*, in: Oetker, HGB, § 115 Rn. 25; *Drescher*, in: EBJS, HGB, § 115 Rn. 32; *Jickeli*, in: MünchKommHGB, § 115 Rn. 57; *Schäfer*, in: Staub, HGB, § 115 Rn. 5, 37; *Hoffmann/Bartlitz*, in: Heymann (2020), HGB, § 115 Rn. 9; *Weipert*, in: HGB-RGRK, § 115 Anm. 7 (S. 117); *Bergmann*, WM 2019, 189, 192.

ne Abgrenzung. Unabhängig davon, ob eine notwendige Erhaltungsmaßnahme vorliegt oder nicht, stellen die unechten Notgeschäftsführungsrechte folglich ein umfassendes Gefahrenabwehrrecht zugunsten der geschäftsführungsbefugten Gesellschafter dar.

bb) Zwischenergebnis

Die Überlegungen zeigen, dass die unechten Notgeschäftsführungsbefugnisse weder eine notwendige Maßnahme voraussetzen noch durch eine solche ausgeschlossen werden. Vielmehr sind sie das allumfassende Instrument zur Gefahrenabwehr für den geschäftsführungsbefugten Gesellschafter. Daraus schlussfolgernd ist einziger Adressat der echten Notgeschäftsführungsbefugnis nach § 715a BGB der nicht geschäftsführungsbefugte Gesellschafter.

3. *Weites Verständnis des § 715a BGB: Keine Begrenzung auf notwendige Erhaltungsmaßnahmen*

Nachdem geklärt ist, dass die unechten Notgeschäftsführungsbefugnisse für den Geschäftsführer das umfassende Instrument der Gefahrenabwehr sind, gleich welche Maßnahmen vorgenommen werden, bleibt die Frage, ob dies auch für den nicht geschäftsführungsbefugten Gesellschafter im Rahmen des § 715a BGB zu gelten hat. Diese Frage ist zu bejahen. Für eine unterschiedliche Behandlung der Notgeschäftsführungsbefugnisse besteht rechtspolitisch kein Bedürfnis. § 715a BGB ist daher im Gleichlauf zu den unechten Notgeschäftsführungsbefugnissen als umfassendes Instrument der Gefahrenabwehr zu verstehen. Eine Beschränkung auf notwendige Erhaltungsmaßnahmen ist nicht veranlasst.

aa) Wortlautargument und systematischer Kontext

Schon der Vergleich der Vorschriften zur Notgeschäftsführung im systematischen Gesamtkontext spricht gegen eine Beschränkung der Norm auf das Erhaltungsinteresse. Denn sowohl § 715a BGB als auch § 715 Abs. 3 BGB und § 116 Abs. 4 HGB sind nahezu identisch formuliert. Die Normen setzen allesamt nur eine Gefahr für die Gesellschaft oder das Gesellschaftsvermögen voraus. Es ist kein Grund ersichtlich, warum § 715a BGB im Vergleich zu den unechten Notgeschäftsführungsbefugnissen nur bei notwendigen Erhaltungsmaßnahmen Anwendung finden sollte. Während die alte Rechtslage noch das Argument zuließ, dass § 115 Abs. 2 Halbs. 2 HGB a. F. keine Anwendung bei notwendigen Erhaltungsmaßnahmen finden würde und der Geschäftsführer sich direkt auf § 744 Abs. 2 BGB berufen könnte, kann eine maßnahmenbezogene Abgrenzung zwischen unechter und echter Notgeschäftsführung aufgrund des nun gleichlautenden Wortlauts nicht mehr begründet werden.

bb) Regulierung über die Treuepflicht

Das Dogma von notwendigen Erhaltungsmaßnahmen ist ein Relikt der analogen Anwendung des § 744 Abs. 2 BGB. Im Recht der Bruchteilsgemeinschaft schützte § 744 Abs. 2 BGB das Erhaltungsinteresse, unabhängig vom Standpunkt übriger Teilhaber. Der Teilhaber konnte Maßnahmen zur Erhaltung des Rechts ungeachtet der Weigerung der übrigen Teilhaber durchsetzen, da dieses Erhaltungsrecht das Kernelement des Bruchteilsrechts darstellte. Konnten sich die Teilhaber nicht über die Verwaltung ihres gemeinsam gehaltenen Rechts einigen, war es dem einzelnen Teilhaber zumindest immer möglich, den Wert des Rechts eigenständig zu erhalten. Die Erkenntnis, dass es auch in Gesellschaftsverhältnissen zu Situationen kommen kann, in denen jeder Gesellschafter aufgrund der Treuepflicht zum Handeln verpflichtet wäre, bzw. sich nicht gegen eine Maßnahme zur Wehr setzen kann, ist damit vergleichbar. Innerhalb der komplexen Interessen von Gesellschaftsverhältnissen ist diese eindimensionale Hervorhebung des Erhaltungsinteresses jedoch nicht sachgerecht. Vielmehr ist die Treuepflicht der regulierende Anknüpfungspunkt für eine Interessenabwägung. Für eine Beschränkung der Notgeschäftsführungsrechte auf notwendige Erhaltungsmaßnahmen besteht kein Anlass. Das Recht eines Gesellschafters Maßnahmen vorzunehmen oder die Zustimmung zu solchen zu verweigern, wird durch die Treuepflicht ohnehin eingeschränkt. Für eine sachliche Beschränkung des Notgeschäftsführungsrechts auf Maßnahmen, die aus der Perspektive der Treuepflicht vorgenommen werden müssten, besteht kein Bedürfnis, solange die inneren Belange der Gesellschaft im Rahmen der Geschäftsführungsordnung vorrangig berücksichtigt werden. Dies wird durch die Konsultationspflicht und das Stufenverhältnis sichergestellt. Eine Einschränkung der Notgeschäftsführungsrechte auf notwendige Erhaltungsmaßnahmen ist daher nicht veranlasst, zumal die Gefahrenabwehr unabhängig von der notwendigen Erhaltung der Gesellschaft regelmäßig im Interesse der Gesellschaft liegen wird.

cc) Interessenabwägung zugunsten der Gefahrenabwehr

Für ein von den notwendigen Erhaltungsmaßnahmen losgelöstes Verständnis der echten Notgeschäftsführungsbefugnis spricht auch, dass es für die Gesellschaft schließlich keinen Unterschied machen kann, wer die Gefahr abwehrt, solange das Tätigwerden im Lichte der Treuepflicht geboten oder zumindest gerechtfertigt ist, weil die Geschäftsführung die Gefahr nicht rechtzeitig abwehren konnte. Solange der Vorrang der Geschäftsführung im Grundsatz nicht tangiert wird, ist der Gefahrenabwehraspekt positiv zu bewerten. Durch die Konsultationspflicht wird der Vorrang der Geschäftsführung gewahrt. Der Gesetzgeber nimmt damit eine Interessenabwägung zugunsten der Gefahrenabwehr vor, gewährt aber gleichzeitig der Geschäftsführungsordnung umfassenden Vorrang. Damit schlägt er zwei Fliegen mit einer Klappe.

dd) Würdigung

Der erweiterte Anwendungsbereich der Notgeschäftsführungsbefugnis zugunsten eines nicht geschäftsführungsbefugten Gesellschafters mag im Hinblick auf die Geschäftsführungsordnung zunächst kritisch gesehen werden. Elementar ist in dieser Hinsicht die Konsultationspflicht. Denn soweit der Gesellschafter dazu angehalten ist, die Entscheidung soweit möglich der Geschäftsführung zu übertragen, wird eine formelle Tatbestandsvoraussetzung geschaffen, die das Notgeschäftsführungsrecht einschränkt. Ähnlich wie früher § 115 Abs. 2 Halbs. 2 HGB a. F. ist das neue Notgeschäftsführungsrecht nun als weites, aber nicht sehr wirksames Recht zu verstehen. Damit wird der Vorrang der Geschäftsführungsordnung außerhalb von Extremfällen gewahrt und vorrangig berücksichtigt. Angesichts dieser beschränkten Wirksamkeit in dem Sinne, dass die Entscheidungshoheit der Geschäftsführung bis auf Ausnahmefälle respektiert wird, ist eine Ausweitung des Notgeschäftsführungsrechts unschädlich. Zudem werden Zweifelsfragen hinsichtlich der Notwendigkeit zukünftig entschärft. Vielmehr wird es nun vermehrt auf die Frage ankommen, inwieweit die Geschäftsführung konsultiert wurde, was einer Beweiserhebung leichter zugänglich ist.

4. *Folgerung: Entkoppelung der Maßgeblichkeit einer Zustimmungsverweigerung von der jeweiligen Norm*

Aus diesem Verständnis der Notgeschäftsführungsrechte lässt sich folgern, dass eine notwendige Erhaltungsmaßnahme weder Voraussetzung noch Ausschlusskriterium für die Anwendbarkeit der Notgeschäftsführungsbefugnisse ist. Vielmehr spricht vieles für ein vom Erhaltungsinteresse losgelöstes Verständnis der Notgeschäftsführungsrechte und damit eine Abkehr vom Dogma der notwendigen Erhaltungsmaßnahmen. Einziges Abgrenzungskriterium ist der personelle Anwendungsbereich.

Pauschal verbietet sich daher die Aussage, die verweigerte Zustimmung eines (Mit)Geschäftsführers sei beachtlich oder unbeachtlich. Die Beachtlichkeit einer verweigerten Zustimmung richtet sich nicht nach der jeweiligen Norm, da es keine Frage sein kann, wer das Geschäft vornehmen möchte; es kommt alleine auf die Bedeutung des konkreten Geschäfts an. Die Frage, ob einer verweigerten Zustimmung Bedeutung zukommt, ist somit von der Anwendung der konkreten Norm entkoppelt. Denn wird der Gedanke der Maßgeblichkeit einer Zustimmungsverweigerung oder deren Unbeachtlichkeit konsequent fortgeführt, kommt man zu einem widersprüchlichen Ergebnis: Sollte ein geschäftsführungsbefugter Gesellschafter seine Zustimmung verweigern, müsste der Geschäftsführer, der sich auf § 715 Abs. 3 BGB beruft, das Geschäft unterlassen; der nicht geschäftsführungsbefugte Gesellschafter könnte das Geschäft nach § 715a BGB trotzdem vornehmen. Daraus folgt, dass die Beachtlichkeit einer verweigerten Zustimmung nicht von der Anwendung der Norm abhängt, sondern nur von der zugrundeliegenden Maßnahme. Da die Notgeschäftsführungsbefugnisse allerdings keine maßnahmenbezogene Differenzierung zulassen und der personelle Anwendungsbereich ebenfalls kein Ausschlusskriterium für die Vornahme einer notwendigen Maßnahme sein kann, muss die alte Verknüpfung zwischen der jeweiligen Norm und der Beachtlichkeit/Unbeachtlichkeit einer Zustimmungsverweigerung fallen gelassen werden. Denn es überzeugt nicht, die Beachtlichkeit einer Zustimmungsverweigerung von der Einschlägigkeit der jeweiligen Norm abhängig zu machen, die an die gleichen Tatbestandsmerkmale geknüpft sind und sich im Wesentlichen nur dadurch unterscheiden, inwiefern dem Notgeschäftsführer schon Geschäftsführungsbefugnis eingeräumt ist. Denn die Treuepflicht verpflichtet im Grundsatz alle Gesellschafter, Schaden von der Gesellschaft abzuwehren.

5. *Empfehlungen*

Vorzugswürdig wäre es, zukünftig terminologisch auf die notwendigen Erhaltungsmaßnahmen zu verzichten, um Überschneidungen und Querverweise zur alten Rechtslage zu vermeiden. Stattdessen sollte einzig darauf abgestellt werden, inwieweit die Treuepflicht die Vornahme der Maßnahme gebietet. Die notwendige Erhaltungsmaßnahme kann diesen Komplex begrifflich weiter ausformen. Als maßgeblicher Anknüpfungspunkt taugt die notwendige Erhaltungsmaßnahme nach dem neuen Verständnis der Notgeschäftsführungsrechte allerdings nicht mehr. Auf Basis einer solchen Differenzierung kann die Abkehr von § 744 Abs. 2 BGB auch sprachlich vollzogen werden. Aussagen, die eine Zustimmungsverweigerung in Abhängigkeit von dem jeweiligen Notgeschäftsführungsrecht sehen, sollten vermieden werden. Im Grundsatz muss eine verweigerte Zustimmung immer Geltung beanspruchen, unabhängig davon, ob eine Anwendung des § 715a BGB oder des

§ 715 Abs. 3 BGB bzw. § 116 Abs. 4 HGB in Rede steht. Ausnahmen ergeben sich aus der Treuepflicht.

E. Zusammenspiel der Notgeschäftsführungsbefugnisse: Stufenverhältnis

Nachdem die tatbestandlichen Voraussetzungen geklärt und der Gedanke von der Abkehr des Dogmas notwendiger Erhaltungsmaßnahmen eingeführt wurden, soll im Folgenden das Zusammenspiel der Notgeschäftsführungsrechte, insbesondere das bereits angesprochene Stufenverhältnis weiter vertieft werden. Diesem liegt das Verständnis der Notgeschäftsführungsrechte als umfassendes Instrument zur Gefahrenabwehr zugrunde. Die Gesetzesbegründung führt dabei immer wieder zu Missverständnissen und Auslegungsschwierigkeiten. Es erhärtet sich der Verdacht, dass viele der offenen Zweifelsfragen lediglich pauschal an den Gesetzesanwender weiter gereicht wurden. Angesichts der bisherigen trivialen Bedeutung der Notgeschäftsführung für die obergerichtliche Rechtsprechung ist dies nicht weiter verwunderlich. Das Zusammenspiel der Normen wird allerdings dadurch in Frage gestellt, weshalb eine genauere Untersuchung von Nöten ist. Dadurch werden die bereits aufgeworfenen Thesen und Erkenntnisse weiter ausgeformt und bestätigt.

I. § 715 Abs. 3 BGB im Verhältnis zu § 715a BGB: Anwendungsbereich

Die im Wesentlichen gleichlautende Formulierung im Rahmen der unechten und der echten Notgeschäftsführungsbefugnis führt zu einem Konkurrenzverhältnis der Vorschriften. Dies macht eine Abgrenzung der Vorschriften erforderlich.[619] Es soll daher geklärt werden, in welchem Verhältnis das Notgeschäftsführungsrecht eines Geschäftsführers (§§ 715 Abs. 3 BGB, 116 Abs. 4 HGB) zu dem echten Notgeschäftsführungsrecht aus § 715a BGB steht.

1. *Wortlaut und Gesetzesbegründung als Ausgangspunkt*

Ausgangspunkt der Untersuchung sind der Wortlaut und die Gesetzesbegründung. Wie bereits beschrieben,[620] differenziert der Wortlaut nicht zwischen den in Frage stehenden Maßnahmen. Die Normen setzen jeweils nur eine Gefahr,

---

619 Dies anerkennen auch *Schöne*, in: BeckOK, BGB 2024, § 715 Rn. 21 und *Karrer*, in: MAH PersGesR, § 14 Rn. 125, allerdings ohne hierzu Stellung zu beziehen. Für einen Vorrang von § 715 Abs. 3 BGB plädiert *Karrer*, in: MAH PersGesR, § 14 Rn. 37.

620 Siehe unter § 4 D. III. 1.

gleich welcher Intensität voraus. Als maßgebliches Abgrenzungskriterium bleibt nur der personelle Anwendungsbereich. Während die unechten Notgeschäftsführungsbefugnisse nur einen im Grundsatz geschäftsführungsbefugten Gesellschafter adressieren, nimmt das echte Notgeschäftsführungsrecht die Perspektive des nicht geschäftsführungsbefugten Gesellschafters ein. Zweifel an diesem Ergebnis ergeben sich aus der Gesetzesbegründung. Diese legt nahe, dass § 715a BGB auch für den geschäftsführungsbefugten Gesellschafter Anwendung finden könnte. In dieser heißt es:

> *§ 715a Satz 1 BGB-E richtet sich demgegenüber an jeden, das heißt auch den von der Geschäftsführungsbefugnis ausgeschlossenen Gesellschafter. Seiner Notgeschäftsführungsbefugnis stehen weder der Widerspruch eines anderen Gesellschafters (§ 715 Absatz 4 BGB-E) noch die Verweigerung von dessen Zustimmung (§ 715 Absatz 3 Satz 3 BGB-E [sic!]) entgegen. […] Damit wird klargestellt, dass von mehreren Gesellschaftern zuvorderst die mitgeschäftsführungsbefugten Gesellschafter im Rahmen von § 715 Absatz 3 Satz 3 [sic!] zur Notgeschäftsführung befugt sind.*[621]

Die Begründung geht also ohne Weiteres davon aus, dass sich auch ein (gesamt-) geschäftsführungsbefugter Gesellschafter auf § 715a BGB berufen kann. Denn die Norm soll sich an jeden richten, also nicht nur an die ausgeschlossenen, sondern an jeden, d.h. auch an die geschäftsführungsbefugten Gesellschafter. Verstärkt wird dieser Abgrenzungskonflikt durch die pauschale – und wie bereits dargelegt – falsche Feststellung, § 715a BGB stünde keine verweigerte Zustimmung entgegen. Wäre dies richtig, wäre auch die Konsultationspflicht obsolet, da eine verweigerte Zustimmung ohnehin unbeachtlich wäre.

2. *Stellungnahme*

Diese Begründung zu § 715a BGB und § 715 Abs. 3 BGB überzeugt nicht. Ziel des Gesetzes war es gerade solchen Schwierigkeiten bei der Anwendung und Auslegung der Notgeschäftsführung vorzubeugen. Zieht man die Gesetzesbegründung zur Auslegung heran, sieht man sich mit den obigen Fragestellungen konfrontiert. Deren Beantwortung liegt jedoch auf der Hand, führt man sich die Bedeutung der Konsultationspflicht und den Sinn und Zweck dieser vor Augen: § 715a BGB adressiert nur den nicht geschäftsführungsbefugten Gesellschafter, während die unechten Notgeschäftsführungsrechte nur auf die geschäftsführungsbefugten Gesellschafter zugeschnitten sind. Eine parallele Anwendung kommt nicht in Betracht.

---

621 BT-Drs. 19/27635, S. 152.

Unter Berücksichtigung der bereits gewonnenen Erkenntnisse im Hinblick auf die Schwachstellen der alten Rechtslage, das Subsidiaritätserfordernis und die daraus entspringende Konsultationspflicht führt bereits eine zweckmäßige Auslegung des Wortlauts zu einer sachgerechten Lösung. Auch wenn die Gesetzesbegründung Gegenteiliges indiziert, ist ein gesamtgeschäftsführungsbefugter Gesellschafter nicht befugt, sich auf das echte Notgeschäftsführungsrecht nach § 715a BGB zu berufen. Die Norm adressiert dem Wortlaut nach nur den – zumindest für das konkrete Geschäft – von der Geschäftsführung ausgeschlossenen Gesellschafter. Dies trifft auf einen gesamtgeschäftsführungsbefugten Gesellschafter nicht zu. Die Norm ist tatbestandlich auf den geschäftsführungsbefugten Gesellschafter nicht anwendbar. Das Argument, ein gesamtgeschäftsführungsbefugter Gesellschafter sei aufgrund seiner unzureichenden Gesamtgeschäftsführungsbefugnis bereits verhindert, an dem Geschäft mitzuwirken, konterkariert den Sinn und Zweck des § 715a BGB und verträgt sich nicht mit dem Verweis auf die unechte Notgeschäftsführungsbefugnis. Jeder Geschäftsführer ist im Rahmen des § 715 Abs. 3 BGB bereits handlungsbefugt. Überdies wirft eine Aufweichung des personellen Anwendungsbereichs auch die Frage auf, ob ein Geschäftsführer, dessen geplanter Maßnahme eine verweigerte Zustimmung entgegensteht, sich auf § 715a BGB berufen kann. Dass dies nicht der Fall sein, bzw. im Ergebnis keinen Unterschied machen kann, wurde bereits aufgezeigt.

3. *Ergebnis*

Eine genauere Untersuchung des Verhältnisses zwischen dem echten und dem unechten Notgeschäftsführungsrecht bestätigt die These, dass sich die Notgeschäftsführungsrechte nur in ihrem personellen Anwendungsbereich unterscheiden. Entsprechend ist eine Differenzierung zwischen notwendigen und anderen Maßnahmen zu verwerfen. Die Normen sind als umfassende Gefahrenabwehrrechte zu verstehen.

II. Uneinigkeiten und Zustimmungsverweigerungen

Mit der pauschalen Feststellung, dass einer verweigerten Zustimmung im Rahmen des § 715a BGB keine Wirkung zukommen kann, hält der Gesetzgeber sinnbildlich weiter am Dogma der notwendigen Erhaltungsmaßnahmen fest. Im Folgenden soll aufgezeigt werden, dass dies nicht zutrifft und vielmehr das Gegenteil der Fall sein muss. Dadurch wird auch das Zusammenspiel der Normen im systematischen Gesamtkontext weiter vertieft.

1. *Konsultationspflicht*

Ausgehend von einer umfassenden Konsultationspflicht wird die These, einer verweigerten Zustimmung komme im Rahmen des § 715a BGB keine Bedeutung zu, klar widerlegt. Denn wäre eine verweigerte Zustimmung ohnehin unerheblich, bestünde kein Bedürfnis, den Versuch zu unternehmen, die Maßnahme auf die Geschäftsführung zu übertragen. Dieser Gedanke fußt noch auf dem scheinbar kollektiven Verständnis des § 744 Abs. 2 BGB,[622] dessen Eins-zu-eins-Übertragung auf Gesellschaftsverhältnisse sich nicht mit der Geschäftsführungsordnung vertrug.

Eine umfassende Konsultationspflicht hingegen bestätigt die bereits gefundenen Ergebnisse: Eine Pflicht zur Konsultation trifft alle Gesellschafter unabhängig von der jeweiligen Norm. Wäre dies nicht so, würde man dem einfachen Gesellschafter weitere Rechte zubilligen als dem Geschäftsführer. Im Umkehrschluss lässt sich daraus ableiten, dass der Anwendungsbereich der Vorschriften hinsichtlich der Maßnahmen deckungsgleich sein muss. Auch die unechten Notgeschäftsführungsrechte umfassen das Recht zur Vornahme notwendiger Erhaltungsmaßnahmen, ansonsten wäre dem Geschäftsführer das Recht zur eigenmächtigen Vornahme notwendiger Erhaltungsmaßnahmen im Rahmen des § 715 Abs. 3 BGB entzogen. Es spricht auch nichts dafür, den Anwendungsbereich des § 715a BGB auf notwendige Erhaltungsmaßnahmen zu beschränken, wenn man mit der hier vertretenen Auffassung die Norm als umfassendes Gefahrenabwehrrecht versteht. Die Konsultationspflicht stellt den Vorrang der Geschäftsführung auch beim Vorliegen nicht notwendiger Maßnahmen sicher. Für eine Beschränkung des § 715a BGB besteht kein Anlass. Würde man vertreten, § 715a BGB sei die speziellere Norm für die Umsetzung notwendiger Erhaltungsmaßnahmen, und blendet man den personellen Anwendungsbereich aus, müsste der Geschäftsführer stets überprüfen, inwieweit eine Pflicht zur Konsultation der übrigen Geschäftsführer besteht. Dafür besteht allerdings keine Notwendigkeit, wenn man von einer umfassenden Konsultationspflicht ausgeht. Dann ist ein Rückgriff auf das echte Notgeschäftsführungsrecht nicht veranlasst.

Die Konsultationspflicht ist zentrales Element der neuen Notgeschäftsführungsrechte. Sie erleichtert deren praktische Anwendung und stellt den Vorrang der Geschäftsführungsordnung sicher. Berücksichtigt man, dass der Anwendungsbereich der Notgeschäftsführungsrechte weiter als zuvor ist und damit die Gefahr einer Umgehung der Geschäftsführung noch vergrößert wurde, kann durch die Konsultationspflicht wiederum gewährleistet werden, dass eine unbil-

622 Siehe unter § 3 C. II.

lige Ausweitung der Notgeschäftsführungsrechte vermieden wird. Die Konsultationspflicht schafft es somit, dem Aspekt der Gefahrenabwehr zugunsten der Gesellschaft zu umfassender Geltung zu verhelfen und reguliert die Umgehung der Geschäftsführung auf effektive Weise. Gefahrenabwehr und innere Ordnung können somit gleichermaßen zu maximaler Entfaltung gelangen.

2. Zustimmungsverweigerung im Rahmen des § 715a BGB

Nachdem bereits aufgezeigt wurde, dass sich die pauschale Aussage verbietet, einer Zustimmungsverweigerung im Rahmen des § 715a BGB komme keine Bedeutung zu, soll nachfolgend die These aufgestellt und begründet werden, dass vielmehr das Gegenteil der Fall sein muss: Im Grundsatz muss gelten: Eine Zustimmungsverweigerung eines Geschäftsführers muss im Rahmen des § 715a BGB stets Geltung beanspruchen.

a) Problemaufriss

Im Rahmen der Gesetzesbegründung anerkennt der Gesetzgeber, dass es – wie oben beschrieben – zu Situationen kommen kann, in denen der Notgeschäftsführer nur einen Geschäftsführer erreicht. Verweigert dieser seine Zustimmung kollidieren Geschäftsführungsrecht und Notgeschäftsführungsrecht.

Nachdem der Gesetzgeber gedanklich weiterhin an dem aus § 744 Abs. 2 BGB abgeleiteten Dogma der notwendigen Erhaltungsmaßnahmen festhält, lässt er sich zu der Aussage verleiten, einer Zustimmungsverweigerung komme keine Bedeutung zu.[623] Dies ist insoweit richtig, als dass eine notwendige Erhaltungsmaßnahme zu einer Zustimmungspflicht führen kann. Liegt der Notgeschäftsführung eine notwendige Erhaltungsmaßnahme zugrunde würde die Treuepflicht zu einer Zustimmungspflicht führen; eine verweigerte Zustimmung wäre wirkungslos. Da aber bereits der Gedanke eingeführt wurde, dass sich das Notgeschäftsführungsrecht nicht nur auf notwendige Erhaltungsmaßnahmen bezieht, kann diese Aussage keine umfassende Geltung beanspruchen. Denn steht keine treuepflichtig gebotene Maßnahme in Rede, muss das Geschäftsführerermessen beachtet werden, in dessen Rahmen der Geschäftsführer die Durchführung der Maßnahme ablehnen kann.

---

623 „*§ 715a Satz 1 BGB-E richtet sich demgegenüber an jeden, das heißt auch den von der Geschäftsführungsbefugnis ausgeschlossenen Gesellschafter. Seiner Notgeschäftsführungsbefugnis stehen weder der Widerspruch eines anderen Gesellschafters (§ 715 Absatz 4 BGB-E) noch die Verweigerung von dessen Zustimmung (§ 715 Absatz 3 Satz 3 BGB-E) [sic!] entgegen.*“ -BT-Drs. 19/27635, S. 152.

b) Lösungsansatz über den systematischen Verweis

Allerdings widerlegt nicht nur das Geschäftsführerermessen im Rahmen anderer Gefahrenabwehrmaßnahmen die These des Gesetzgebers. Schon das durch den Gesetzgeber eingeführte systematische Verständnis der Normen zeigt auf, dass eine Zustimmungsverweigerung zu einer Notgeschäftsführungsmaßnahme das Recht des nicht geschäftsführungsbefugten Gesellschafters generell ausschließen muss. Dies gilt sogar unabhängig davon, ob der Notgeschäftsführung eine treupflichtig gebotene Maßnahme zugrunde liegt.

aa) Subsidiarität der echten Notgeschäftsführung und Stufenverhältnis

Dies ergibt sich aus der Subsidiarität der Notgeschäftsführung und dem einhergehenden Stufenverhältnis. Denn der Gesetzgeber hat festgelegt, dass das Notgeschäftsführungsrecht aus § 715a BGB nur subsidiär zur Anwendung gelangen kann. Namentlich ist das Notgeschäftsführungsrecht der Geschäftsführer aus § 715 Abs. 3 Satz 1 BGB vorrangig zu berücksichtigen. Anknüpfungspunkt ist der Verweis im Rahmen des § 715a BGB, der Bezug auf die unechten Notgeschäftsführungsrechte nimmt. Erst wenn alle Geschäftsführer nach Maßgabe des § 715 Abs. 3 BGB verhindert sind, an dem Geschäft mitzuwirken, kann § 715a BGB, das Notgeschäftsführungsrecht des nicht geschäftsführungsbefugten Gesellschafters, greifen.[624] Denkt man dieses Subsidiaritätserfordernis stringent zu Ende, wären Blockadesituationen ausgeschlossen. Denn sobald ein nicht geschäftsführungsbefugter Gesellschafter auch nur einen Geschäftsführer erreicht, wäre § 715a BGB tatbestandlich nicht mehr erfüllt, da in diesem Moment das Notgeschäftsführungsrecht des Geschäftsführers aus § 715 Abs. 3 Satz 1 BGB greifen würde. Er wäre folglich nicht verhindert, das Geschäft nach Maßgabe des § 715 Abs. 3 BGB vorzunehmen. Priorisiert man dieses systematische (Stufen-) Verständnis der Notgeschäftsführungsrechte, ist die Frage um die Beachtlichkeit einer Zustimmungsverweigerung irrelevant. Insofern muss eine Zustimmungsverweigerung formal betrachtet immer Geltung beanspruchen, da unabhängig von der Be- oder Unbeachtlichkeit dieser bereits feststeht, dass das Notgeschäftsführungsrecht des einfachen Gesellschafters zugunsten des Notgeschäftsführungsrechts des geschäftsführungsbefugten Gesellschafters entfallen muss.

---

624 So auch *Grunewald*, in: Festschrift Aderhold 2021, 89, 93; ebenso *Lieder*, in: Oetker, HGB 2024, § 116 Rn. 90 zum Verhältnis von § 116 HGB zu § 715a BGB; *Servatius*, in: Henssler/Strohn, Gesellschaftsrecht 2024, § 715a BGB Rn. 2; *Schäfer*, in: MünchKommBGB 2024, § 715a Rn. 4 f.

bb) Praktische Folgerung aus dem Stufenverhältnis

Für die praktische Anwendung bedeutet dies: Will ein von der Geschäftsführung ausgeschlossener Gesellschafter das Geschäft vornehmen, hat dieser zunächst zu versuchen, die Zustimmung der Geschäftsführer einzuholen, vgl. § 715a BGB (Konsultationspflicht). Erst wenn er diese nicht erreichen kann und/oder das Geschäft bis zur Einholung der Zustimmung bereits verloren wäre, kann er handeln. Insofern ist das Geschäft nicht von der Zustimmung der Geschäftsführer abhängig. Denn kann ein Geschäftsführer erreicht werden, geht das Notgeschäftsführungsrecht *ipso iure* auf diesen über. Aufgrund des Wortlauts der Norm („*verhindert, nach Maßgabe des § 715 Abs. 3 […] bei einem Geschäft mitzuwirken*") kann es im Rahmen des Notgeschäftsführungsrechtes nach § 715a BGB nicht mehr zu Blockadesituationen kommen.

c) Schlussfolgerung: Keine Kollision zwischen Erhaltungsinteresse und Geschäftsführung

Vorangestellt werden soll nochmals die These, dass die Notgeschäftsführungsrechte nicht auf die Vornahme von notwendigen Erhaltungsmaßnahmen beschränkt sind. Als Instrumente der Schadensabwehr umfassen sie jegliche Abwehr von Gefahren unabhängig davon, ob die Abwehr für den Erhalt der Gesellschaft notwendig ist. Für die Anwendung des § 715a BGB spielt das Dogma der notwendigen Erhaltungsmaßnahmen damit keine Rolle mehr. Der Wortlaut schließt eine Blockadesituation, in der ein nicht geschäftsführungsbefugter Gesellschafter die Maßnahme vornehmen will und ein Geschäftsführer seine Zustimmung verweigert, aus. Als absolute Grenze gibt der Wortlaut der Norm vor, dass das Notgeschäftsführungsrecht des einfachen Gesellschafters entfällt, sobald ein Geschäftsführer eine Entscheidung herbeiführen kann. Das Handlungsrecht geht auf den Geschäftsführer über. Durch dieses Zusammenspiel von Konsultationspflicht und Subsidiarität kann es fortan nicht mehr zu Situationen kommen, in denen Erhaltungsinteresse und Geschäftsführungsrecht kollidieren. Eine verweigerte Zustimmung hat im materiellen Sinne somit keine Bedeutung mehr, sondern führt nur formal dazu, dass das Notgeschäftsführungsrecht des nicht geschäftsführungsbefugten Gesellschafters entfällt. Blockadesituationen zwischen nicht geschäftsführungsbefugten Gesellschaftern und Geschäftsführern sind daher formal systematisch ausgeschlossen. Aufgrund der Subsidiarität des § 715a BGB und der Pflicht des Gesellschafters, die Entscheidung an die Geschäftsführung zu übertragen, kann es nicht mehr auf eine etwaige treuwidrige Verweigerung der Zustimmung ankommen, da es formal betrachtet zu einer Zustimmung überhaupt nicht mehr kommen kann. Denn erreicht der handlungswillige Gesellschafter den Geschäftsführer, entfällt das Handlungsrecht, insofern besteht kein Anknüpfungspunkt mehr für eine Zustimmungspflicht. Es liegt nun in der Hand des Geschäftsführers, ob er seinerseits von einer Handlungspflicht ausgeht, weil eine notwendige Erhaltungsmaßnahme vorliegt. Für den einfachen Gesellschafter besteht keine Möglichkeit mehr, die Maßnahme durchzusetzen. Er ist in diesem Moment von seiner etwaigen Handlungspflicht befreit und kann sich notfalls dadurch entlasten, die Entscheidung dem Geschäftsführer vorgelegt zu haben.

Im Ergebnis ist festzuhalten, dass das Recht des nicht geschäftsführungsbefugten Gesellschafters zur Notgeschäftsführung ausgeschlossen ist, sobald ein Geschäftsführer erreicht wird.

d) Alternative: Handlungsrecht des einfachen Gesellschafters?

Die Alternative zu einem konsequenten Ausschluss des Notgeschäftsführungsrechts des nicht geschäftsführungsbefugten Gesellschafters wäre es, das Notgeschäftsführungsrecht entgegen der systematischen Auslegung bestehen zu lassen. Grundliegende Voraussetzung wäre allerdings, dass tatsächlich eine notwendige Maßnahme vorliegt. Für alle anderen Fälle muss das Geschäftsführungsrecht vorgehen und die Entscheidung des erreichten Geschäftsführers respektiert werden. Denn nur unter dem Gesichtspunkt der Treuepflicht lässt sich ein Vorrang des Erhaltungsinteresses gegenüber der Geschäftsführungsordnung überhaupt rechtfertigen.

Ein solches Festhalten am Dogma notwendiger Erhaltungsmaßnahmen birgt allerdings Risiken. Zunächst sprechen praktische Erwägungen gegen einen solchen differenzierten Lösungsansatz. Denn der handlungswillige Gesellschafter handelt auf eigenes Risiko und muss sich im Nachhinein vorhalten lassen, die Gefahrensituation oder die Notwendigkeit falsch eingeschätzt zu haben. Zwar kann auch diese Rechtsfolge über den Aufwendungsersatzanspruch abgemildert werden, allerdings wird bereits eine verweigerte Zustimmung indizieren, dass der Notgeschäftsführer die Maßnahme nicht für erforderlich halten durfte. Etwas anderes kann nur gelten, wenn die verweigerte Zustimmung offensichtlich treuwidrig ist, etwa weil eigensüchtige Motive im Vordergrund stehen oder die Verweigerung willkürlich oder schikanös ist. Diese Abwägung ist gerade für den nicht geschäftsführungsbefugten Gesellschafter schwer zumutbar. Es ist gerade nicht seine Pflicht, derartige Ermessensentscheidungen zu treffen oder in eigener Verantwortung weitreichende Entscheidungen zu treffen. Auch können ihm unter Umständen hilfreiche Einblicke in das geschäftliche Profil und die Ausrichtung der Gesellschaft fehlen, die dem Tätigkeitsbereich der Geschäftsführer zugeordnet sind. In der Regel wird es dem nicht geschäftsführungsbefugten

Gesellschafter also schwerer fallen, eine sachgerechte Entscheidung zu treffen, als dem Geschäftsführer. Zudem wird der Notgeschäftsführer dadurch in die Position gedrängt, sein Verhalten gegebenenfalls zu rechtfertigen. Im Streitfall muss er nachweisen, dass die verweigerte Zustimmung treuwidrig war. Die Verantwortung, gegebenenfalls kritische Entscheidungen zu rechtfertigen, obliegt allerdings dem Geschäftsführer.

Darüber hinaus besteht auch rechtspolitisch kein Bedürfnis, den nicht geschäftsführungsbefugten Gesellschafter in die Verantwortung zu ziehen und die Geschäftsführung dadurch gleichermaßen zu entlasten. Vielmehr liegt es gerade in der Verantwortung des Geschäftsführers in solchen Situationen im Sinne der Gesellschaft zu agieren.

e) Bewertung

Es spricht somit vieles dafür, das Stufenverhältnis der Notgeschäftsführungsrechte auch bei treuepflichtig gebotenen Maßnahmen beizubehalten. Das Notgeschäftsführungsrecht nach § 715a BGB muss daher konsequent entfallen, sobald die Geschäftsführung konsultiert wurde. Dieses Ergebnis ist konsequent und praktisch umsetzbar. Es hebt abermals die Konsultationspflicht als elementare formale Voraussetzung der Notgeschäftsführung hervor. Denn nur so kann abgesichert werden, dass die Geschäftsführungsordnung nicht außer Kraft gesetzt wird und es nicht zu Blockadesituationen kommt, in denen Geschäftsführungsrecht und Erhaltungsinteresse kollidieren. Erreicht der Gesellschafter einen Geschäftsführer und lehnt dieser die Maßnahme ab, ist dessen Verhalten unter dem Aspekt der Treuepflichtverletzung im Rahmen von Ersatzansprüchen zu bewerten.

Dieses Resultat ist zu begrüßen und erleichtert die Handhabung der Norm. Es stellt sicher, dass der Gesellschafter in Notfällen handlungsbefugt bleibt, ohne die Geschäftsführung zu entmachten. Gleichzeitig sind auch die Verantwortungsbereiche klar unterteilt, vorrangig ist die Geschäftsführungsordnung. Oberste Priorität des nicht geschäftsführungsbefugten Gesellschafters ist es, die Entscheidung der Geschäftsführung zugänglich zu machen (Konsultationspflicht). Erreicht er dies, obliegt es der Geschäftsführung die Entscheidung zu treffen. Damit wird die Geschäftsführung in die Verantwortung und unter Umständen in die Haftung genommen. Aufgrund dieser klaren Normstruktur ist es elementar, dem Gesellschafter die Pflicht aufzuerlegen, den Versuch zu unternehmen, die Geschäftsführung zu erreichen. Denn geht man, wie zum alten Recht häufig vertreten, davon aus, dass der Gesellschafter gerade nicht versuchen muss die Geschäftsführung zu erreichen, da einer verweigerten Zustimmung gegen eine notwendige Erhaltungsmaßnahme ohnehin keine Bedeutung zukommen könnte, ist zukünftig nichts gewonnen. § 715a BGB könnte in dieser Hinsicht eindeutiger formuliert sein. Die Konsultationspflicht wird jedoch ausreichend implementiert. Als objektives Tatbestandsmerkmal ist die Verhinderung mitzuwirken, zwar nicht davon abhängig, ob der Notgeschäftsführer den Versuch unternommen hat, den Geschäftsführer zu erreichen. Allerdings kann er der Behauptung des Geschäftsführers verfügbar gewesen zu sein, in strittigen Fällen nur dadurch begegnen, dass er einen Nachweis erbringt, einen gescheiterten Versuch unternommen zu haben, die Entscheidung der Geschäftsführung zu übertragen, etwa durch einen nicht entgegengenommenen Anruf oder eine nicht zeitig beantwortete Textnachricht. Ist ein Geschäftsführer bspw. aufgrund eines Unfalls nicht verfügbar und unternimmt der Notgeschäftsführer ohne dieses Wissen dennoch keinen Versuch den Geschäftsführer zu erreichen, schadet dies der Notgeschäftsführung nicht. Denn maßgeblich ist die objektive Lage. In diesem Fall hätte es keinen Unterschied gemacht, ob der Notgeschäftsführer einen Anruf tätigt oder nicht. Im Sinne anwaltlicher Vorsicht wird man dem Gesellschafter zum Nachweis allerdings immer anraten müssen, die Nichtverfügbarkeit des Geschäftsführers zu dokumentieren.

Systematisch überzeugt die Aufteilung von echter und unechter Notgeschäftsführungsbefugnis in zwei verschiedenen Normen.[625] Zum einen wird das Stufenverhältnis bildlich nachvollzogen und umgesetzt. Dieser Effekt wird noch verstärkt durch die Enumeration. Das Anhängen des Buchstabens (§ 715a BGB), was typischerweise eine nachträgliche Ergänzung zur Beibehaltung der Normstruktur indiziert, verdeutlicht das Rangverhältnis der Notgeschäftsführungsrechte in einem systematischen Kontext. Dies gilt umso mehr, als dass die vollständige Neuordnung der Normen im Zuge der Reform unproblematisch möglich gewesen wäre. Zum anderen kann durch die Aufteilung der – zugegeben missglückte – Verweis auf das Notgeschäftsführungsrecht im HGB besser nachvollzogen werden.

f) Zwischenergebnis

Die These, einer Notgeschäftsführungsmaßnahme nach § 715a BGB könne keine verweigerte Zustimmung entgegengesetzt werden, ist damit widerlegt.[626] Vielmehr ist im Rahmen des § 715a BGB eine verweigerte Zustimmung stets relevant, weil in diesem Moment das Notgeschäftsführungsrecht des einfachen Gesellschafters

---

625 **A. A.** *Lieder*, ZGR 2021, Sonderheft 23, 169, 197.

626 **A. A.** *v. Ditfurth*, in: MünchHdB GesR I 2024, § 14 Rn. 68: Danach setzt sich die Notgeschäftsführung nach § 715a BGB auch über den Widerspruch des geschäftsführenden Gesellschafters hinweg. Ebenso wohl *Schäfer*, in: MünchKommBGB 2024, § 715a Rn. 4, der allerdings auch anerkennt, dass ein erreichter Geschäftsführer nach § 715 Abs. 3 BGB vorrangig tätig werden müsste.

entfällt. Durch den formalen Vorrang der unechten Notgeschäftsführungsrechte wird der Konflikt zwischen Erhaltungsinteresse und Geschäftsführungsordnung entschärft.

3. *Vorrang der Geschäftsführungsordnung im Rahmen der unechten Notgeschäftsführungsbefugnisse*

Insgesamt schwieriger zu beurteilen ist die Frage, wenn einer von mehreren Gesamtgeschäftsführern seine Zustimmung im Rahmen der unechten Notgeschäftsführungsbefugnisse zu einem Geschäft verweigert. Für allgemeine Fälle der Schadensabwehr muss es bei den gefundenen Ergebnissen verbleiben: Das Geschäftsführerermessen darf nicht beschnitten werden. Soweit ein Gesamtgeschäftsführer seine Zustimmung verweigert und sich im Rahmen seines Geschäftsführerermessens bewegt, ist das Geschäft zu unterlassen. Wie schon im alten Recht stellt sich allerdings die Frage, wie mit Fällen umzugehen ist, in denen das Geschäftsführerermessen aufgrund der Treuepflicht reduziert ist, namentlich weil eine notwendige Erhaltungsmaßnahme vorliegt.[627] Das Gesetz schweigt hierzu. Die pauschale Aussage, eine verweigerte Zustimmung sperre das Notgeschäftsführungsrecht,[628] verkennt, dass es zu Situationen kommen kann, in denen die Treuepflicht eine Zustimmungspflicht gebietet. Ebenso verbietet sich die pauschale Aussage, dass der Notgeschäftsführung weder Widerspruch noch verweigerte Zustimmung entgegenstehen.

a) *Auslegung der Norm*

Eine Auslegung der Norm anhand des Wortlauts liefert keine Erkenntnisse. Aufbauend auf einer systematischen und teleologischen Perspektive lässt sich auf die grundliegenden Prinzipien der Geschäftsführung rekurrieren. Im Grundsatz geht der Gesetzgeber davon aus, dass es bei Uneinigkeit besser sein soll, das Geschäft zu unterlassen. Ein Widerspruch schließt sogar im Rahmen der Einzelgeschäftsführungsbefugnis eine Umsetzung der Maßnahme aus, vgl. § 715 Abs. 4 BGB. Wie schon § 115 Abs. 2 Halbs. 2 HGB a. F. verfolgen die daran angelehnten §§ 715 Abs. 3 BGB, 116 Abs. 4 HGB nicht das Ziel, Gesellschafterstreitigkeiten zu lösen. Im Grundsatz muss daher gelten, dass bei einer verweigerten Zustimmung das Geschäft unterbleiben muss.

---

627 *Flume* sieht die „notwendige Maßregel" der Treuepflicht vorgelagert. Diese Differenzierung wirkt sich im Ergebnis allerdings nicht aus, vgl. *Flume*, Personengesellschaft, S. 269 f.

628 Vgl. BT-Drs. 19/27635, S. 152.

Dieses restriktive Verständnis der Notgeschäftsführungsrechte zugunsten der Geschäftsführung deckt sich mit dem nunmehr erweiterten Anwendungsbereich der Notgeschäftsführungsrechte und stellt den notwendigen Ausgleich her. Der Anwendungsbereich der Normen ist aufgrund der Berücksichtigung eines entgangenen Gewinns und der Aufgabe des Notwendigkeitskriteriums weit und kann eine Vielzahl von Geschäften umfassen. Hierunter fällt, die Eilbedürftigkeit vorausgesetzt, jedes Geschäft mit einem Dritten, da durch den Nichtabschluss des Geschäfts immer ein Gewinn zu entgehen droht. Gerade der Abschluss eines Geschäfts ist jedoch originärer Aufgabenbereich der Geschäftsführung. So gehört es eben zu den Aufgaben der Geschäftsführung bspw. abzuwägen, ob, mit wem und zu welchen Konditionen ein Vertrag abgeschlossen wird. Da zumindest auf kurze Sicht viele Geschäfte einen Gewinn erwarten lassen, kann der Notgeschäftsführer solche Geschäfte zukünftig vornehmen. Verweigert ein Geschäftsführer die Zustimmung zu einem solchen Geschäft bspw. weil er das Geschäft lieber mit einem anderen Mitbewerber abschließen will, so wird er dabei im Rahmen seines Geschäftsführerermessens tätig. Das Geschäft hat dann zu unterbleiben. In den meisten Fällen bleibt es daher bei dem Grundsatz, dass das Notgeschäftsführungsrecht kein Instrument zur Auflösung von Blockadesituationen ist, sondern als reines Gefahrenabwehrrecht begriffen werden kann.

b) Ausnahme: Treuwidrige Zustimmungsverweigerung

Im Grundsatz muss gelten, dass bei einer verweigerten Zustimmung das Geschäft zu unterlassen ist. Eine Ausnahme kann nur in den Fällen gemacht werden, in denen eine Zustimmungsverweigerung als treuwidrig einzustufen wäre.

aa) Abkehr vom Dogma notwendiger Erhaltungsmaßnahmen eröffnet Ermessenskontrolle

Das Verständnis der Norm als Gefahrenabwehrrecht ermöglicht eine Bewertung der Maßnahme abseits des Erhaltungsinteresses. Durch eine vollständige Abkehr vom Dogma notwendiger Erhaltungsmaßnahmen können Blockadesituationen anhand der Kriterien, die zur treuwidrigen Zustimmungsverweigerung entwickelt wurden, gelöst werden. Der Unterschied besteht darin, dass so eine Ermessenskontrolle ermöglicht wird, während ein Festhalten an einer notwendigen Erhaltungsmaßnahme schon keine Ermessensausübung zulässt. Denn eine solche ist dem Ermessen der Geschäftsführung bereits entzogen.[629] Lässt man hingegen

629 *Flume*, Personengesellschaft, S. 269 f.; *Martens*, in: Schlegelberger, HGB, § 115 Rn. 14 („*Schließlich entfällt jegliches Ermessen, wenn es sich um eine notwendige Geschäfts-*

die Ausübung des Geschäftsführerermessens und eine nachgelagerte Ermessenskontrolle zu, wird die Bewertung der Notwendigkeit einer Maßnahme primär in die Hand der Geschäftsführung gelegt. Dies verhindert eine Auseinandersetzung der Gerichte mit etwaigen Zweckmäßigkeitserwägungen, die im Rahmen der Bestimmung der Notwendigkeit mitschwingen können. In Anbetracht der ohnehin einzelfallbezogenen Auslegung des Rechtsbegriffs, der im Zweifel in einem erheblichen Maße von Zweckmäßigkeitserwägungen getragen sein wird, überzeugt eine Verortung der Diskussion im Rahmen einer Ermessenskontrolle im Vergleich zu einem vorgelagerten objektiven (gerichtlichen) Maßstab. Im Ergebnis wird dadurch Rechtssicherheit geschaffen, da sich die Arbeit der Gerichte auf die Ausnahmefälle beschränkt, in denen die Ermessensausübung fehlerhaft ist. Ein Weniger an Rechtsschutz geht damit nicht einher, da eine gerichtliche Korrektur in den Fällen, in denen eine Maßnahme im Gesellschaftsinteresse liegt und unter allen Gesichtspunkten als notwendig erscheint, weiterhin möglich ist. Eine Anknüpfung an die Ermessensausübung hingegen entspricht dem grundsätzlichen Prinzip des Gesellschaftsrechts, ermöglicht eine Bewertung an bekannten Maßstäben und trägt letztlich zur Rechtssicherheit bei.

Die maßgeblichen Anknüpfungspunkte, aus denen sich eine Abkehr vom Erhaltungsinteresse schlussfolgern lässt, wurden bereits angeführt.[630] Für die unechten Notgeschäftsführungsbefugnisse lässt sich darüber hinaus noch anführen, dass der Vorrang des Geschäftsführerermessens auch schon im Rahmen des § 115 Abs. 2 Halbs. 2 HGB a. F., wenn auch wenig differenziert, anerkannt wurde.[631] Zudem liegt der unechten Notgeschäftsführungsbefugnis ohnehin das Verständnis als Gefahrenabwehrrecht zugrunde, innerhalb derer eine Ermessensausübung zulässig war. Rechtspolitisch besteht darüber hinaus kein Bedürfnis eine Ermessenskontrolle zu beschneiden. Mit den durch das MoPeG eingeführten Neuerungen und der Schaffung eigenständiger auf das Personengesellschaftsrecht zugeschnittener Gefahrenabwehrrechte ermöglicht der Gesetzgeber die Entwicklung neuer Leitlinien. Die auf die Erhaltung eines in Bruchteilsgemeinschaft gehaltenen Gegenstandes abgestimmte Notgeschäftsführung nach § 744 Abs. 2 BGB lässt sich nicht mit dem Leitbild einer modernen, unternehmenstragenden Personengesellschaft vereinbaren. Die Abkehr vom Dogma notwendiger Erhaltungsmaßnahmen zugunsten einer nachträglichen Ermessenskontrolle ermöglicht so die Schaffung eines auf Gefahrenabwehr gepolten Notgeschäftsführungsrechts,

führungsmaßnahme i. S. des § 744 Abs. 2 BGB handelt.“); *Emmerich*, in: Heymann (1996), HGB § 115 Rn. 11.

630 Siehe unter § 4 D. III.

631 Denn bei verweigerter Zustimmung sollte das Geschäft unterbleiben.

in welchem sich der Vorrang der Geschäftsführungsordnung und deren Ermessensspielraum etablieren lassen und gleichzeitig auf altbewährte gesellschaftsrechtliche Prinzipien zurückgegriffen werden kann.

bb) Treuwidrige Zustimmungsverweigerung

Die Frage, wann eine Zustimmungsverweigerung als treuwidrig einzustufen ist und welche Rechtsfolgen daraus zu ziehen sind, wurde schon ausführlich diskutiert.[632] Eine Differenzierung zwischen Geschäftsführungsmaßnahme und Grundlagengeschäften hilft im Falle der Notgeschäftsführung nicht weiter, da Grundlagengeschäfte schon begrifflich vom Anwendungsbereich der Notgeschäftsführung ausgeschlossen sind.[633] Eine Zustimmungsverweigerung ist treuwidrig, wenn ihr kein sachlich vertretbarer Grund zugrunde liegt, insbesondere wenn sie willkürlich oder aus eigensüchtigen Motiven erfolgt. Die Zweckmäßigkeit kann im Hinblick auf den Beurteilungsspielraum bei kaufmännischen Ermessensentscheidungen gerichtlich nicht überprüft werden. Etwas anderes kann nur dann gelten, wenn die Interessen der Gesellschaft eindeutig für die Durchführung der Maßnahme sprechen.[634] Als Rechtsfolge ergibt sich eine Zustimmungspflicht, die allerdings gerichtlich mittels Leistungsklage in Verbindung mit § 894 Abs. 1 ZPO durchgesetzt werden muss. Eine Zustimmungsfiktion wird nur angenommen, wenn die Gesellschaft sich in einer Ausnahmesituation befindet, in der Existenz oder Funktionsfähigkeit unmittelbar bedroht sind.[635] Diese Zustimmungsfiktion ist unabhängig davon, ob ein Bereich der Geschäftsführung oder der Grundlagenbereich betroffen ist.[636]

cc) Unbeachtlichkeit der treuwidrigen Zustimmungsverweigerung

Die Frage, ob eine verweigerte Zustimmung zu beachten ist oder der Geschäftsführer sich darüber hinwegsetzen darf, ist im Falle der Notgeschäftsführung zugunsten der Gefahrenabwehr zu entscheiden. Mag man über die Beachtlichkeit

---

632 Vgl. nur *Sester*, Treupflichtverletzung; *Flume*, Personengesellschaft, S. 257 ff.

633 Auch außergewöhnliche Geschäfte unterfallen nicht dem Anwendungsbereich der Notgeschäftsführung. Das Zustimmungserfordernis zu Beschlüssen besteht daher auch in Eilfällen, wie sich aus § 116 Abs. 2 HGB ergibt. Das MoPeG übernahm dieses Verständnis, vgl. §§ 715 Abs. 2 Satz 2 BGB, 116 Abs. 2 Satz 1 Halbs. 2 HGB. Erläuterungen hierzu: *Jickeli*, in: MünchKommHGB, § 116 Rn. 16. Vgl. auch *Scholl/Fischer*, in: BeckOGK, HGB, § 115 Rn. 79; *Geibel*, in: BeckOGK, BGB, § 709 Rn. 83.

634 Hierzu bereits *Sester*, Treupflichtverletzung, S. 51 f.

635 *Sester*, Treupflichtverletzung, S. 56, kritisch S. 128 f.

636 *Sester*, Treupflichtverletzung, S. 56.

oder Unbeachtlichkeit der Zustimmungsverweigerung streiten,[637] gerade für eilbedürftige Fälle der Notgeschäftsführung überzeugt es nicht, von der Beachtlichkeit der Zustimmungsverweigerung auszugehen. Andererseits würde der Sinn und Zweck des Notgeschäftsführungsrecht konterkariert. Das Erfordernis einer Zustimmungsklage oder im Wege des vorläufigen Rechtsschutzes vorzugehen,[638] entwertet das Notgeschäftsführungsrecht.[639] Insoweit bildet gerade die Notgeschäftsführung den Bereich ab, in dem tendenziell von einer Zustimmungsfiktion ausgegangen wird. Zudem entspricht es gerade dem Sinn und Zweck des Notgeschäftsführungsrechts, fehlende Zustimmungen zu ersetzen. Dies legt den Schluss nahe, dass eine Zustimmungsfiktion auch für die Fälle angenommen werden muss, in denen die Zustimmung treuwidrig verweigert wird. Daher gilt, dass eine treuwidrige Zustimmungsverweigerung eines erreichten Geschäftsführers für den Notgeschäftsführer unbeachtlich ist und er sich über die verweigerte Zustimmung hinwegsetzen kann. Voraussetzung ist, dass die Treuepflicht in einer Zustimmungspflicht resultiert.

dd) Verwertbare Erkenntnisse

Es wurde bereits aufgezeigt, dass die praktisch umsetzbaren Erkenntnisse hieraus für den Bereich der Notgeschäftsführung gering sind. Ist eine Maßnahme treuepflichtig geboten, besteht eine Zustimmungspflicht. Dies wird regelmäßig in einer Einzelfallbetrachtung resultieren. Mit der Abkehr vom Dogma notwendiger Erhaltungsmaßnahmen für die Notgeschäftsführungsrechte und deren Fokus auf Gefahrenabwehr hat der Gesetzgeber das Spannungsverhältnis zwischen Geschäftsführerermessen und treuepflichtiger Prägung der Notgeschäftsführungsrechte entschärft. Die formale Implementierung der Subsidiarität durch die Konsultationspflicht und das Stufenverhältnis ist einer der hervorzuhebenden Aspekte des neuen Notgeschäftsführungsrechts. Der Vorrang der Geschäftsführung wird damit greifbar und umsetzbar gestaltet. Dennoch kann die Kollision zwischen Geschäftsführerermessen und treuepflichtig gebotenen Maßnahmen nicht vermieden werden. Dies ist allerdings kein primäres Problem der Notgeschäftsführung. Die Interessenkonflikte treten dort nur stärker hervor, da die Dringlichkeit eine schnelle Entscheidung gebietet. Es ist keine Option, die Entscheidung aufzuschieben und den Konflikt gerichtlich zu klären. Das MoPeG

637 Überblick bei *Sester*, Treupflichtverletzung, S. 96 f.; vgl. *Flume*, Personengesellschaft, S. 270 ff.

638 Zum vorläufigen Rechtsschutz vgl. *Sester*, Treupflichtverletzung, S. 116 ff.

639 Mit dieser Argumentation *Lieder*, in: Oetker, HGB, § 116 Rn. 24.

kann diesen Konflikt nicht auflösen. Sollte es folglich zu einer entsprechenden Situation kommen, in der sich zwei gesamtgeschäftsführungsbefugte Gesellschafter um die Notwendigkeit einer Maßnahme streiten, befinden sie sich in einer schwierigen und haftungsrelevanten Konstellation. Während die Zustimmung des nicht erreichten Geschäftsführers durch das Notgeschäftsführungsrecht ersetzt wird, ist die Wirksamkeit der verweigerten Zustimmung anhand der Treuepflicht zu messen. Gebietet die Treuepflicht eine Zustimmung zu der Maßnahme, weil sie für den Erhalt des Gesellschaftsvermögens notwendig ist, kann der Notgeschäftsführer tätig werden. Liegt die Verweigerung der Zustimmung innerhalb des Geschäftsführerermessens, so liegt in der Durchführung der Maßnahme durch den Notgeschäftsführer eine Pflichtverletzung. Gleichzeitig kann in der Weigerung der Maßnahme zuzustimmen, ebenfalls eine Pflichtverletzung zu sehen sein.[640] Für die beteiligten Geschäftsführer liegt darin ein nicht unerhebliches Risiko, welches das Gesetz nicht aufzulösen vermag.

4. *Begründungspflicht*

In diesem Sinne soll hier ausdrücklich für eine Begründungspflicht der Zustimmungsverweigerung argumentiert werden. Eine solche sieht auch das neue Gesetz nicht vor. Zum alten Recht war die Frage bereits umstritten.[641] Während eine allgemeine Begründungspflicht den Entscheidungsspielraum des Geschäftsführers stark beeinträchtigt,[642] führt eine Einzelfallbetrachtung zu Rechtsunsicherheiten. Jedoch wird man gerade für den Bereich der Notgeschäftsführung von einem stets die Begründungspflicht auslösenden „Einzelfall" ausgehen können. Als Pflichtrechte sind die Zustimmungsverweigerung ebenso wie das Widerspruchsrecht im Gesellschaftsinteresse auszuüben. Gerade in nicht evidenten Fällen, in denen Notgeschäftsführer und erreichter Geschäftsführer um die Notwendigkeit einer Maßnahme streiten, gebietet es das Gesellschaftsinteresse die Maßnahme zu diskutieren. Ohne eine Pflicht zur Begründung besteht für die Geschäftsführer keine Möglichkeit die geplante Maßnahme zu erörtern und den Konflikt aufzulösen. Eine Kontrolle der Ermessensausübung kann nicht stattfinden.[643] Eine Begrün-

---

640 *Hueck*, ZGR 1972, 237, 244: *„Ist die Maßnahme im Interesse der Gesellschaft geboten und mußte [sic!] der Gesellschafter das bei sorgfältiger Prüfung erkennen, so stellt schon das Unterlassen der Zustimmung eine schuldhafte Pflichtverletzung dar."*

641 *Geibel*, in: BeckOGK, BGB, § 709 Rn. 35; *Schäfer*, in: MünchKommBGB, § 709 Rn. 44.

642 *Schäfer*, in: MünchKommBGB, § 709 Rn. 44.

643 *Sester*, Treupflichtverletzung, S. 69 f.

dungspflicht ist daher essenziell, um in derartigen Fällen eine im Interesse der Gesellschaft liegende Lösung zu finden. Zudem dient die Diskussion den streitenden Geschäftsführern etwaige Haftungsrisiken aufzudecken.

5. *Schadensersatz bei Streitigkeiten um treuepflichtig gebotene Maßnahmen*

Stehen sich handlungswilliger Geschäftsführer und der die Zustimmung verweigernde Geschäftsführer gegenüber und können keine Einigung erzielen, hat der Notgeschäftsführer entweder die Möglichkeit die Maßnahme gegen die verweigerte Zustimmung vorzunehmen oder sie auf Anraten des anderen Geschäftsführers zu unterlassen. Welche Konsequenzen sich daraus jeweils ergeben, hängt davon ab, ob die Maßnahme tatsächlich treuepflichtig geboten war. Davon ausgehend, dass eine rasche Entscheidung dringend geboten ist, sind in den Rechtsfolgen Sekundäransprüche relevant.

a) *Anspruchsgrund: Schadensersatzanspruch aufgrund der Kompetenzüberschreitung*

Setzt sich der Notgeschäftsführer über die berechtigte Zustimmungsverweigerung eigenmächtig hinweg, kann er sich schadensersatzpflichtig machen.[644] Der Verstoß gegen die Kompetenzverteilung der Gesellschaft begründet die Pflichtverletzung. Maßgeblich ist, ob der Notgeschäftsführer sich schuldhaft über die verweigerte Zustimmung hinweggesetzt hat. Hierbei ist zu beachten, dass das MoPeG die in § 708 BGB a. F. geregelte *diligentia quam in suis* aufgegeben hat und zukünftig die allgemeinen schuldrechtlichen Maßstäbe anzuwenden sind.[645] Die vormals umstrittene Frage, inwieweit der Verschuldensmaßstab des § 708 BGB a. F. auf das Übernahme- oder das Ausführungsverschulden zu übertragen sei, stellt sich damit nicht mehr.[646] Grundlage für die Schadensersatzpflicht ist der Verstoß gegen die gesellschaftsvertragliche Pflicht zu kompetenzmäßigem Verhalten.[647] Es

644 *Schäfer*, in: MünchKommBGB, § 709 Rn. 25; *Karrer*, in: MAH PersGesR § 14 Rn. 121. Einen guten Überblick über die praktischen Probleme gibt *Fleischer*, DStR 2009, 1204 ff.

645 Vgl. BT-Drs. 19/27635, S. 139. Zu § 708 BGB: *Wiedemann*, in: Festschrift Heinsius 1991, 949, 958 f.; *Fleischer/Danninger*, NZG 2016, 481. Zum neuen Haftungsmaßstab: *Schirrmacher*, ZHR 186 (2022), 250.

646 Siehe hierzu *Hueck*, Recht der OHG, § 10 VI S. 89 f; *Schäfer*, in: MünchKommBGB, § 708 Rn. 8; *Jickeli*, in: MünchKommHGB, § 114 Rn. 61 ff. Zur Entwicklung in der Rechtsprechung siehe: RG, JW 1930, 705 f.; RGZ 152, 302, 311 ff.; BGH, NJW-RR 1988, 995, 996; BGH, NJW 1997, 314 f.

647 *Jickeli*, in: MünchKommHGB, § 114 Rn. 63 f.

handelt sich um ein Übernahmeverschulden, ohne dass zusätzlich ein Ausführungsverschulden hinzukommen muss.[648] Der Schadensersatzanspruch resultiert aus § 280 BGB in Verbindung mit dem Gesellschaftsvertrag.[649] Eine Anwendung der Regelungen zur Geschäftsführung ohne Auftrag ist hingegen abzulehnen.[650]

b) Problem: Verschulden

Die Grundsätze zum Schadensersatz aufgrund einer Kompetenzüberschreitung sind indes nicht unproblematisch übertragbar. Denn gerade das Verschulden ist schwierig zu beurteilen, da es sich nicht um einen klassischen Kompetenzverstoß handelt. Vielmehr wird der Notgeschäftsführer regelmäßig eine Pflichtverletzung des die Zustimmung verweigernden Gesellschafters zugrunde legen. Es liegt also kein klassischer Kompetenzverstoß vor, bei dem sich ein Geschäftsführer über seine Befugnis hinwegsetzt, um die Geschäftsführung oder einen fehlenden Beschluss zu umgehen.[651] Je nach Intensität der Auseinandersetzung zwischen Notgeschäftsführer und dem die Zustimmung verweigernden Geschäftsführer ist es auch fraglich, inwieweit dem Handelnden oder auch dem die Maßnahme ablehnenden Gesellschafter der Vorwurf schuldhaften Verhaltens gemacht werden kann. Zudem geht es um eine zeitkritische Entscheidung, die keine ausführliche Interessenabwägung der Geschäftsführer erlaubt. Soweit es sich um eine kaufmännische Entscheidung handelt, steht den Geschäftsführern ein Ermessensspielraum zu, der nicht justitiabel ist. Die Beurteilung des Verschuldens wird daher regelmäßig auf eine Einzelfallbetrachtung hinauslaufen.

c) Beurteilung der Haftungsrisiken

In der Konsequenz drohen dem Notgeschäftsführer, welcher sich über die verweigerte Zustimmung hinwegsetzt, Haftungsrisiken. Er trägt im Prozess die Darlegungs- und Beweislast für die Pflichtwidrigkeit der Zustimmungsverwei-

---

648 BGH, NJW 1997, 314; *Schäfer*, in: MünchKommBGB, § 708 Rn. 10; *Geibel*, in: BeckOGK, BGB, § 708 Rn. 7.

649 *Servatius*, in: Henssler/Strohn, Gesellschaftsrecht, § 713 BGB Rn. 18; *Scholl/Fischer*, in: BeckOGK, HGB, § 115 Rn. 42.

650 BGH, NJW-RR 1988, 995, 996; *Schäfer*, in: MünchKommBGB, § 708 Rn. 9; *Geibel*, in: BeckOGK, BGB, § 708 Rn. 7.

651 Anders zu beurteilen ist die Situation, in der der Notgeschäftsführer gar nicht erst versucht, die Geschäftsführung zu erreichen, obwohl dies möglich gewesen wäre. Dann liegt ein klassischer Kompetenzverstoß vor.

gerung.[652] In der Regel wird es für den Notgeschäftsführer aufgrund der rechtlichen Unsicherheiten vorzugswürdig sein, die Maßnahme bei einer verweigerten Zustimmung zu unterlassen. Dadurch umgeht er regelmäßig sein persönliches Haftungsrisiko, da es einem Geschäftsführer nicht zumutbar sein wird, sich über die verweigerte Zustimmung eines Mitgeschäftsführers hinwegzusetzen.[653] Ein eigenmächtiges Handeln wird dem Geschäftsführer nicht zuzumuten sein. Etwas anderes kann nur gelten, wenn die verweigerte Zustimmung offensichtlich pflichtwidrig ist, etwa weil der verweigerten Zustimmung keine Sachgründe zugrundliegen und sie nur aus eigensüchtigen Motiven erfolgt. Der eine Handlungspflicht des Notgeschäftsführers begründende Maßstab wird jedoch hoch anzusetzen sein. In den übrigen Fällen kann sich der handlungswillige Geschäftsführer von der Haftung befreien und die Verantwortung auf den die Zustimmung verweigernden Geschäftsführer übertragen. Auch diesen trifft eine schadensersatzbegründende Verantwortung aus § 280 BGB in Verbindung mit dem Gesellschaftsvertrag,[654] wenn er seine Zustimmung treuwidrig verweigert.

Im Ergebnis hat dieses Haftungsrisiko für die involvierten Geschäftsführer auch disziplinierende Funktion. Es scheint in diesen Fällen für beide von Vorteil zu sein, eine Einigung zu erzielen, anstatt einem der beiden die alleinige Verantwortung zu übertragen. Denn kommen beide Geschäftsführer zu dem Ergebnis, die Maßnahme zu unterlassen, kann ihnen kaum mehr ein Verschulden zur Last gelegt werden. Denn mehr als die ausführliche Erörterung der fraglichen Maßnahme kann von ihnen nicht verlangt werden, selbst wenn sich hinterher herausstellen sollte, dass die Maßnahme für die Gesellschaft vorteilhaft gewesen wäre. Nehmen sie die Maßnahme hingegen vor, ist der Streit obsolet, da die Notgeschäftsführung nicht auf notwendige Erhaltungsmaßnahmen beschränkt ist, also nicht mehr nur die treuepflichtig gebotenen Handlungen umfasst, sondern als Instrument der Gefahrenabwehr auch rein kaufmännische Entscheidungen umfassen kann.

Im Rahmen des Schadensersatzanspruchs ist ferner zu berücksichtigen, dass der Notgeschäftsführer im Außenverhältnis keine Vertretungsmacht erlangt. Als Gesamtgeschäftsführer kann er die Gesellschaft nicht verpflichten. Da er die Geschäfte nur in eigenem Namen vornehmen kann, kann ein Ersatzanspruch auch aufgrund mangelnden Schadens entfallen. Dies gilt auch wenn der Notgeschäftsführer gar nicht erst den Versuch unternimmt, die Geschäftsführung zu erreichen.

---

652 *Scholl/Fischer*, in: BeckOGK, HGB, § 115 Rn. 45; *Drescher*, in: EBJS, HGB, § 115 Rn. 20.

653 *Scholl/Fischer*, in: BeckOGK, HGB, § 115 Rn. 45, 76.

654 *Scholl/Fischer*, in: BeckOGK, HGB, § 115 Rn. 44, 75.

Darin ist zwar eine Pflichtverletzung zu sehen, stellt sich die Maßnahme allerdings als vorteilhaft heraus und führt die Kompetenzüberschreitung nicht zu einem Schaden, entfällt auch der Ersatzanspruch.

6. *Schlussfolgerungen und Einordnung*

Kann der nicht geschäftsführungsbefugte Gesellschafter einen Geschäftsführer erreichen, so erlischt das Notgeschäftsführungsrecht des Gesellschafters aus § 715a BGB und das Notgeschäftsführungsrecht geht auf den verfügbaren Geschäftsführer über, der nach § 715 Abs. 3 BGB bzw. § 116 Abs. 3 HGB vorgehen kann. Für die unechten Notgeschäftsführungsrechte aus § 715 Abs. 3 BGB und § 116 Abs. 4 HGB gilt, dass das Geschäft bei einer verweigerten Zustimmung eines weiteren gesamtgeschäftsführungsbefugten Gesellschafters unterbleiben muss. Eine Ausnahme kann nur in den Fällen einer treuwidrigen Zustimmungsverweigerung gemacht werden. Verweigert der Geschäftsführer der Maßnahme eines anderen Geschäftsführers rechtswirksam die Zustimmung, kommt ein Rückgriff des Geschäftsführers auf § 715a BGB unter Berufung auf eine notwendige Maßnahme nicht in Betracht. Auch § 715a BGB ist kein Instrument zur Umgehung von Gesellschafterstreitigkeiten.

Damit steht fest, dass einem Widerspruch bzw. einer verweigerten Zustimmung zumindest formal immer Bedeutung zukommt. Auch dies ist konsequent, denn ob ein Widerspruch beachtlich ist oder nicht, kann nicht an der Anwendung der Norm liegen, sondern muss unter Berücksichtigung der Ausgeprägtheit der Treuepflicht beurteilt werden. Dies erleichtert die Anwendung der Notgeschäftsführungsrechte erheblich und führt zu Rechtssicherheit. Denn mit der Konsultationspflicht und der Maßgeblichkeit einer verweigerten Zustimmung verhindert der Gesetzgeber, dass auf Notgeschäftsführungsrechte rekurriert wird, wenn in Wahrheit keine Gefahrenabwehr, sondern Gesellschafterstreitigkeiten im Vordergrund stehen. Die Konsultationspflicht als formales Kriterium überzeugt. Der Gesellschafter muss – soweit überhaupt möglich – versuchen, die zuständigen Geschäftsführer zu erreichen und die Entscheidung zu übertragen. Erst wenn er niemanden erreicht und der Schaden nicht anders abgewendet werden kann, greift das Notgeschäftsführungsrecht.

Zudem lässt die Hierarche der Normen eine Tendenz zur Abkehr vom Dogma des Erhaltungsinteresses erkennen. Auch dieser Schritt ist zu befürworten und erleichtert die Handhabung der Notgeschäftsführungsrechte. Er betont die Notgeschäftsführungsrechte als Gefahrenabwehrrechte und bekräftigt den Vorrang der Geschäftsführungsordnung. Das Notgeschäftsführungsrecht darf nicht als Instrument zur Umgehung der Geschäftsführung begriffen, sondern als reines

Gefahrenabwehrrecht verstanden werden. Es darf also nicht darum gehen, dem Gesellschafter ein Instrument an die Hand zu geben, mit dem er die Geschäftsführung umgehen kann, selbst wenn aufgrund der Treuepflicht jeder Gesellschafter zum Handeln verpflichtet wäre. Vordergründig ist daher nicht die treuepflichtige Vornahme eines Geschäfts, sondern nur die Schadensabwehr, in Fällen, in denen sonst keiner eingreifen könnte. Gerade die echte Notgeschäftsführung nach § 715a BGB ist keine Privilegierung des Notgeschäftsführers, sondern nur die letzte Möglichkeit der Schadensabwehr.

Ausgehend von diesem Verständnis stellt sich das Notgeschäftsführungsrecht als reines Gefahrenabwehrrecht dar. Damit einhergehend versteht sich das Notgeschäftsführungsrecht nicht als Instrument zur Durchsetzung von notwendigen Erhaltungsmaßnahmen. Denn diese stellen Maßnahmen dar, zu denen jeder Gesellschafter im Rahmen der Schadensabwehr verpflichtet wäre. Wird diese Pflicht aus dem Recht der Bruchteilsgemeinschaft kommend als maßgeblicher Punkt der Notgeschäftsführung angesehen, entmachtet man die Geschäftsführung zugunsten des Notgeschäftsführers. Mit dem durch die neuen Regelungen eingeführten klaren Stufenverhältnis wird der Vorrang der Geschäftsführung normativ festgesetzt. Dies hat mehrere Vorteile: Zum einen wird dadurch klargestellt, dass Gesellschafterstreitigkeiten durch das Notgeschäftsführungsrecht nicht gelöst werden können. Denn verweigert ein Geschäftsführer seine Zustimmung, so darf der handlungswillige nicht geschäftsführungsbefugte Gesellschafter nicht handeln. Dies gilt unabhängig von dem Vorliegen einer notwendigen Erhaltungsmaßnahme. Zum anderen wird auch der Anwendungsbereich der Notgeschäftsführung selbst erweitert. Denn nach dem MoPeG bedarf es nicht mehr der Abwägung, inwiefern die konkrete Maßnahme für den Erhalt der Gesellschaft oder des Gesellschaftsvermögen *notwendig* ist. Die Auslegungsschwierigkeiten dieses Tatbestandsmerkmals und dessen Inkonsistenz wurden bereits erörtert. Vielmehr ist alleine ausschlaggebend, dass der Gesellschaft oder dem Gesellschaftsvermögen *Gefahr droht*. Letzteres Tatbestandsmerkmal ist einfacher zu beurteilen und wird tendenziell schneller erfüllt sein. Dennoch führt der weite Anwendungsbereich nicht zu einer Ausuferung des Notgeschäftsführungsrechts. Denn nach wie vor gilt, dass die Gefahr gerade aus dem Aufschub des Geschäfts resultieren muss. Dadurch wird gewährleistet, dass das Notgeschäftsführungsrecht nur greifen kann, wenn die Maßnahme so eilbedürftig ist, dass die Geschäftsführung darüber nicht mehr entscheiden kann. Die Konsultationspflicht und die Abkehr vom Dogma der notwendigen Erhaltungsmaßnahmen stellen dabei sicher, dass das Notgeschäftsführungsrecht so funktionieren kann, wie es gedacht war: Als Gefahrenabwehrrecht unter Berücksichtigung der Geschäftsführung.

F. Auswirkungen der Notgeschäftsführung auf die Gesellschafterklage

Die alte Rechtslage ermöglichte es dem Notgeschäftsführer in seltenen Fällen Klage gegen einen Drittschuldner der Gesellschaft zu erheben. Voraussetzung war, dass die Klage für den Erhalt der Gesellschaft notwendig war. In der Konsequenz mussten sich die obersten Gerichte mit der Notgeschäftsführung hauptsächlich im Rahmen der Gesellschafterklage auseinandersetzen. Da schon die Gesellschafterklage stets von rechtlichen Unsicherheiten geprägt war, wurde das Notgeschäftsführungsrecht im Laufe der Zeit verwässert. Das MoPeG unternimmt den Versuch die Gesellschafterklage zukünftig als eigenständiges Institut in § 715b BGB zu regeln. Im folgenden Abschnitt soll untersucht werden, inwieweit die Notgeschäftsführung und Gesellschafterklage nunmehr zusammenspielen. Die weitere Aufarbeitung der Gesellschafterklage bleibt anderen Autoren vorbehalten.

I. § 715b BGB im Überblick

Der Gesetzgeber verfolgt das Ziel mit § 715b BGB die Einzelklagerechte unabhängig von dem Rechtsgrund in einem einheitlichen Institut zusammenzufassen.[655] § 715b BGB umfasst somit die Geltendmachung von Sozial- und Drittansprüchen, vgl. § 715b Abs. 1 BGB. Der Gesetzgeber will die Norm als Fall der gesetzlichen Prozessstandschaft verstanden wissen und billigt dem Gesellschafter eine Einziehungs- und Prozessführungsbefugnis zu.[656] Als Sachurteilsvoraussetzung hat das Gericht die Voraussetzungen der Prozessstandschaft von Amts wegen zu prüfen.[657] Systematisch hat der Gesetzgeber die Gesellschafterklage an die Notgeschäftsführung angehängt und durch die Paragrafierung innerhalb des § 715 BGB klargestellt, dass es sich dabei um einen besonderen Fall der Geschäftsführung handelt und damit keine Vertretungsbefugnisse einhergehen. Der Gesellschafter muss die Ansprüche daher im eigenen Namen geltend machen.[658]

Hinsichtlich der Voraussetzungen zur Geltendmachung von Sozial- oder Drittansprüchen differenziert der Gesetzgeber. Sozialansprüche können nach § 715b Abs. 1 Satz 1 BGB nur geltend gemacht werden, wenn der geschäftsfüh-

---

655 BT-Drs. 19/27635, S. 153; vgl. auch *Lieder*, ZGR 2021, Sonderheft 23, 169, 200. Einen Überblick und Vergleich zwischen alter und neuer Rechtslage gibt *Keller*, ZJS 2022, 469.

656 BT-Drs. 19/27635, S. 153; vgl. auch *Lieder*, ZGR 2021, Sonderheft 23, 169, 202.

657 BT-Drs. 19/27635, S. 154.

658 BT-Drs. 19/27635, S. 153.

rungsbefugte Gesellschafter die Geltendmachung pflichtwidrig unterlässt. Damit implementiert der Gesetzgeber das Subsidiaritätserfordernis und stellt sicher, dass die Geschäftsführungsordnung nur in besonderen Fällen durchbrochen wird.[659] Hinsichtlich der genauen Kriterien hält sich der Gesetzgeber bewusst bedeckt. Die Ausformung der Tatbestandsvoraussetzung soll der Rechtsprechung vorbehalten sein. Ansatzpunkte liefert der Gesetzgeber, indem er beispielhaft die Aufforderung zur Gesellschafterklage, deren Ablehnung, einen Gesellschafterbeschluss oder die Gesellschaftswidrigkeit der Ablehnung aufzählt.[660] Hinsichtlich der Drittansprüche versucht der Gesetzgeber das bereits erläuterte Rechtsprechungscredo in eine gesetzliche Form zu gießen.[661] Er fordert zusätzlich zu der pflichtwidrigen Untätigkeit der Geschäftsführung, dass der Dritte an dem pflichtwidrigen Unterlassen mitwirkt oder es zumindest kannte, vgl. § 715b Abs. 1 Satz 2 BGB. Damit greift er vor allem den Einwand auf, dass der Dritte ein berechtigtes Interesse daran hat, nur von seinem Gläubiger in Anspruch genommen zu werden. Dieses Interesse kann er vor Gericht nur vorbringen, wenn er sachgerechte Gründe gegen eine kompetenzwidrige Inanspruchnahme vortragen kann. Die setzt voraus, dass er derart involviert ist, dass es ihm möglich wäre, unzutreffende Gründe gegen das Versagen der Geschäftsführungsordnung zu widerlegen.[662] Der Gesetzgeber verlangt also eine Situation, „in der der Dritte sich zu diesem Aspekt aus eigener Anschauung sachgerecht äußern kann".[663] Die übrigen Voraussetzungen[664] kommen schon in dem pflichtwidrigen Unterlassen der Geschäftsführung, also dem allgemeinen Subsidiaritätserfordernis, ausreichend zur Geltung.[665] Die Einordnung als gesetzliche Prozessstandschaft macht eine Regelung zur Rechtskrafterstreckung erforderlich,[666] welche sich in § 715b Abs. 4 BGB wieder findet. Die Rechtskrafterstreckung ist einerseits maßgeblich, um den Minderheitenschutz zu gewährleisten. Denn ansonsten könnte der unterlegene Beklagte gegen die Gesellschaft auf Rückgewähr klagen.[667] Andererseits sprechen prozessökonomische Gründe

659 *Lieder*, ZGR 2021, Sonderheft 23, 169, 200 f.
660 BT-Drs. 19/27635, S. 154.
661 Vgl. BGHZ 39, 14.
662 BT-Drs. 19/27635, S. 154.
663 BT-Drs. 19/27635, S. 154.
664 Namentlich ein berechtigtes Interesse des Klägers und das Ausbleiben der Klage im Namen der Gesellschaft aus gesellschaftswidrigen Gründen.
665 BT-Drs. 19/27635, S. 154.
666 BT-Drs. 19/27635, S. 155.
667 BT-Drs. 19/27635, S. 155.

für eine Rechtskrafterstreckung auf die Gesellschaft bei einer Klageabweisung.[668] Zum Schutz der Gesellschaft soll dies allerdings nicht gelten, wenn die Klage durch Prozessurteil abgewiesen wird (schlecht geführte Gesellschafterklage).[669] Die Folgen der Rechtshängigkeit bleiben hingegen ungeregelt. Die sich stellenden Folgefragen hinsichtlich eines Parallelprozesses durch die Gesellschaft bei rechtshängiger Gesellschafterklage sollen der Rechtsprechung vorbehalten werden.[670]

II. Verhältnis von Notgeschäftsführung und Gesellschafterklage

Das Verhältnis von Notgeschäftsführung zur Gesellschafterklage kommt in der gesetzlichen Konzeption nicht eindeutig zum Ausdruck. Schon im alten Recht wurde die Notgeschäftsführung des Öfteren als Auffangmechanismus genutzt, um die Zulässigkeit der Gesellschafterklage zu begründen, wenn die Gesellschafterklage an den allgemeinen Grundsätzen zu scheitern drohte. Die Anforderungen an das Subsidiaritätserfordernis und die Erforderlichkeit führten jedoch selten zum Erfolg. Aufgrund der unterschiedlichen Zielsetzung der beiden Institute führt eine Vermischung zu Unklarheiten im jeweiligen Anwendungsbereich. Während die Gesellschafterklage ein Recht des Minderheitenschutzes ist, verfolgt das Notgeschäftsführungsrecht primär Aspekte der Gefahrenabwehr. Die Kodifizierung beider Institute in unterschiedlichen Normen verdeutlicht, dass auch der Gesetzgeber den Anwendungsbereich klarer umreißen und die Normen deutlicher voneinander abgrenzen will. Die Entkoppelung der beiden Institute ist sicherlich zu begrüßen. Dennoch gibt die Gesetzesbegründung Anlass zur Kritik:

> *Das Einzelklagerecht des Gesellschafters und das Recht zur Notgeschäftsführungsbefugnis schließen sich daher gegenseitig nicht aus.*[671]

Hintergrund sind die Ausführungen, in denen der Gesetzgeber beide Institute als subsidiär deklariert und ihnen die Befugnis entnimmt, im Innenverhältnis gegen Mitgesellschafter oder Dritte vorzugehen.[672] Richtig ist, dass beide Institute aufgrund ihrer Durchbrechung der Geschäftsführung nur subsidiär zur Anwendung

---

668 BT-Drs. 19/27635, S. 155. *Lieder* verweist zudem auf eine doppelte Inanspruchnahme des Beklagten, *Lieder*, ZGR 2021, Sonderheft 23, 169, 203.

669 BT-Drs. 19/27635, S. 155.

670 BT-Drs. 19/27635, S. 156. Vgl. hierzu schon *Lieder*, ZGR 2021, Sonderheft 23, 169, 203 m. w. N., wonach die Klage der Gesellschaft der Gesellschafterklage die Grundlage entziehen würde.

671 BT-Drs. 19/27635, S. 154.

672 BT-Drs. 19/27635, S. 153 f.

gelangen können.[673] Zudem sind ihre Rechtswirkungen auf das Innenverhältnis beschränkt, wobei der Gesellschafterklage aufgrund der Prozessstandschaft und der Rechtskrafterstreckung (§ 715b Abs. 4 BGB) im Ergebnis weitreichende Außenwirkung zukommt. Abgesehen von diesen Gemeinsamkeiten grenzen sich die beiden Normen auf den ersten Blick klar voneinander ab.

1. Abgrenzung anhand der Zielsetzung

§ 715b BGB muss als speziellere Norm für alle Formen der Gesellschafterklage primär Anwendung finden. Beide Institute gehen von unterschiedlichen Voraussetzungen aus. Die systematische Stellung in unterschiedlichen Paragrafen verdeutlicht dies. Zudem sind die Zielsetzungen (Minderheitenschutz und Gefahrenabwehr) im Grundsatz nicht vergleichbar.

Primäre Voraussetzung der Gesellschafterklage, unabhängig von der Geltendmachung eines Sozial- oder Drittanspruches, ist das pflichtwidrige Unterlassen der Geschäftsführung. Sie ist ein Instrument des Minderheitenschutzes. Sie gibt der Minderheit die Möglichkeit, Ansprüche gegen den Willen der Geschäftsführung gerichtlich zu verfolgen. Die Notgeschäftsführung hingegen fußt auf dem Gedanken der Gefahrenabwehr. Ziel ist es nicht, Maßnahmen gegen den Willen der Geschäftsführung durchzusetzen, sondern ohne deren Willen, da sie aufgrund der Umstände nicht mehr darüber entscheiden konnte. Tatsächlich will der Notgeschäftsführer im Idealfall den mutmaßlichen Willen der Geschäftsführung durchsetzen. Die Notgeschäftsführung basiert somit nicht auf einer Pflichtwidrigkeit der Geschäftsführung, sondern geht von einer (unverschuldeten) Notlage aus. Darüber hinaus führt gerade der entgegenstehende Wille eines Geschäftsführers dazu, dass die Maßnahme in der Regel unterbleiben muss. Denn es ist nicht Ziel des Notgeschäftsführungsrechts, Blockadesituationen aufzulösen. Solche Fälle sollen nach wie vor, über die Zustimmungspflicht bzw. die Unbeachtlichkeit des Widerspruchs und entsprechende Klagemöglichkeiten nach § 894 ZPO gelöst werden. Vor diesem Hintergrund geht die Gesellschafterklage von einem entgegenstehenden Willen der Geschäftsführung aus, wohingegen die Notgeschäftsführung einen nicht gebildeten Willen der Geschäftsführung vor Augen hat. Im Regelfall geht mit der Gesellschafterklage die Kenntnis der Geschäftsführung von der geplanten Klageerhebung einher, wohingegen die Notgeschäftsführung gerade auf der Unkenntnis der Maßnahme aufbaut. Grundsätzlich unterscheiden sich die

---

673 Die Subsidiarität der actio pro socio wird in der Rechtsprechung unter dem Aspekt der Treuepflicht ausgeformt, vgl. BGH, NZG 2019, 702; *Karsten Schmidt*, JuS 2019, 817; *Geibel*, in: BeckOGK, BGB, § 709 Rn. 58.

Voraussetzungen der Institute schon im Kern und können nicht nebeneinander Anwendung finden.

2. *Praktisches Nebeneinander von Gesellschafterklage und Notgeschäftsführungsbefugnis nur in Ausnahmefällen*

Gewöhnlich wird eine Anwendung der Notgeschäftsführungsbefugnisse schon durch die vorgegebenen Kriterien des § 715b BGB ausgeschlossen werden. Ein Zusammentreffen von Notgeschäftsführung und Gesellschafterklage wird nur in Ausnahmefällen in Betracht kommen.[674]

Die Subsidiarität des Notgeschäftsführungsrechts verpflichtet den Notgeschäftsführer, den Streit um die Klageerhebung frühzeitig zu klären. Verpasst er es, die Entscheidung der Geschäftsführung zu übertragen und den Streit auf den vorgesehenen Wegen zu klären, schließt dies die Notgeschäftsführung aus. Gewöhnlich wird eine Klageerhebung im Rahmen der Notgeschäftsführung daran scheitern. Denn die Notgeschäftsführung setzt insoweit voraus, dass die Klageerhebung eine Notsituation darstellt, die nicht bereits vorher durch die Geschäftsführung oder eine etwaige Zustimmungsklage aufgelöst hätte werden können. Es kann sich daher nur um Ausnahmefälle handeln. Dieses Ergebnis wird durch die bisherigen Erkenntnisse zur Subsidiarität der Gesellschafterklage bekräftigt. Gewöhnlich wird gefordert, die Gesellschafterklage setze zumindest voraus, dass die Geschäftsführung zur Klageerhebung aufgefordert wurde und diese abgelehnt habe.[675] Nur dann kann der Vorrang der Geschäftsführungsordnung gewährleistet und sichergestellt werden, dass die Gesellschafterklage nur ergänzend Anwendung finden kann. Sind diese Mindestkriterien erfüllt, besteht kein Raum mehr für eine Klageerhebung im Rahmen der Notgeschäftsführung, da die Klageerhebung dann nicht mehr eilbedürftig ist. Im Normalfall ist ein Konkurrenzverhältnis zwischen Notgeschäftsführung und Gesellschafterklage somit ausgeschlossen.

3. *Behandlung von Ausnahmefällen: Übertragung der Kriterien des § 715b BGB auf die Notgeschäftsführung*

Fraglich ist, wie Fälle zu behandeln sind, in denen die Klageerhebung derart eilbedürftig ist, dass die Voraussetzungen der Gesellschafterklage nicht mehr erfüllt werden können. Im Kern geht es darum, dass die Geschäftsführung noch keinen

674 *Schäfer*, in: MünchKommBGB 2024, § 715b Rn. 5.

675 *Geibel*, in: BeckOGK, BGB, § 709 Rn. 59; *Grunewald*, Gesellschafterklage, S. 15; *Bork/Oepen*, ZGR 2001, 515, 531 f.

entgegenstehenden Willen bilden konnte. Unabhängig von den sich noch herausbildenden Kriterien auf Basis derer sich die Pflichtwidrigkeit des Unterlassens ausdrücken soll, kann die Gesellschafterklage dann als Notgeschäftsführungsmaßnahme in Betracht kommen. Denn besteht noch kein entgegenstehender Wille der Geschäftsführung, der in einem pflichtwidrigen Unterlassen münden könnte, liegt der Gedanke der Gefahrenabwehr nahe und könnte eine Anwendung des Notgeschäftsführungsrechts rechtfertigen. Sollte eine Gesellschafterklage auf Basis der Notgeschäftsführung in Ausnahmefällen in Betracht kommen, wäre sicherzustellen, dass die (strengeren) Voraussetzungen des § 715b BGB nicht ausgehebelt werden.[676]

Konkret müsste § 715b Abs. 3 BGB entsprechend angewandt werden, um eine frühzeitige Unterrichtung der Gesellschaft sicherzustellen. Ebenso dürfen auch die übrigen Voraussetzungen der Gesellschafterklage nicht übergangen werden. Für Sozialansprüche im Sinne des § 715b Abs. 1 Satz 1 BGB würde dies bedeuten, dass das Unterlassen zumindest objektiv pflichtwidrig ist, selbst wenn dies der Geschäftsführung mangels Kenntnis bisher nicht subjektiv vorgeworfen werden konnte. In Anlehnung an die bisherigen Erkenntnisse und Meinungen zur Gesellschafterklage wird man darauf abstellen können, dass hinsichtlich der Klageerhebung kein Ermessen besteht oder eine Klageverweigerung ermessensfehlerhaft wäre.[677] Hier ist an die gesellschaftsvertragliche Pflicht zur Durchsetzung des Anspruches zu denken, etwa im Rahmen der Einlagepflicht.[678] Ebenso ist an die aufgrund der Einordnung als gesetzliche Prozessstandschaft notwendige Rechtskrafterstreckung nach § 715b Abs. 4 BGB zu denken.[679]

Hinsichtlich der Geltendmachung von Drittansprüchen ist zu differenzieren. Denn in Anlehnung an die bisherige Rechtsprechung geht § 715b Abs. 1 Satz 2 BGB davon aus, dass der Gläubiger ein schutzwürdiges Interesse daran hat, nur von seinem Gläubiger in Anspruch genommen zu werden. Der entgegenstehende Wille der Geschäftsführung schränkt die Inanspruchnahme des Dritten durch einen Gesellschafter daher weiter ein und lässt die Klage nur zu, wenn der Dritte an dem pflichtwidrigen Unterlassen mitwirkte oder es kannte. Wird die Klage allerdings im Rahmen der Notgeschäftsführung erhoben, besteht zunächst kein entgegenstehender Wille der Geschäftsführung. Insofern entfällt der Anknüpfungspunkt für die weitere Beurteilung der Prozessstandschaft. Für diese Einschränkung besteht

676 Auch *Servatius*, in: Henssler/Strohn, Gesellschaftsrecht 2024, § 715b BGB Rn. 3 anerkennt dieses Problem.

677 Siehe *Bork/Oepen*, ZGR 2001, 515, 532.

678 *Grunewald*, Gesellschafterklage, S. 15; *Bork/Oepen*, ZGR 2001, 515, 532.

679 BT-Drs. 19/27635, S. 155 f.

allerdings auch kein Bedürfnis, wenn die Geschäftsführung die Inanspruchnahme nach Kenntnisnahme faktisch billigt. Denn hätte die Geschäftsführung den Dritten bei Kenntnis ohnehin in Anspruch genommen, bestünde zumindest auf prozessualer Seite kein schutzwürdiges Interesse des Dritten an der Nichtgeltendmachung des Anspruches. Erst wenn sich ein entgegenstehender Wille bilden konnte, ist der Dritte auch schutzbedürftig. Fraglich ist, wie dieser Konflikt aufgelöst werden kann, um sowohl der etwaigen Schutzbedürftigkeit des Dritten, als auch dem Gefahrenabwehraspekt der Notgeschäftsführung hinreichend Geltung zu verschaffen. Zudem lässt sich auch vertreten, dass mangels entgegenstehenden Willens der Geschäftsführung die Prozessführungsbefugnis auch aus der Notgeschäftsführung selbst abgeleitet werden kann, so wie es zum alten Recht bereits vertreten wurde.[680]

In erster Linie ist daher zu fordern, dass die Geschäftsführung der Gesellschaft selbst tätig wird. Denn hat die Gesellschaft es verpasst, den Anspruch im Rahmen ihrer Geschäftsführungsordnung ordnungsgemäß geltend zu machen, kann dieses Fehlverhalten nicht zulasten des Dritten gehen. Handelt die Geschäftsführung daher nach Rechtshängigkeit der Klage nicht, muss es bei den strengeren Voraussetzungen des § 715b Abs. 1 Satz 2 BGB bleiben. Der Gesellschafter ist dann nur prozessführungsbefugt, wenn die Voraussetzungen des § 715b Abs. 1 Satz 2 BGB vorliegen. Billigt die Gesellschaft hingegen die Klageerhebung des Notgeschäftsführers, muss ihr angeraten werden, den Notgeschäftsführer im Nachhinein zur Prozessführung zu ermächtigen und so die Voraussetzungen für eine gewillkürte Prozessführungsbefugnis zu schaffen. Denn liegen die Voraussetzungen des § 715b Abs. 1 Satz 2 BGB nicht vor, ist die Klage als unzulässig abzuweisen. Denn der Gesetzgeber erkennt die Voraussetzungen des § 715b Abs. 1 BGB als Sachurteilsvoraussetzungen an, deren Nichtvorliegen zur Unzulässigkeit der Klage und deren Abweisung durch Prozessurteil zur Folge hat.[681] Will die Gesellschaft dies verhindern, muss sie den Notgeschäftsführer zur Sicherheit zur Prozessführung ermächtigen. Denn solange das Konkurrenzverhältnis zwischen Gesellschafterklage und Notgeschäftsführung nicht geklärt ist und offenbleibt, inwieweit die Notgeschäftsführung dem Gesellschafter ein gesetzliches Prozessführungsrecht zubilligt, erscheint es vorzugswürdig das Prozessführungsrecht durch eine Ermächtigung zur Prozessführung sicherzustellen. Diese muss im Prozess bis zur letzten mündlichen Verhandlung vorgelegt und offengelegt werden.[682] An der

680 Siehe hierzu unter § 3 E. III.
681 Vgl. BT-Drs. 19/27635, S. 154.
682 BGH, NJW 1988, 1585, 1587; *Weth*, in: Musielak/Voit, ZPO, § 51 Rn. 26.

Zulässigkeit einer gewillkürten Prozessstandschaft dürften im Falle der Geltendmachung eines Anspruchs der Gesellschaft durch einen Gesellschafter keine Bedenken bestehen.[683] Ein eigenes rechtliches und schutzwürdiges Interesse des Gesellschafters liegt vor,[684] insbesondere wenn man sich vor Augen führt, dass der Gesellschafter als Notgeschäftsführer tätig wird, um die Interessen der Gesellschaft und damit (mittelbar) seine eigenen wirtschaftlichen Interessen zu wahren. Durch die Ermächtigung macht die Gesellschaft deutlich, dass der Prozess nicht gegen den Willen der Geschäftsführung geführt wird.[685] Der Dritte ist dann auch nicht schutzbedürftig, weshalb es auch nicht darauf ankommen kann, ob dieser sich zu einem etwaigen Konflikt sachgerecht äußern kann. Prozessual ist er durch die gewillkürte Prozessstandschaft aufgrund der Rechtskrafterstreckung ausreichend geschützt.[686] Durch dieses Vorgehen kann sichergestellt werden, dass die Voraussetzungen des § 715b Abs. 1 Satz 2 BGB durch das Notgeschäftsführungsrecht nicht unterlaufen werden. Gleichzeitig wird das Notgeschäftsführungsrecht nicht durch § 715b Abs. 1 Satz 2 BGB ausgehöhlt, sollten die Voraussetzungen der Gesellschafterklage nicht vorliegen.

Allerdings ist zu bemerken, dass die nachträgliche Ermächtigung zur Prozessführung keine materiell-rechtliche Wirkung entfaltet.[687] Denn das Einverständnis zur Prozessführung hat rein prozessuale Wirkungen.[688] Klagt der Gesellschafter eine Forderung außerhalb der gesetzlichen Prozessführungsbefugnis ein, stellt dies eine Klageerhebung durch einen Nichtberechtigten dar, welche beispielsweise nicht geeignet ist, eine drohende Verjährung zu unterbrechen.[689] Durch die Ermächtigung zur Prozessführung kann zwar auf den Prozess Einfluss genommen werden, die §§ 182–185 BGB finden jedoch mangels Verfügung auf die Klageerhebung keine Anwendung.[690] Die Verjährung kann daher nicht rückwirkend durch die Ermächtigung zur Prozessführung unterbrochen werden.[691] Auch dies verdeutlicht, dass eine Gesellschafterklage im Rahmen der Notgeschäftsführung ein Ausnahmefall bleiben wird. Denn nach wie vor setzt die Notgeschäftsführung Eilbedürftigkeit voraus. Droht der Anspruch daher zu verjähren und erfordert die

683 BGH, NJW 1988, 1585; vgl. *Weth*, in: Musielak/Voit, ZPO, § 51 Rn. 28.
684 BGH, NJW 1988, 1585, 1586; *Weth*, in: Musielak/Voit, ZPO, § 51 Rn. 28.
685 BGH, NJW 1988, 1585, 1586.
686 BGH, NJW 1988, 1585, 1586.
687 Vgl. BGH, NJW 1958, 338; BGH, NJW-RR 1993, 669.
688 BGH, NJW-RR 1993, 669, 671.
689 Vgl. BGH, NJW 1958, 338, 339 m. w. N.
690 BGH, NJW 1958, 338, 339.
691 BGH, NJW 1958, 338, 339.

sofortige Erhebung einer Klage, zu welcher nur der Notgeschäftsführer in der Lage wäre, hilft die Klageerhebung des Notgeschäftsführers nicht über die Verjährung hinweg. Der Schadenseintritt kann so nicht verhindert werden. Insofern spricht dies dafür, aus den Notgeschäftsführungsrechten weiterhin eine gesetzliche Prozessstandschaft abzuleiten. Zum Schutz des Dritten ist allerdings zu fordern, dass die Gesellschaft sich mit der Prozessführung nachträglich einverstanden erklärt.

Unabhängig von den dargestellten Problemen kann eine Klageerhebung im Rahmen der Notgeschäftsführung nicht auf § 715a BGB gestützt werden, wenn der Gesellschafter einen Geschäftsführer erreicht. Dies ergibt sich aus der allgemeinen Subsidiarität der Notgeschäftsführung. Das Notgeschäftsführungsrecht geht in diesen Fällen auf den erreichten Geschäftsführer über, der notfalls nach § 715 Abs. 3 BGB tätig werden kann. Wird dieser nicht tätig, kann der Notgeschäftsführer Klage erheben, wenn die weiteren Voraussetzungen des § 715b BGB erfüllt sind. Da nun die Geschäftsführung die Klageerhebung unterlassen hat, muss es im Ergebnis auf die Voraussetzungen des § 715b Abs. 1 BGB ankommen. Ob die Weigerung zur Klageerhebung pflichtwidrig ist, ist daran zu messen, inwieweit die Klage aus sachwidrigen Gründen unterblieben ist, namentlich ob ein Ermessen hinsichtlich der Klageerhebung bestand bzw. ob dieses fehlerhaft ausgeübt wurde.

G. Zusammenfassung in Thesen

Die gefundenen Ergebnisse zu den neuen Regelungen lassen sich in folgenden Thesen zusammenfassen:

12. Die neuen Regelungen zur Notgeschäftsführung implementieren eine gefahrenbezogene Auslegung der Befugnisse. Der Gesetzgeber vollzieht damit einen Paradigmenwechsel. Das bruchteilsrechtliche Verständnis der Notgeschäftsführung als Instrument zur Durchsetzung von notwendigen Erhaltungsmaßnahmen wird zugunsten eines flexibleren, moderneren, gesellschaftsrechtlichen Verständnisses der Notgeschäftsführungsrechte als Gefahrenabwehrrechte aufgegeben. In diesem Sinne indizieren die Normen eine Abkehr vom Dogma der notwendigen Erhaltungsmaßnahmen.
13. Mit der Abkehr vom Dogma notwendiger Erhaltungsmaßnahmen erweitert sich der Anwendungsbereich der Vorschriften erheblich. Als Instrumente der Gefahrenabwehr sind sie nun vielseitig einsetzbar und ermöglichen eine Gefahrenabwehr zugunsten der Gesellschaft in Fällen, in denen die innerorganisatorische Ordnung zu einer Handlungsunfähigkeit der Gesellschaft führt. Ob die Maßnahme für den Erhalt der Gesellschaft notwendig ist,

spielt nach dem MoPeG keine Rolle mehr. Als Orientierung dient insoweit § 115 Abs. 2 Halbs. 2 HGB a. F.

14. Der Gefahr einer Umgehung der Geschäftsführungsordnung, die mit dem erweiterten Anwendungsbereich der Vorschriften einhergeht, wird durch eine umfassende Konsultationspflicht Rechnung getragen. Ein nicht geschäftsführungsbefugter Gesellschafter kann eine eilbedürftige Maßnahme nur vornehmen, wenn er keinen geschäftsführungsbefugten Gesellschafter erreichen konnte. Ebenso ersetzen die unechten Notgeschäftsführungsbefugnisse nur die Zustimmung derjenigen Geschäftsführer, die nicht rechtzeitig erreicht werden konnten. So wird die Einhaltung der Geschäftsführungsordnung grundsätzlich gewährleistet.
15. Als umfassende Gefahrenabwehrrechte können die Notgeschäftsführungsrechte eine Vielzahl von möglichen Fällen umfassen. In der Konsequenz des erweiterten Anwendungsbereichs wird die Frage, „ob" und „wie" eine Gefahr abgewehrt werden soll, stets von einem kaufmännischen Ermessen geprägt sein. Die Konsultationspflicht stellt sicher, dass dieses Ermessen von der Geschäftsführung ausgeübt werden kann.
16. Infolge des vom Erhaltungsinteresse losgelösten Verständnisses sperrt eine verweigerte Zustimmung im Grundsatz das Notgeschäftsführungsrecht. Während die echte Notgeschäftsführung nach § 715a BGB schon tatbestandlich eine Kollision von Erhaltungsinteresse und Geschäftsführungsordnung ausschließt, verbleibt es im Rahmen der unechten Notgeschäftsführungsrechte bei den Grundsätzen der Gesamtgeschäftsführungsbefugnis: Bei einer verweigerten Zustimmung muss das Geschäft unterbleiben.
17. Ein vom Erhaltungsinteresse losgelöstes Verständnis der Notgeschäftsführungsrechte eröffnet die Möglichkeit einer Ermessenskontrolle. Im Gegensatz zu dem Festhalten am Dogma der notwendigen Erhaltungsmaßnahme, die einer Ermessensausübung von vorneherein entzogen ist, kann so eine Bewertung anhand altbekannter Grundsätze erfolgen. Ist die Notgeschäftsführungsmaßnahme aus Treuegesichtspunkten geboten, ist die verweigerte Zustimmung unbeachtlich. Der Geschäftsführer handelt jedoch auf eigenes Risiko.
18. Als flexible Gefahrenabwehrrechte fügen sich die neuen Regelungen zur Notgeschäftsführung in das Bild eines modernen Personengesellschaftsrechts ein. Das kaufmännische Geschäftsführerermessen wird gestärkt und hebt die Geschäftsführung als Treiber wirtschaftlichen Fortschritts hervor. Anstatt vorrangig die Notwendigkeit einer (Erhaltungs-)Maßnahme zu bewerten, wird die Maßnahme anhand einer bewährten Ermessenskontrolle beurteilt.

Dadurch wird der Geschäftsführung der Vorrang eingeräumt, ohne den Gedanken des Individualrechtsschutzes vollständig aufzugeben oder zu beschränken. Die Frage, wann eine Maßnahme notwendig sein soll, lässt sich unter der Berücksichtigung von Gesellschafterinteressen und Gesellschaftsinteresse im Rahmen einer komplexen, wirtschaftlich geprägten Entscheidungskultur ohnehin nicht rechtssicher beantworten. Im Vergleich zu einer an der Treuepflicht ausgerichteten Ermessenskontrolle liefert die Frage nach einer notwendigen Erhaltungsmaßnahme keinen Mehrwert.

§ 5 Einordnung und Bewertung der Normen und Ergebnisse im Gesamtkontext des neuen Personen(handels) gesellschaftsrechts

Im Nachgang an die gefundenen Ergebnisse soll abschließend gefragt werden, ob sich die gefundenen Erkenntnisse in die konzeptionelle Neuordnung des MoPeG einfügen. Die ursprünglichen Leitlinien zur Notgeschäftsführung orientierten sich an dem Leitbild der GbR als nicht rechtsfähige Gelegenheitsgesellschaft.[692] Mit der „*Metamorphose der GbR von der instabilen Innengesellschaft römischer Provenienz zur stabilen Außengesellschaft moderner Prägung*"[693] vollzieht der Gesetzgeber einen lang geforderten und überfälligen[694] Leitbildwandel. Die nachfolgende Untersuchung soll bewerten, inwieweit sich die neuen Regelungen der Notgeschäftsführung mit dem modernen Leitbild der Personengesellschaft decken.

A. Das neue Leitbild der GbR

I. Altes Leitbild

In ihrer ursprünglichen Konzeption war die GbR als Gelegenheitsgesellschaft ausgestaltet.[695] Als Vorbild diente die römisch-gemeinrechtliche Sozietät:[696] Ein vertragliches Schuldverhältnis.[697] Das Gesamthandsprinzip ergänzte die GbR um

692 Vgl. Begründung des Regierungsentwurfs vom 20.01.2021, S. 111 ff.

693 *Fleischer*, DB 2020, 1107, 1114.

694 Siehe nur Verhandlung des 71. Deutschen Juristentages, Essen 2016, Band II/2, Teil O: Empfiehlt sich eine grundlegende Reform des Personengesellschaftsrechts?, sowie der mit 43:2:3 angenommene Beschluss zur Reformbedürftigkeit, Beschluss I.1., O 219.

695 Statt vieler: *Lieder*, ZRP 2021, 34; *Fleischer*, DStR 2021, 430, 431; *Kruse*, DStR 2021, 2412.

696 *Fleischer*, DStR 2021, 430, 431; *Kruse*, DStR 2021, 2412; *Hell*, JA 2021, 12, 13. Die umfassende Genese der GbR bedarf keiner weiteren Darstellung. Für eine tiefere Analyse siehe: *Fleischer*, DB 2020, 1107, 1108 m. w. N.; *Flume*, Personengesellschaft, S. 1 ff.

697 *Fleischer*, DStR 2021, 430, 431; *Kruse*, DStR 2021, 2412; *Hell*, JA 2021, 12, 13. Zu den Folgen der Gruppenlehre von *Flume* und der Loslösung des vertraglichen Ansatzes vgl. *Teichmann*, AcP 179 (1979), 475, 481 ff.

ein Sondervermögen, ohne dabei die Rechtssubjektivität der Gesellschaft aufzugreifen.[698] Stattdessen stand das Vermögen den Gesellschaftern zur gesamten Hand zu.[699] Das ursprünglich schuldrechtliche Verständnis der GbR mündete in einer „schwer auflösbaren“[700] Verknüpfung von Geschäftsführung und Beschlussfassung.[701] Beide Entscheidungsprozesse sind autonom zu bewerten;[702] die zunehmende Verselbstständigung der Geschäftsführung von der Willensbildung der Gesellschafter führt im Rahmen der Gesamtgeschäftsführung zu einer Verwischung, da in beiden Fällen eine Mitwirkung aller Gesellschafter verlangt wird.[703] Maßgeblich durch die Gruppenlehre von *Flume*[704] beeinflusst, hat der BGH[705] schließlich die Rechtsfähigkeit der Außen-GbR anerkannt und damit die Abkehr vom geschriebenen Recht vollzogen.[706] Spätestens damit wurde die Gesamthand nach Maßgabe eines Prinzips der Vermögenstrennung obsolet.[707] Die zunehmende Rechtsfortbildung kulminierte zuletzt in der Schaffung der umstrittenen Regelungen zur Objektpublizität, vgl. § 47 II GBO a. F., § 899a BGB a. F.[708]

In der Folge dieser Entwicklung war das Recht der GbR durch reine Gesetzeslektüre nicht mehr nachzuvollziehen. Gerade das tradierte Gesamthandsprinzip versteht sich nicht mit der zunehmenden Verselbstständigung der Gesellschaft von ihren Mitgliedern.[709] Letztlich anerkennt der Gesetzgeber auch, dass das aus

---

698 *Fleischer*, DStR 2021, 430, 431; *Hell*, JA 2021, 12, 13.

699 Zur Entbehrlichkeit des Gesamthandsprinzips: BT-Drs. 19/27635, S. 147.

700 BT-Drs. 19/27635, S. 144.

701 Hierzu *Lieder*, ZRP 2021, 34 f.; *Noack*, NZG 2020, 581, 583.

702 *Lieder*, ZRP 2021, 34; *Noack*, NZG 2020, 581, 583.

703 Vgl. BT-Drs. 19/27635, S. 148; *Noack*, NZG 2020, 581, 583; *Lieder*, ZRP 2021, 34; vgl. auch *Wilhelm*, NZG 2020, 1041, 1043 f.; *Tröger/Happ*, NZG 2021, 133 ff.

704 *Flume*, ZHR 136, (1972), 177. „*Den Fenstersturz von 1972 verdanken wir Werner Flume*“, *Karsten Schmidt*, ZHR 177 (2013), 712, 713.

705 BGHZ 146, 341.

706 Aus dem jüngsten Schrifttum vgl. nur: *Fleischer*, DB 2020, 1107, 1108 f.; *Wilhelm*, NZG 2020, 1041 f.

707 Vgl. *Beuthien*, ZGR 2019, 664, 695: „*Wenn schon die GbR ausschließlich selbst Vermögensträger ist, passt schon das Rechtsbild der gesamten Hand nicht mehr.*“

708 Vgl. nur: *Altmeppen*, NJW 2011, 1905, 1909: „vollständig misslungen“; *Altmeppen*, NZG 2017, 1281; *Noack*, NZG 2020 581, 582; *Hermanns*, DNotZ 2022, 3, 5; *Wilhelm*, NZG 2020, 1041. Auch der Gesetzgeber anerkennt die Handlungsbedürftigkeit, vgl. Begr. RegE. vom 20.01.2021, S. 113.

709 Eindrücklich: *Altmeppen*, NZG 2020, 822, 823.

dem 19. Jahrhundert stammende Personengesellschaftsrecht, nicht mehr mit den Bedürfnissen eines modernen Wirtschaftslebens vereinbar ist.[710]

II. Modernes Leitbild

Konsolidierung und Modernisierung proklamiert das MoPeG. Es wandelt „gelebtes" Recht in geschriebenes Recht um.[711] Die Transformation durch Reform wurde seit langem gefordert.[712] Die GbR wird zunehmend der OHG angenähert und versteht sich nun als auf Dauer angelegter Verband.[713] Die Reform postuliert die Rechtsfähigkeit der Außen-GbR auf eine stabile Gesetzesgrundlage zu heben.[714] In diesem Sinne wird in einem ersten Schritt ihre Rechtsfähigkeit (rechtsfähige Gesellschaft) anerkannt, vgl. § 705 Abs. 2 BGB. Das Gesetz löst sich von der Gesamthand und stellt „die Gesellschaft" als maßgebliches Subjekt in den Vordergrund.[715] In einem zweiten Schritt wird auf die unternehmerische Tätigkeit Bezug genommen; bei einer unternehmerisch ausgerichteten GbR besteht eine Vermutung für ihre Rechtsfähigkeit, vgl. § 705 Abs. 3 BGB. Aus dieser Konzeption lässt sich ableiten, dass die rechtsfähige GbR künftig als Leitbild fungieren wird.[716] Die nicht rechtsfähige GbR bildet die Ausnahme hierzu.[717] § 740 Abs. 1 BGB stellt klar, dass diese über kein Vermögen verfügt.[718] Mit der Abkehr von der Gesamthand und der damit einhergehenden Verselbstständigung der Gesellschaft als Zuordnungssubjekt des Verbandsvermögens von den Gesellschaftern,[719] wird der Paradigmenwechsel vom schuldrechtlichen zum organisationsrechtlichen

710 Begr. RegE. vom 20.01.2021, S. 112.

711 *Schirrmacher*, ZHR186 (2022), 250, 251. Vgl. *Lieder*, ZRP 2021, 34; *Kruse*, DStR 2021, 2412; *Habersack*, ZGR 2020, 539, 541; *Bachmann*, NZG 2020, 612; *Bergmann*, DB 2020, 994; grundlegend zum Leitbildwandel: *Fleischer*, DB 2020, 1107 und *Wilhelm*, NZG 2020, 1041.

712 Siehe nur Verhandlung des 71. Deutschen Juristentages, Essen 2016, Band II/2, Teil O: Empfiehlt sich eine grundlegende Reform des Personengesellschaftsrechts?, sowie der mit 43:2:3 angenommene Beschluss zur Reformbedürftigkeit, Beschluss I.1. O 219. Weitere Nachweise bei *Schirrmacher*, ZHR 186 (2022), 250, 251.

713 *Lieder*, ZRP 2021, 34; *Fleischer*, DStR 2021, 430; *Kruse*, DStR 2021, 2412. Von einer „kleinen OHG" spricht *Fleischer*, DB 2020, 1107, 1113.

714 *Fleischer*, DB 2020, 1107, 1109.

715 *Fleischer*, DB 2020, 1107, 1110 f.; *Bachmann*, NJW 2021, 3073, 3075.

716 *Fleischer*, DB 2020, 1107, 1109; *Schulteis*, GWR 2021, 112, 113.

717 *Schulteis*, GWR 2021, 112, 113.

718 Auch kein gesamthänderisch gebundenes Vermögen, vgl. *Schulteis*, GWR 2021, 112, 119.

719 *Lieder*, ZRP 2021, 34; *Lieder*, ZGR 2021, Sonderheft 23, 169, 170.

Denken weiter vollzogen.[720] Zudem schafft der organisationsrechtliche Blickwinkel eine Grundvoraussetzung für die Trennung zwischen Geschäftsführung und Beschlussfassung.[721] Nur die Verselbstständigung des Verbands von seinen Mitgliedern legitimiert eine Abgrenzung von der Willensbildung der Gesellschafter durch Beschlüsse und der Leitung des Verbands durch die Geschäftsführung.[722] Die Gesellschaft wird dadurch als „taugliches Zurechnungssubjekt der kollektiven Willensbildung anerkannt".[723] Die finale Fassung bleibt zwar hinter dem Mauracher Entwurf zurück; für die GbR bleibt es bei dem Feststellungsmodell. Ein verbandsübergreifendes Beschlussmängelrecht nach Maßgabe des Anfechtungsmodells verlange ein Mindestmaß an Formalisierung und Professionalisierung, an welches die GbR im Rahmen einer typisierenden Betrachtungsweise nicht heranreiche.[724] Eine Optierung für das Anfechtungsmodell im Gesellschaftsvertrag ist allerdings möglich.

B. Bewertung der Ergebnisse im Kontext des Leitbildwandels

Einen wesentlichen Beitrag zum Leitbildwandel der GbR hat *Fleischer* geleistet.[725] Den Transformationsprozess fängt er griffig unter Bezugnahme von grundliegenden Strukturprinzipen ein. Im Hinblick auf die Einordung und Bewertung der Notgeschäftsführungsregeln stechen einige seiner Formeln besonders hervor, wobei eine trennscharfe Einordnung aufgrund der bestehenden Überschneidungen nicht veranlasst ist.[726] In diesem Sinne bildet die Entwicklung der GbR vom

720 Vgl. insbesondere *Fleischer*, DB 2020, 1107, 1110 ff., der dem Leitbildwandel in seinen verschiedenen Facetten Farbe verleiht. Eine radikale Trennung der Facetten ist nicht möglich, dennoch fördern die verschiedenen Perspektiven die weitere Leitlinienbildung.

721 *Lieder*, ZRP 2021, 34; *Lieder*, ZGR 2021, Sonderheft 23, 169, 170; *Fleischer*, DB 2020, 1107, 1112; *Nolting*, NJW 2022, 113, 116. Zum neuen Beschlussmängelrecht, vgl. *Drescher*, ZGR 2021, Sonderheft 23, 115.

722 *Lieder*, ZRP 2021, 34; *Lieder*, ZGR 2021, Sonderheft 23, 169, 171; *Fleischer*, DB 2020, 1107, 1112; *Nolting*, NJW 2022, 113, 116.

723 *Nolting*, NJW 2022, 113, 116.

724 Begr. RegE. vom 20.01.2021, S. 124. Kritisch hierzu *Lieder*, ZRP 2021, 34, 35. Zum Reformbedarf des Beschlussmängelrechts bereits: *Lieder*, NZG 2018, 1321. Zur Entwicklung vgl. *Goette/Goette*, DStR 2016, 74.

725 *Fleischer*, DB 2020, 1107, auf dessen Darstellung die Begründung des Regierungsentwurfes explizit Bezug nimmt, vgl. Begr. RegE. vom 20.01.2021, S. 118.

726 Vgl. *Fleischer*, DB 2020, 1107, 1110.

Schuldverhältnis zur rechtsfähigen Personengesellschaft[727] die Basis der weiteren Einordnung, auf der die Entwicklung von der gesamthänderischen Vermögensorganisation zur Rechtsträgerschaft der Gesellschaft[728] aufbaut und die nicht zuletzt in einer Ergänzung um organisationsrechtliche Elemente[729] mündet. In der Sache wird die Rechtsprechung zur rechtsfähigen Außen-GbR unter Aufgabe des Gesamthandsprinzips nachvollzogen. Zuordnungssubjekt des Vermögens ist damit nur die rechtsfähige Gesellschaft, was in § 713 BGB zum Ausdruck kommt. Die Verfestigung der organisationsrechtlichen Ansätze ergänzt die GbR um eine „Anspruchs- und Pflichtendimension"[730] zwischen Gesellschaft und Gesellschaftern und führt die Verselbstständigung der Gesellschaft als Rechtssubjekt fort. Die gesetzliche Implementierung des Organisationsrechts führt zu einer „scharfen Funktionentrennung und Kompetenzverteilung"[731], indem das Verhältnis von Mitgliedern zur Gesellschaft und deren Organen, die Willensbildung und die Finanzverfassung der Gesellschaft koordiniert werden.[732]

I. Bewertung der Notgeschäftsführungsrechte

Die Schaffung eines an § 115 Abs. 2 Halbs. 2 HGB a. F. angelehnten eigenen Notgeschäftsführungsrechts für die GbR überzeugt. Nachdem die GbR als Gesamthandsgemeinschaft sich ohnehin gegen die Übertragung bruchteilsrechtlicher Elemente sträubte, ist die Einführung eines eigenes Notgeschäftsführungsrechts konsequent. Die Notwendigkeit eines Gefahrenabwehrrechts insbesondere bei einer – vom gesetzlichen Leitbild ausgehend – trägen Geschäftsführungsordnung lässt sich nicht leugnen. Das organisationsrechtliche Denken spiegelt sich in dem Zusammenspiel der Notgeschäftsführungsrechte wider. Im Umkehrschluss überzeugt daher auch die primäre Einordnung der Notgeschäftsführungsrechte als Gefahrenabwehrrechte und nicht als Erhaltungsrechte. Die grundsätzliche Anerkennung der Gesellschaft als Zurechnungssubjekt kollektiver Willensbildung manifestiert die gesellschaftsnützige Ausübung der Notgeschäftsführung. Die Funktionentrennung zwischen Geschäftsführung und interner Willensbildung wird durch die umfassende Konsultationspflicht ausgeformt. Droht dem Gesellschaftsvermögen Gefahr, obliegt es nicht primär dem einzelnen Gesell-

727 *Fleischer*, DB 2020, 1107, 1110.
728 *Fleischer*, DB 2020, 1107, 1110.
729 *Fleischer*, DB 2020, 1107, 1112.
730 *Fleischer*, DB 2020, 1107, 1112, vgl. *Wiedemann*, ZGR 1996, 286, 287.
731 *Lieder*, ZGR 2021, Sonderheft 23, 169, 171.
732 *Wiedemann*, ZGR 1996, 286, 287.

schafter (vgl. § 715a BGB), die Gefahr abzuwehren, sondern der Geschäftsführung (§ 715 Abs. 3 BGB). Die Konsultationspflicht vollzieht damit eine Trennung von Verantwortungsbereichen, Geschäftsführung und Willensbildung und manifestiert die bereits erläuterten organisationsrechtlichen Elemente. Die damit gewährleistete Ermessensausübung der Geschäftsführung deckt sich in dieser Hinsicht mit dem zunehmenden Professionalisierungsgrad der Personengesellschaften.[733] Der Dreiklang von Grundlagengeschäften, gewöhnlichen und außergewöhnlichen Geschäften[734] (vgl. §§ 715 Abs. 2, 714 BGB) harmonisiert mit dem Stufenverhältnis und der Einordnung als Gefahrenabwehrrecht, nachdem die Notgeschäftsführung eines nicht geschäftsführungsbefugten Gesellschafters entfällt, sobald die Geschäftsführung eine Entscheidung treffen kann. Denn als gewöhnliche Geschäftsführungsmaßnahme findet die Entscheidung über die Maßnahme auf Ebene der Geschäftsführung statt und tangiert nicht die Willensbildung auf Ebene der Gesellschafter. Die Notgeschäftsführung verhält sich damit kohärent zu der Kompetenzverteilung innerhalb einer organisationsrechtlichen Gestaltung und gestaltet das subsidiäre Verständnis weiter aus.

Die Abkehr vom Erhaltungsinteresse hin zu einem Gefahrenabwehrrecht und dem damit erweiterten Anwendungsbereich der Notgeschäftsführung führt im Ergebnis zu einem flexibleren, leichter zu handhabenden Notgeschäftsführungsrecht. Damit trägt der Gesetzgeber dem Verständnis der GbR von einer zunehmend unternehmenstragenden Gesellschaft Rechnung, ermöglicht er dadurch schließlich größere Handlungsfreiheit und Flexibilität. Die Annäherung zum Recht der OHG[735] und der „Professionalisierung der erwerbswirtschaftlichen Tätigkeit“[736] spiegelt sich damit auch in der Notgeschäftsführung wider.

II. Bewertung der Gesellschafterklage

Die Verselbstständigung der Gesellschaft gegenüber ihren Mitgliedern drückt sich auch in der Kodifizierung der Gesellschafterklage aus. Die subsidiäre Geltendmachung fremder Rechte im Rahmen einer Prozessstandschaft betont den organisationsrechtlichen Gedanken und hebt die Gesellschaft als Zuordnungs-

---

733 Vgl. hierzu *Fleischer*, DB 2020, 1107, 1112 f. Diese Tendenz lässt sich auch in der Aufgabe der diligentia quam in suis erkennen.

734 Vgl. BT-Drs. 19/27635, S. 1148 ff.; *Lieder*, ZGR 2021, Sonderheft 23, 169, 182; *Drescher*, ZGR 2021, Sonderheft 23, 115, 117.

735 Vgl. *Lieder*, ZGR 2021, Sonderheft 23, 169, 171; *Fleischer*, DB 2020, 1107, 1112 f.

736 *Fleischer*, DB 2020, 1107, 1113.

subjekt des Gesellschaftsvermögens hervor.[737] Das vertragsrechtliche Modell nach dem der Gesellschafter seine eigenen Ansprüche aus der Beziehung mit seinen Mitgesellschaftern geltend macht, ist damit überholt.[738] Die subsidiäre Anwendung nur bei pflichtwidrigem Unterlassen der Geschäftsführung unterstreicht zudem die vorrangige Geschäftsführung und leistet einen weiteren Beitrag zur Funktionentrennung. Ein entgegenstehender Wille der Geschäftsführung schließt die Gesellschafterklage daher regelmäßig aus.

Im Detail muss die Gesellschafterklage noch weiter ausgeformt werden, jedoch überzeugt die Normierung, erleichtert sie doch die Institutionenbildung im Personengesellschaftsrecht.[739]

III. Kritik und Ausblick

Das MoPeG wird einheitlich als richtiger Schritt aufgefasst. Wie bei jeder Reformbemühung werden einzelne Regelungskomplexe kritisch bewertet oder bleiben hinter den (An-)Forderungen zurück.[740] Im Hinblick auf die hier thematisierten Notgeschäftsführungsrechte stellt das MoPeG einen begrüßenswerten Richtungswechsel dar. Die Loslösung vom Dogma notwendiger Erhaltungsmaßnahmen entwickelt das Notgeschäftsführungsrecht zu einem reinen Gefahrenabwehrrecht, welches flexibel handhabbar ist und den Vorrang der Geschäftsführung sicherstellt, ohne dadurch im weiteren Sinne an Durchschlagskraft zu verlieren. Stattdessen kann es nun als weites Gefahrenabwehrrecht zugunsten der Gesellschaft fungieren und erfüllt damit seinen primären, angedachten Zweck. Elemente das Individualrechtsschutzes sind nur noch in Ansätzen erkennbar und werden das Notgeschäftsführungsrecht nur noch in Ausnahmefällen beeinträchtigen. Diese können nicht vermieden werden, stellen den Charakter des Notgeschäftsführungsrechts als Gefahrenabwehrrecht aber nicht länger in Frage. In der Konsequenz kann das Notgeschäftsführungsrecht in der Praxis häufiger zur Anwendung gelangen. Billigt die Geschäftsführung die Maßnahme, erfüllt die Notgeschäftsführung ihre zentrale Funktion als Gefahrenabwehrrecht. Billigt sie die Maßnahme nicht oder kommt es hinterher zu Konfliktsituationen, ermöglichen formale Kriterien eine erleichterte, gerichtliche Beurteilung der Kompetenzverteilung.

---

737 *Lieder*, ZGR 2021, Sonderheft 23, 169, 204; *Fleischer*, DB 2020, 1107, 1112.

738 *Fleischer*, DB 2020, 1107, 1112. Vgl. *Lieder*, ZGR 2021, Sonderheft 23, 169, 204: *„Eine Verdoppelung der Ansprüche muss vor diesem Hintergrund gekünstelt erscheinen"*.

739 *Lieder*, ZGR 2021, Sonderheft 23, 169, 204. Vgl. zur Institutionenbildung im Beschlussmängelrecht, *Tröger/Happ*, NZG 2021, 133.

740 Vgl. nur: *Geibel*, ZRP 2020, 137.

Die nachgelagerte Ermessenskontrolle fundiert auf altbekannten Grundsätzen. In diesem Sinne ist zu erwarten, dass die Notgeschäftsführung zukünftig einen breiteren Anwendungsbereich erfahren wird, ohne Anforderungen an eine gerichtliche Überprüfung überzustrapazieren. Punktuell werden Einzelfragen zu klären sein, insbesondere welche Anforderungen an die Konsultationspflicht zu stellen sind, inwieweit sich Gesellschafterklage und Notgeschäftsführung überschneiden können und wie in den Rechtsfolgen der Aufwendungsersatzanspruch nach § 716 Abs. 1 BGB zu handhaben ist.

Diese offenen Fragen sind gleichzeitig auch Anknüpfungspunkt für die Kritik. Ohne ein gefestigtes Verständnis der Konsultationspflicht oder der Notgeschäftsführung als Gefahrenabwehrrecht unter Aufgabe des Dogmas notwendiger Erhaltungsmaßnahmen droht weiter Rechtsunsicherheit. Gerade diese beiden Aspekte sind es, welche die Notgeschäftsführung deutlich von dem Vorgängermodell abgrenzen und in dieser Hinsicht zentral für das organisationsrechtliche Verständnis der Personengesellschaft sind. Insofern hätte die Gesetzesbegründung ein eindeutigeres Verständnis proklamieren können, anstatt sich auf den pauschalen Aussagen zu § 744 Abs. 2 BGB auszuruhen. Dies macht eine Auslegung der Norm nah am Gesetzestext unter Berücksichtigung des rechtshistorisch gewachsenen Telos notwendig. Unter Zugrundelegung der hier gewonnenen Erkenntnisse hofft der Verfasser, dem Leser und Rechtsanwender die Ausgestaltung der Notgeschäftsführung nähergebracht und so einen Beitrag zur praktischen Applikation der Notgeschäftsführung unter dem MoPeG geleistet zu haben.

IV. Zusammenfassung in Thesen

Abschließend lässt sich die kontextuale Einordnung der neuen Regelungen in folgender These zusammenfassen:

19. Das MoPeG leistet einen wesentlichen Beitrag zur Harmonisierung des Personengesellschaftsrechts. Die GbR wird auf gesellschaftsrechtlicher Ebene den Personenhandelsgesellschaften angenähert. Mit den Anforderungen eines modernen Wirtschaftslebens konnte die GbR nicht mehr mithalten. Infolgedessen konnten die §§ 705 ff. BGB a. F. den gewachsenen Rechtsbestand nicht mehr abbilden. Die Konsolidierung des Rechts schafft ein modernes Verständnis der GbR als rechtsfähiges Zuordnungssubjekt, in welchem der organisationsrechtliche Gedanke Einklang gefunden hat. Die Notgeschäftsführung übernimmt diesen organisationsrechtlichen Gedanken. Sie vereint Flexibilität und Rechtssicherheit und vollzieht eine Abgrenzung nach Verantwortungsbereichen. Sie vervollständigt das Bild von einer unternehmenstragenden Gesellschaft und fügt sich in den Gesamtkontext des MoPeG ein.

§ 6 Zusammenfassung aller Ergebnisse in Thesen

Die Ergebnisse dieser Arbeit lassen sich in den abschließenden Thesen darstellen.

1. Die Rechtsordnung kennt verschiedene Notgeschäftsführungsrechte. Sie dienen auf den ersten Blick der Gefahrenabwehr im Interesse des Kollektivs. Eine träge Geschäftsführungsordnung oder deren Handlungsunfähigkeit soll nicht zu einem Schaden führen, der durch rechtzeitiges Tätigwerden eines Dritten im Interesse des Kollektivs vermeidbar gewesen wäre. Die Rechtfertigung der Durchbrechung der zugrundliegenden innerorganisatorischen Ordnung liegt in der Gefahrenlage.
2. Das Handlungsrecht des Einzelnen birgt die Gefahr einer Umgehung der innerorganisatorischen Ordnung. Das Notgeschäftsführungsrecht soll in erster Linie nicht als Instrument zur Umsetzung von Partikularinteressen dienen.
3. Je nach Ausgestaltung des zugrundliegenden Rechtsverhältnisses kennt die Rechtsordnung dem Individuum zugeordnete Rechte, die dem Entscheidungsmonopol des Kollektivs entzogen sind. In Abhängigkeit von der Intensität der verbandsrechtlichen Verbundenheit muss der Einzelne diese Interessen im Rahmen des dafür vorgesehenen Verfahrens geltend machen. Sobald die Maßnahme zeitkritisch ist, stellt sich die Frage, ob das Notgeschäftsführungsrecht dazu genutzt werden kann, die Maßnahme ohne oder sogar gegen den Willen des Kollektivs durchzusetzen. Die Überschneidungen zwischen Maßnahmen im Kollektivinteresse und Partikularinteresse, sowie die unterschiedliche Gewichtung der innerorganisatorischen Ordnung nach Rechtsgebilde, macht eine Abgrenzung schwierig und führt zu Rechtsunsicherheit.
4. Das Notgeschäftsführungsrecht aus § 744 Abs. 2 BGB ist in seiner analogen Anwendung seit jeher von dogmatischen Ungereimtheiten geprägt. Die weitere Rechtsfortbildung erschwert inzwischen eine präzise Bestimmung der Tatbestandsmerkmale. Während das Notgeschäftsführungsrecht der Bruchteilsgemeinschaft der Sicherung des individuellen Erhaltungsinteresse dient, gebieten der Gesellschaftszweck und die Treuepflicht eine gesellschaftsrechtskonforme Auslegung des Erhaltungsinteresses. Das Notgeschäftsführungsrecht im Personengesellschaftsrecht dient daher nicht zur Umsetzung von Partikularinteressen, sondern der Erhaltung im Gesellschaftsinteresse.

5. Die Beurteilung und Bewertung des Gesellschaftsinteresses kann in einer komplexen, durch kaufmännische Ermessensentscheidungen geprägten Interessenabwägung münden. Im Grundsatz obliegt diese bis zur Grenze der Treuwidrigkeit und der Beschlusskompetenz der Geschäftsführung. Eine Notgeschäftsführung darf die gebotene Interessenabwägung der Geschäftsführung nicht unterwandern. Sie ist nur subsidiär zulässig. Ebenso verpflichtet auch die Bindung an die gesellschaftliche Ordnung den Gesellschafter die Umsetzung von Erhaltungsmaßnahmen primär der Geschäftsführung zu überlassen. Die subsidiäre Anwendung drückt sich in dem Kriterium der Eilbedürftigkeit aus. Der Notgeschäftsführer kann nur tätig werden, wenn die Maßnahme so eilbedürftig ist, dass eine Entscheidung der Geschäftsführung nicht mehr erreicht werden kann.
6. Die subsidiäre Anwendung ist zur Aufrechterhaltung der Geschäftsführungsordnung notwendig. Das Verständnis von § 744 Abs. 2 BGB als absolutes Erhaltungsrecht zur Umsetzung „notwendiger Erhaltungsmaßnahmen" im Interesse der Gesellschaft führt dazu, dass der Maßnahme weder verweigerte Zustimmung noch ein Widerspruch entgegengesetzt werden können. Entsprechend kann der Notgeschäftsführer eine eilbedürftige Erhaltungsmaßnahme ohne und gegen den Willen der Geschäftsführung durchsetzen. Eine notwendige Erhaltungsmaßnahme ist aus Treuepflichtgesichtspunkten immer geboten, da sie der privatautonomen Entscheidungshoheit der Geschäftsführung entzogen ist. Die Eilbedürftigkeit schränkt das Notgeschäftsführungsrecht auf formaler Ebene ein. Ein grundsätzlicher Vorrang der Geschäftsführungsordnung geht damit allerdings nicht einher. Denn soweit eine notwendige Erhaltungsmaßnahme vorliegt, kann zumindest ein einzelner gesamtgeschäftsführungsbefugter Gesellschafter die Maßnahme nicht verhindern. Das Notgeschäftsführungsrecht ist somit ein enges, aber wirksames Recht. Dies wirft die Frage auf, ob es richtig sein kann, dass ein Gesellschafter gegen den Willen eines Geschäftsführers tätig werden kann, obwohl der Geschäftsführer nach der inneren Ordnung prinzipiell weiter entscheidungsbefugt ist, als ein nicht geschäftsführungsbefugter Gesellschafter. Die Frage stellt sich umso mehr, als dass eine Notgeschäftsführung aus Gesichtspunkten der Gefahrenabwehr nicht mehr nötig wäre.
7. § 115 Abs. 2 Halbs. 2 HGB a. F. schützte im Gegensatz zu § 744 Abs. 2 BGB nicht das Erhaltungsinteresse, sondern ist allgemeines Instrument der Gefahrenabwehr. Es ist im Vergleich ein weites, aber nicht sehr wirksames Recht. Im Grundsatz entfällt das Notgeschäftsführungsrecht, soweit ein Geschäftsführer seine Zustimmung verweigert.

8. Überschneiden sich Notgeschäftsführungsbefugnisse, weil einer von mehreren Gesamtgeschäftsführer erreicht wurde, kann es zur Kollision zwischen Erhaltungsinteresse und Geschäftsführungsbefugnis kommen. Das Erhaltungsinteresse setzt sich hierbei auf materiell-rechtlicher Ebene durch, da der Geschäftsführung diesbezüglich keine Entscheidungskompetenz zusteht.
9. Differenzen um Geschäftsführungsmaßnahmen lassen sich nicht vermeiden. Liegt eine notwendige Erhaltungsmaßnahme tatsächlich vor, ist das „Ob“ der Maßnahme der Entscheidungskompetenz der Geschäftsführung entzogen. Problematisch ist, dass es kaum Anknüpfungspunkte für die Bewertung einer solchen Maßnahme gibt. Wann eine notwendige Erhaltungsmaßnahme vorliegt, lässt sich pauschal nicht beantworten und bestimmt sich nach dem Gesellschaftszweck und der im Einzelfall relevanten Umstände.
10. § 115 Abs. 2 Halbs. 2 HGB a. F. trug diesem Umstand Rechnung, indem die Entscheidungskompetenz der Geschäftsführung zunächst unterstellt wird. Dadurch wird eine vorrangige Ermessensausübung zugelassen. Im Anschluss daran kann gefragt werden, ob dieses Ermessen fehlerhaft ausgeübt wurde. Ein solches Vorgehen erleichtert die Beurteilung der Notwendigkeit einer Maßnahme und legt die primäre Interessenabwägung in die Hände der dazu berufenen Gesellschafter. Liegt eine notwendige Erhaltungsmaßnahme vor, stellen sich die gleichen Probleme wie im Rahmen des § 744 Abs. 2 BGB.
11. Die Notgeschäftsführungsrechte sollten nicht primärer Austragungsort von Gesellschafterstreitigkeiten sein. Das MoPeG hat insofern Vorsorge zu tragen, dass derartige Streitigkeiten soweit möglich, vermieden werden und für ein klares Verhältnis zwischen Notgeschäftsführung und Geschäftsführung zu sorgen.
12. Die neuen Regelungen zur Notgeschäftsführung implementieren eine gefahrenbezogene Auslegung der Befugnisse. Der Gesetzgeber vollzieht damit einen Paradigmenwechsel. Das bruchteilsrechtliche Verständnis der Notgeschäftsführung als Instrument zur Durchsetzung von notwendigen Erhaltungsmaßnahmen wird zugunsten eines flexibleren, moderneren, gesellschaftsrechtlichen Verständnisses der Notgeschäftsführungsrechte als Gefahrenabwehrrechte aufgegeben. In diesem Sinne indizieren die Normen eine Abkehr vom Dogma der notwendigen Erhaltungsmaßnahmen.
13. Mit der Abkehr vom Dogma notwendiger Erhaltungsmaßnahmen erweitert sich der Anwendungsbereich der Vorschriften erheblich. Als Instrumente der Gefahrenabwehr sind sie nun vielseitig einsetzbar und ermöglichen eine Gefahrenabwehr zugunsten der Gesellschaft in Fällen, in denen die innerorganisatorische Ordnung zu einer Handlungsunfähigkeit der Gesellschaft

führt. Ob die Maßnahme für den Erhalt der Gesellschaft notwendig ist, spielt nach dem MoPeG keine Rolle mehr. Als Orientierung dient insoweit § 115 Abs. 2 Halbs. 2 HGB a. F.

14. Der Gefahr einer Umgehung der Geschäftsführungsordnung, die mit dem erweiterten Anwendungsbereich der Vorschriften einhergeht, wird durch eine umfassende Konsultationspflicht Rechnung getragen. Ein nicht geschäftsführungsbefugter Gesellschafter kann eine eilbedürftige Maßnahme nur vornehmen, wenn er keinen geschäftsführungsbefugten Gesellschafter erreichen konnte. Ebenso ersetzen die unechten Notgeschäftsführungsbefugnisse nur die Zustimmung derjenigen Geschäftsführer, die nicht rechtzeitig erreicht werden konnten. So wird die Einhaltung der Geschäftsführungsordnung grundsätzlich gewährleistet.
15. Als umfassende Gefahrenabwehrrechte können die Notgeschäftsführungsrechte eine Vielzahl von möglichen Fällen umfassen. In der Konsequenz des erweiterten Anwendungsbereichs wird die Frage, „ob" und „wie" eine Gefahr abgewehrt werden soll stets von einem kaufmännischen Ermessen geprägt sein. Die Konsultationspflicht stellt sicher, dass dieses Ermessen von der Geschäftsführung ausgeübt werden kann.
16. Infolge des vom Erhaltungsinteresse losgelösten Verständnisses sperrt eine verweigerte Zustimmung im Grundsatz das Notgeschäftsführungsrecht. Während die echte Notgeschäftsführung nach § 715a BGB schon tatbestandlich eine Kollision von Erhaltungsinteresse und Geschäftsführungsordnung ausschließt, verbleibt es im Rahmen der unechten Notgeschäftsführungsrechte bei den Grundsätzen der Gesamtgeschäftsführungsbefugnis: Bei einer verweigerten Zustimmung muss das Geschäft unterbleiben.
17. Ein vom Erhaltungsinteresse losgelöstes Verständnis der Notgeschäftsführungsrechte eröffnet die Möglichkeit einer Ermessenskontrolle. Im Gegensatz zu dem Festhalten am Dogma der notwendigen Erhaltungsmaßnahme, die einer Ermessensausübung von vorneherein entzogen ist, kann so eine Bewertung anhand altbekannter Grundsätze erfolgen. Ist die Notgeschäftsführungsmaßnahme aus Treuegesichtspunkten geboten, ist die verweigerte Zustimmung unbeachtlich. Der Geschäftsführer handelt jedoch auf eigenes Risiko.
18. Als flexible Gefahrenabwehrrechte fügen sich die neuen Regelungen zur Notgeschäftsführung in das Bild eines modernen Personengesellschaftsrechts ein. Das kaufmännische Geschäftsführerermessen wird gestärkt und hebt die Geschäftsführung als Treiber wirtschaftlichen Fortschritts hervor. Anstatt vorrangig die Notwendigkeit einer (Erhaltungs-)Maßnahme zu bewerten,

wird die Maßnahme anhand einer bewährten Ermessenskontrolle beurteilt. Dadurch wird der Geschäftsführung der Vorrang eingeräumt, ohne den Gedanken des Individualrechtsschutzes vollständig aufzugeben oder zu beschränken. Die Frage, wann eine Maßnahme notwendig sein soll, lässt sich unter der Berücksichtigung von Gesellschafterinteressen und Gesellschaftsinteresse im Rahmen einer komplexen, wirtschaftlich geprägten Entscheidungskultur ohnehin nicht rechtssicher beantworten. Im Vergleich zu einer an der Treuepflicht ausgerichteten Ermessenskontrolle liefert die Frage nach einer notwendigen Erhaltungsmaßnahme keinen Mehrwert.

19. Das MoPeG leistet einen wesentlichen Beitrag zur Harmonisierung des Personengesellschaftsrechts. Die GbR wird auf gesellschaftsrechtlicher Ebene den Personenhandelsgesellschaften angenähert. Mit den Anforderungen eines modernen Wirtschaftslebens konnte die GbR nicht mehr mithalten. Infolgedessen konnten die §§ 705 ff. BGB a. F. den gewachsenen Rechtsbestand nicht mehr abbilden. Die Konsolidierung des Rechts schafft ein modernes Verständnis der GbR als rechtsfähiges Zuordnungssubjekt, in welchem der organisationsrechtliche Gedanke Einklang gefunden hat. Die Notgeschäftsführung übernimmt diesen organisationsrechtlichen Gedanken. Sie vereint Flexibilität und Rechtssicherheit und vollzieht eine Abgrenzung nach Verantwortungsbereichen. Sie vervollständigt das Bild von einer unternehmenstragenden Gesellschaft und fügt sich in den Gesamtkontext des MoPeG ein.

Literaturverzeichnis

Altmeppen, Holger — Kritischer Zwischenruf zum „Mauracher Entwurf“, NZG 2020, 822; zit.: *Altmeppen*, NZG 2020, 822.

ders. — Neue Verwirrung um das Grundstückseigentum der GbR – zugleich Besprechung von BGH, Beschluss vom 13.7.2017 – V ZB 136/16, NZG 2017, 1257 – NZG 2017, 1281; zit.: *Altmeppen*, NZG 2017, 1281.

ders. — Rechtsentwicklung der GbR trotz § 899a BGB nicht aufzuhalten, NJW 2011, 1905; zit.: *Altmeppen*, NJW 2011, 1905.

Bachmann, Gregor — Das Gesetz zur Modernisierung des Personengesellschaftsrechts, NJW 2021, 3073; zit.: *Bachmann*, NJW 2021, 3073.

ders. — Zum Entwurf eines Gesetzes zur Modernisierung des Personengesellschaftsrechts (MoPeG), NZG 2020, 612; zit.: *Bachmann*, NZG 2020, 612.

Barnert, Thomas — Die Gesellschafterklage im dualistischen System des Gesellschaftsrechts, Tübingen 2003; zit.: *Barnert*, Gesellschafterklage.

Bartholomeyczik, Horst — Willensbildung, Willensverwirklichung und das Gesamthandsprinzip in der Miterbengemeinschaft, Festschrift für Rudolf Reinhardt zum 70. Geburtstag, herausgegeben von Pleyer, Klemens; Schultz, Dietrich; Schwinge, Erich; Köln 1972, 13; zit.: *Bartholomeyczik*, in: Festschrift Reinhardt 1972, 13.

BeckOGK BGB — beck-online.GROSSKOMMENTAR BGB herausgegeben von Gsell, Beate; Krüger, Wolfgang; Lorenz, Stephan; Reymann, Christoph u.a.; Stand 01.05.2019; München 2021; zit.: *Bearbeiter*, in: BeckOGK, BGB.

BeckOGK HGB beck-online.GROSSKOMMENTAR HGB herausgegeben von Herresthal, Carsten; Henssler, Martin; Paschke, Marian; Stand 15.07.2021; München 2021; zit.: *Bearbeiter*, in: BeckOGK, HGB.

BeckOGK WEG Beck-online.GROSSKOMMENTAR WEG herausgegeben von Krüger, Wolfgang, Stand 01.03.2022; München 2022; zit.: *Bearbeiter*, in: BeckOGK, WEG.

BeckOK BGB Beck'scher Online Kommentar BGB, herausgegeben von Hau, Wolfgang; Poseck, Roman; 68. Edition, Stand 01.11.2023, München 2023; zit.: *Bearbeiter*, in: BeckOK, BGB.

BeckOK BGBnF Beck'scher Online Kommentar BGB, herausgegeben von Hau, Wolfgang; Poseck, Roman; 70. Edition, Stand 01.05.2024, München 2023; zit.: *Bearbeiter*, in: BeckOK, BGB 2024.

BeckOK HGB Beck'scher Online Kommentar HGB, herausgegeben von Häublein, Martin; Hoffmann-Theinert, Roland; 40. Edition, Stand 01.07.2023, München 2023; zit.: *Bearbeiter*, in: BeckOK, HGB.

BeckOK HGBnF Beck'scher Online Kommentar HGB, herausgegeben von Häublein, Martin; Hoffmann-Theinert, Roland; 43. Edition, Stand 01.07.2024, München 2024; zit.: *Bearbeiter*, in: BeckOK, HGB 2024.

BeckOK WEG Beck'scher Online Kommentar WEG, herausgegeben vonHogenschurz, Johannes; 57. Edition, Stand 15.07.2024, München 2024; zit.: *Bearbeiter*, in: BeckOK, WEG.

BeckOK ZPO Beck'scher Online Kommentar ZPO, herausgegeben von Vorwerk, Volkert; Wolf, Christian; 53. Edition, Stand 01.07.2024, München 2024; zit: *Bearbeiter*, in: BeckOK, ZPO.

Bengel, Manfred Die Notgeschäftsführung bei der Gesellschaft bürgerlichen Rechts und bei der Erbengemeinschaft, ZEV 2002, 484; zit.: *Bengel*, ZEV 2002, 484.

Bergmann, Andreas — Das Notgeschäftsführungsrecht analog § 744 Abs. 2 BGB, WM 2019, 189; zit.: *Bergmann*, WM 2019, 189.

ders. — Der Mauracher Gesetzentwurf der Expertenkommission für die Modernisierung des Personengesellschaftsrechts, Der Betrieb 2020, 994; zit.: *Bergmann*, DB 2020, 994.

Beuthien, Volker — Die Gesamthand – was ist das eigentlich? – Die kühle Antwort des BGB –, ZGR 2019, 664; zit.: *Beuthien*, ZGR 2019, 664.

BGB-RGRK — Das Bürgerliche Gesetzbuch mit besonderer Berücksichtigung der Rechtsprechung des Reichsgerichts und des Bundesgerichtshofes; Band II, 4. Teil §§ 631–811; 12. Auflage, Berlin, New York 1978; zit.: *Bearbeiter*, in: BGB-RGRK.

Blöse, Jochen — Die Notgeschäftsführungsbefugnis des GbR-Gesellschafters: Spielräume und Grenzen, GStB 2018, 402; zit.: *Blöse*, GStB 2018, 402.

Bork, Reinhard
Oepen, Klaus — Einzelklagebefugnisse des Personengesellschafters, ZGR 2001, 515; zit.: *Bork/Oepen*, ZGR 2001, 515.

Bub, Wolf-Rüdiger — Die Instandhaltung und Instandsetzung des gemeinschaftlichen Eigentums – dringende Maßnahmen, ZWE 2009, 245; zit.: *Bub*, ZWE 2009, 245.

ders.
Pramataroff, Nikolay — Urteilsanmerkung zu BGH, Urteil vom 14.06.2019 – V ZR 254/17, FD-MietR 2019, 420749; zit.: *Bub/Pramataroff*, FD-MietR 2019, 420749.

Burandt, Wolfgang
Rojahn, Dieter — Beck'sche Kurzkommentare, Erbrecht, 4. Auflage, München 2022; zit.: *Bearbeiter*, in: Burandt/Rojahn, ErbR.

Diederichsen, Uwe — Zur Geltendmachung von Gesellschaftsforderungen durch den nichtgeschäftsführungsbefugten BGB=Gesellschafter, MDR 1963, 632; zit.: *Diederichsen*, MDR 1963, 632.

Drescher, Ingo Beschlussmängelrecht, Modernisierung des Personengesellschaftsrechts: Der Mauracher Entwurf in der Fachdiskussion, ZGR 2021, Sonderheft 23, 115; zit.: *Drescher*, ZGR 2021, Sonderheft 23, 115.

Ebenroth, Carsten
Boujong, Karlheinz
Joost, Detlev
Ebenroth/Boujong/Joost, Handelsgesetzbuch,

- Band 1, §§ 1–342e herausgegeben von Joost, Detlev; Strohn, Lutz; 4. Auflage, München 2020; zit.: *Bearbeiter*, in: EBJS, HGB.
- Band 1, §§ 1–342e herausgegeben von Joost, Detlev; Strohn, Lutz; Poelzig, Dörte; Sander, Volker; 5. Auflage, München 2024; zit.: *Bearbeiter*, in: EBJS, HGB 2024.

Eberl-Borges, Christina Die Erbauseinandersetzung, Tübingen 2000; zit.: *Eberl-Borges*, Erbauseinandersetzung.

Erman Bürgerliches Gesetzbuch herausgegeben von Westermann, Harm Peter; Grunewald, Barbara; Maier-Reimer, Georg; 15. Auflage, Köln 2017; zit.: *Bearbeiter*, in: Erman, BGB.

Falkner, Melanie Das Ermessen der Wohnungseigentümer bei Verwaltungsentscheidungen und dessen Grenzen, ZWE 2023, 237; zit.: *Falkner*, ZWE 2023, 237.

Fleischer, Holger Aufwendungs- und Verlustersatz im geltenden und künftigen Personengesellschaftsrecht, BB 2020, 2114; zit.: *Fleischer*, BB 2020, 2114.

ders. Ein Rundgang durch den Regierungsentwurf eines Gesetzes zur Modernisierung des Personengesellschaftsrechts, DStR 2021, 430; zit.: *Fleischer*, DStR 2021, 430.

ders. Kompetenzüberschreitungen von Geschäftsleitern im Personen- und Kapitalgesellschaftsrecht – Schaden – rechtmäßiges Alternativverhalten – Vorteilsausgleichung, DStR 2009, 1204; zit.: *Fleischer*, DStR 2009, 1204.

ders. Leitbildwandel im Recht der BGB-Gesellschaft – Ein erster Rundgang durch den Mauracher Entwurf zur Modernisierung des Personengesellschaftsrechts -, DB 2020, 1107; zit.: *Fleischer*, DB 2020, 1107.

ders. *Danninger, Nadja* Der Sorgfaltsmaßstab in der Personengesellschaft (§ 708 BGB) – Rechtsgeschichte – Rechtsdogmatik – Rechtsvergleichung – Rechtspolitik, NZG 2016, 481; zit.: *Fleischer/Danninger*, NZG 2016, 481.

ders. *Harzmeier, Lars* Die actio pro socio im Personengesellschaftsrecht – Traditionslinie, Entwicklungsverläufe, Zukunftsperspektiven -, ZGR 2017, 239; zit.: *Fleischer/Harzmeier*, ZGR 2017, 239.

Flume, Werner Allgemeiner Teil des Bürgerlichen Rechts – Erster Band/Erster Teil – Die Personengesellschaft, Berlin, Heidelberg, New York 1977; zit.: *Flume*, Personengesellschaft.

ders. Gesellschaft und Gesamthand, ZHR 136 (1972), 177; zit.: *Flume*, ZHR 136 (1972), 177.

Frieser, Andreas *Potthast, Cornel* Aufwendungsersatz in der Erbengemeinschaft – Ansprüche bei unabgestimmten Maßnahmen einzelner Miterben, NJW 2021, 124; zit.: *Frieser/Potthast*, NJW 2021, 124.

Ganssmüller, Helmut Anmerkung zu BGH, Urteil vom 10.01.1963 – II ZR 95/61, NJW 1963, 641, 644; zit.: *Ganssmüller*, NJW 1963, 641.

ders. Zur Konkurrenz der Gesamthands- und der Gesamthänderklage, insbesondere bei der Personalgesellschaft, Der Betrieb 1954, 860; zit.: *Ganssmüller*, DB 1954, 860.

Geibel, Stefan Mauracher Entwurf zum Personengesellschaftsrecht – Ein Gesetzgebungsvorschlag mit gewissen Widersprüchen, ZRP 2020, 137; zit.: *Geibel*, ZRP 2020, 137.

Genius, Klaus — Risikohaftung des Geschäftsherrn, AcP 173 (1973), 481; zit.: *Genius*, AcP 173 (1973), 481.

Glasenapp, Wulf — Verletzung der Geschäftsführungsbefugnisse eines Gesellschafters der Personengesellschaft, Augsburg, 1970; zit.: *Glasenapp*, Verletzung der Geschäftsführungsbefugnisse.

Goette, Wulf
Goette, Maximilian — Mehrheitsklauseln im Personengesellschaftsrecht, DStR 2016, 74; zit.: *Goette/Goette*, DStR 2016, 74.

Gramlich, Ludwig
Müssig, Peter — Ansprüche der Gesellschafter einer offenen Handelsgesellschaft auf Ersatz von Aufwendungen und Verlusten gem. § 110 HGB – Spezifische Ausprägungen einer Risikozurechnung, NZG 2019, 1333; zit.: *Gramlich/Müssig*, NZG 2019, 1333.

Großmann, Lars — Das System des Aufwendungsersatzes im Personengesellschaftsrecht, NZG 2019, 456; zit.: *Großmann*, NZG 2019, 456.

Grüneberg, Christian — Bürgerliches Gesetzbuch mit Nebengesetzen, Beck'sche Kurzkommentare, Band 7, 83. Auflage, München 2024; zit.: *Bearbeiter*, in: Grüneberg.

Grunewald, Barbara — Die Gesellschafterklage in der Personengesellschaft und der GmbH, Tübingen 1990; zit.: *Grunewald*, Gesellschafterklage.

dies. — Die Notgeschäftsführungsbefugnis – ein allgemeines Prinzip des Bürgerlichen Rechts?, Streit und Streitvermeidung im Familienunternehmen, Festschrift für Lutz Aderhold zum 70. Geburtstag herausgegeben von Freiherr von Erffa, Hubertus; Lehleiter, Gunther; Prigge, Thorsten; Köln 2021, 89; zit.: *Grunewald*, in: Festschrift Aderhold 2021, 89.

dies.
Otte, Daniel — Klagen von Personengesellschaftern gegen Gesellschaftsexterne, ZIP 2017, 1737; zit.: *Grunewald/Otte*, ZIP 2017, 1737.

Habersack, Mathias Modernisierung des Personengesellschaftsrechts – aber wie?, ZGR 2020, 539; zit.: *Habersack*, ZGR 2020, 539.

Habersack, Mathias
Schäfer, Carsten Das Recht der OHG, Kommentierung der §§ 105 bis 160 HGB, 2. Auflage, Berlin/Boston 2019; zit.: *Bearbeiter*, in: Habersack/Schäfer, HGB.

Hadding, Walther Actio pro socio – Die Einzelklagebefugnis des Gesellschafters bei Gesamthandsansprüchen aus dem Gesellschaftsverhältnis, Marburg 1966; zit.: *Hadding*, Actio pro socio.

ders. Zur Abgrenzung von Gläubigermehrheiten und Bruchteilsgemeinschaft an einer Forderung, Festschrift Claus Wilhelm Canaris zum 70. Geburtstag, Band I, 2007, 379; zit.: *Hadding*, in: Festschrift Canaris, 2007, 379.

ders. Zur Einzelklagebefugnis des Gesellschafters einer Personalgesellschaft, Juristenzeitung 1975, 159; zit.: *Hadding*, JZ 1975, 159.

ders. Zur Mehrheit von Gläubigern nach § 432 BGB, Festschrift für Ernst Wolf zum 70. Geburtstag, Köln, Berlin, Bonn, München 1985, 107; zit.: *Hadding*, in: Festschrift Wolf, 1985, 107.

Heckschen, Heribert Der so genannte „Mauracher Entwurf" – ein positiver Schritt zur Reform des Personengesellschaftsrechts, NZG 2020, 761; zit.: *Heckschen*, NZG 2020, 761.

ders. Nächster Schritt zur Reform des Personengesellschaftsrechts genommen – Referentenentwurf zum MoPeG vorgestellt, GWR 2021, 1; zit.: *Heckschen*, GWR 2021, 1.

Hell, Patrick Grundzüge und Modernisierung des Rechts der Gesellschaft bürgerlichen Rechts (GbR), JA 2021, 12; zit.: *Hell*, JA 2021, 12.

Henssler, Martin Gesellschaftsrecht:
Strohn, Lutz

- 5. Auflage, München 2021; zit.: *Bearbeiter*, in: Henssler/Strohn, Gesellschaftsrecht.
- 6. Auflage, München 2024; zit.: *Bearbeiter*, in: Henssler/Strohn, Gesellschaftsrecht 2024.

Hermanns, Marc Gesetz zur Modernisierung des Personengesellschaftsrechts (MoPeg) – Entstehung und Überblick, DNotZ, 2022, 3; zit.: *Hermanns*, DNotZ 2022, 3.

Heymann, Ernst Handelsgesetzbuch, Großkommentar:

- Zweiter Band §§ 105 bis 237 herausgegeben von Horn, Norbert; Balzer, Peter; Borges, Georg; Herrmann, Harald; 3. Auflage, Berlin/Boston 2020; zit.: *Bearbeiter*, in: Heymann (2020), HGB.
- Zweiter Band §§ 105 bis 237 herausgegeben von Norbert Horn, 2. Auflage, Berlin/New York 1996; zit.: *Bearbeiter*, in: Heymann (1996), HGB.

HGB-RGRK Kommentar zum Handelsgesetzbuch früher herausgegeben von Mitgliedern des Reichsgerichts, Zweiter Band (§§ 105–177, §§ 335–342): Das Recht der offenen Handelsgesellschaft, der Kommanditgesellschaft und der stillen Gesellschaft, bearbeitet von Reichsgerichtsrat Otto Weipert; 2. Auflage, Berlin 1950; zit.: *Weipert*, in: HGB-RGRK.

Hippeli, Michael Das Widerspruchsrecht der Mitgeschäftsführer im Personengesellschaftsrecht, Juristische Ausbildung 2017, 1192; zit.: *Hippeli*, Jura 2017, 1192.

Hopt, Klaus Beck'sche Kurzkommentare, Band 9, Handelsgesetzbuch mit GmbH & Co., Handelsklauseln, Bank- und Kapitalmarktrecht, Transportrecht (ohne Seerecht), bearbeitet von Hopt, Klaus; Kumpan, Christoph; Leyens, Patrick; Merkt, Hanno; Roth, Markus

– 42. Auflage, München 2023; zit.: *Bearbeiter*, in: Hopt, HGB.

– 43. Auflage, München 2024; zit.: *Bearbeiter*, in: Hopt, HGB 2024.

Huber, Ulrich Vermögensanteil, Kapitalanteil und Gesellschaftsanteil an Personalgesellschaften des Handelsrechts, Heidelberg 1970, zit.: *Huber*, Gesellschaftsanteil.

Hueck, Alfred Das Recht der offenen Handelsgesellschaft, 2. Auflage, Berlin, 1951; zit.: *Hueck*, Recht der OHG.

ders. Inwieweit besteht eine gesellschaftliche Pflicht des Gesellschafters einer Handelsgesellschaft zur Zustimmung zu Gesellschafterbeschlüssen?, ZGR 1972, 237; zit.: *Hueck*, ZGR 1972, 237.

Jauernig Jauernig Bürgerliches Gesetzbuch Kommentar herausgegeben von Stürner, Rolf; 19. Auflage, München 2023; zit.: *Bearbeiter*, in: Jauernig, BGB.

Jülicher, Friedrich Mehrheitsgrundsatz und Minderheitenschutz bei der Erbengemeinschaft: Zum Abschluß von Verpflichtungsgeschäften im Rahmen ordnungsmäßiger Verwaltung des Nachlasses, AcP 175 (1975), 143; zit.: *Jülicher*, AcP 175 (1975), 143.

jurisPK-BGB juris Praxiskommentar BGB, Band 2 – Schuldrecht herausgegeben von Herberger, Maximilian; Martinek, Michael; Rüßmann, Helmut; Weth, Stephan; Würdinger, Markus; 10. Auflage, Saarbrücken 2023; zit.: *Bearbeiter*, in: jurisPK-BGB.

Keller, Christoph Die Zulässigkeit der Gesellschafterklage bei der Personengesellschaft, ZJS 2022, 469; zit.: *Keller*, ZJS 2022, 469.

Kemen, Klaus Stimmrecht und Interessenkollision in der BGB-Gesellschaft, der Bruchteils- und der Erbengemeinschaft, Frankfurt am Main, Berlin, Bern, New York, Paris, Wien 1992; zit.: *Kemen*, Stimmrecht und Interessenkollision.

Koller, Ingo Aufwendungsersatz und Drittgläubigerforderungen bei Personenhandelsgesellschaften, Festschrift für Apostolos Georgiades zum 70. Geburtstag herausgegeben von Stathopoulus u.a., München u.a. 2006, 671; zit.: *Koller*, in: Festschrift Georgiades 2006, 671.

Kort, Michael Actio pro socio auch bei Klagen gegen Nicht-Gesellschafter, DStR 2001, 2162; zit.: *Kort*, DStR 2001, 2162.

Kruse, Cornelius Das Gesetz zur Modernisierung des Personengesellschaftsrechts (MoPeG) und seine Auswirkungen aus Praktikersicht, DStR 2021, 2412; zit.: *Kruse*, DStR 2021, 2412.

Kumkar, Lea Katharina Zum Theorienstreit im Recht der actio pro socio, ZGR 2021, 123; zit.: *Kumkar*, ZGR 2021, 123.

Lehmann, Heinrich Anmerkung zu RG, Urteil vom 30.07.1935 – II 134/35 – Berlin, Juristische Woche 1935, 3298; zit.: *Lehmann*, JW 1935, 3298.

Lettl, Tobias Die Anpassung von Personengesellschaftsverträgen (GbR, oHG) aufgrund von Zustimmungspflichten der Gesellschafter: zugleich ein Beitrag über die Wechselseitigkeit von Selbstbestimmung und Selbstverantwortung, AcP 202 (2002), 3; zit.: *Lettl*, AcP 202 (2002), 3.

Lieder, Jan Geschäftsführung und Vertretung im modernisierten Personengesellschaftsrecht; Modernisierung des Personengesellschaftsrechts: Der Mauracher Entwurf in der Fachdiskussion, ZGR 2021, Sonderheft 23, 169; zit.: *Lieder*, ZGR 2021, Sonderheft 23, 169.

ders. Modernisierung des Personengesellschaftsrechts, Der Regierungsentwurf des MoPeG in der rechtspolitischen Analyse, ZRP 2021, 34; zit.: *Lieder*, ZRP 2021, 34.

ders. Reform des gesellschaftsrechtlichen Beschlussmängelrechts – Eine Nachlese zum 72. Deutschen Juristentag 2018 in Leipzig, NZG 2018, 1321; zit.: *Lieder*, NZG 2018, 1321.

Löhnig, Martin Geschäftsführung und Vertretung bei der Erbengemeinschaft, JA 2007, 262; zit.: *Löhnig*, JA 2007, 262.

Lutter, Marcus Theorie der Mitgliedschaft: Prolegomena zu einem Allgemeinen Teil des Korporationsrechts, Archiv für civilistische Praxis 180 (1980), 84; zit.: *Lutter*, AcP 180 (1980), 84.

Mock, Sebastian Die Gesellschafterklage (actio pro socio), JuS 2015, 590; zit.: *Mock*, JuS 2015, 590.

Münchener Anwaltshandbuch Erbrecht Münchener Anwaltshandbuch Erbrecht herausgegeben von Scherer, Stephan; 6. Auflage, München 2024; zit.: *Bearbeiter*, in: MAH ErbR.

Münchener Anwaltshandbuch Personengesellschaftsrecht Münchener Anwaltshandbuch Personengesellschaftsrecht herausgegeben von Gummert, Hans; 4. Auflage 2023; zit.: *Bearbeiter*, in: MAH PersGesR.

Münchener Handbuch des Gesellschaftsrechts Münchener Handbuch des Gesellschaftsrechts

- herausgegeben von Gummert, Hans; Weipert, Lutz; Band 1: BGB-Gesellschaft, Offene Handelsgesellschaft, Partnerschaftsgesellschaft, Partenreederei, EWIV, 5. Auflage, München 2019; zit.: *Bearbeiter*, in: MünchHdB GesR I.
- herausgegeben von Gummert, Hans; Schäfer, Carsten; Band 1: BGB-Gesellschaft, Offene Handelsgesellschaft, Partnerschaftsgesellschaft, EWIV, 6. Auflage, München 2024; zit.: *Bearbeiter*, in: MünchHdB GesR I 2024.

Münchener Kommentar zum Bürgerlichen Gesetzbuch

Münchener Kommentar zum Bürgerlichen Gesetzbuch herausgegeben von Säcker, Franz Jürgen; Rixecker, Roland; Oetker, Hartmut; Limperg, Bettina

- Band 3: Schuldrecht – Allgemeiner Teil II, 9. Auflage, München 2022; zit.: *Bearbeiter* in MünchKommBGB.
- Band 7: Schuldrecht – Besonderer Teil IV, §§ 705–853, Partnerschaftsgesellschaftsgesetz, Produkthaftungsgesetz, 8. Auflage, München, 2020; zit.: *Bearbeiter*, in: MünchKommBGB.
- Band 7: Schuldrecht – Besonderer Teil IV, §§ 705–853, Partnerschaftsgesellschaftsgesetz, Produkthaftungsgesetz, 9. Auflage, München, 2024; zit.: *Bearbeiter*, in: MünchKommBGB 2024.
- Band 8: Sachenrecht §§ 854–1296, WEG, ErbbauRG, 9. Auflage, München 2023; zit.: *Bearbeiter*, in: MünchKommWEG.
- Band 11: Erbrecht, §§ 1952–2385, §§ 27–35 BeurkG, 9. Auflage, München 2022; zit.: *Bearbeiter*, in: MünchKommBGB.

Münchener Kommentar zum Handelsgesetzbuch

Münchener Kommentar zum Handelsgesetzbuch herausgegeben von Drescher, Ingo; Fleischer, Holger; Schmidt, Karsten

- Band 2: Zweites Buch. Handelsgesellschaften und stille Gesellschaft, Erster Abschnitt. Offene Handelsgesellschaft, §§ 105–160, 5. Auflage, München 2022; zit.: *Bearbeiter*, in: MünchKommHGB.
- Band 2: Zweites Buch. Handelsgesellschaften und stille Gesellschaft, Erster Abschnitt. Offene Handelsgesellschaft, §§ 105–160, 4. Auflage, München 2016; zit.: *Bearbeiter*, in: MünchKommHGB (2016).

Mugdan, Benno — Die gesammten [sic] Materialien zum Bürgerlichen Gesetzbuch für das Deutsche Reich, Band II, Recht der Schuldverhältnisse, Berlin 1899; zit.: *Mugdan*, Band II.

ders. — Die gesammten [sic] Materialien zum Bürgerlichen Gesetzbuch für das Deutsche Reich, Band V, Erbrecht, Berlin 1899; zit.: *Mugdan*, Band V.

Musielak, Hans-Joachim
Voit, Wolfgang — Zivilprozessordnung mit Gerichtsverfassungsgesetz, Kommentar herausgegeben von Musielak, Hans-Joachim Voit, Wolfgang; 21. Auflage, München 2024; zit.: *Bearbeiter*, in: Musielak/Voit, ZPO.

Nentwig, Martin — Kein Notgeschäftsführungsrecht analog § 744 II BGB bei möglicher Gefahrenabwehr durch Inanspruchnahme der Mitgesellschafter, Besprechung von BGH, Urteil vom 26.6.2018 – II ZR 205/16, GWR 2018, 330; zit.: *Nentwig*, GWR 2018, 330.

Nitschke, Manfred — Die Geltendmachung von Gesellschaftsforderungen durch den einzelnen Gesellschafter einer Personengesellschaft (Gesamthänderklage), ZHR 128 (1966), 48; zit.: *Nitschke*, ZHR 128 (1966), 48.

Noack, Max — Von Maurach in die Welt – Der Gesetzentwurf der Expertenkommission zur Modernisierung des Personengesellschaftsrechts im Überblick, NZG 2020, 581; zit.: *Noack*, NZG 2020, 581.

Nolting, Ekkehard — Anfechtungsklage gegen Beschlüsse im Personengesellschaftsrecht und deren Fixierung, NJW 2022, 113; zit.: *Nolting*, NJW 2022, 113.

Oetker, Hartmut — Handelsgesetzbuch Kommentar, herausgegeben von Oetker, Hartmut,

- 7. Auflage, München 2021; zit.: *Bearbeiter*, in: Oetker, HGB.
- 8. Auflage, München 2024; zit.: *Bearbeiter*, in: Oetker, HGB 2024.

Prinz, Ulrich *Kahle, Holger*	Beck'sches Handbuch der Personengesellschaften – Gesellschaftsrecht – Steuerrecht, herausgeben von Prinz, Ulrich; Kahle, Holger; 5. Auflage, München 2020; zit.: *Bearbeiter*, in: Beck Hdb. PersG.
Raiser, Thomas	Das Recht der Gesellschafterklagen, ZHR 153 (1989), 1; zit. *Raiser*, ZHR 153 (1989), 1.
Reichert, Jochem *Winter, Martin*	Die „Abberufung" und Ausschließung des geschäftsführenden Gesellschafters der Publikums-Personengesellschaft – Zugleich Besprechung der BGH-Entscheidung vom 09.11.1987 – II ZR 100/87, BB 1988, 159; BB 1988, 981; zit.: *Reichert/Winter*, BB 1988, 981.
Reinicke, Dietrich *Tiedtke, Klaus*	BGH, 21.03.1985 – VII ZR 148/83. Zur Verjährungsunterbrechung durch Klageerhebung eines Bruchteileigentümers, Juristenzeitung, 1985, 888; zit.: *Reinicke/Tiedtke*, JZ 1985, 888.
Roth, Wolfgang	Notverwaltungsmaßnahmen in der Erbengemeinschaft, NJW-Spezial 2020, 39; zit.: *Roth*, NJW-Spezial 2020, 39.
Rühlicke, Lars	Gesamthand, rechtsfähige Personengesellschaft, juristische Person und Wohnungseigentümergemeinschaft – Ein Beitrag zur Dogmatik der Rechtsfähigkeit, ZWE 2007, 261; zit.: *Rühlicke*, ZWE 2007, 261.
Schäfer, Carsten	Empfiehlt sich eine grundlegende Reform des Personengesellschaftsrechts?, NJW-Beilage 2016, 45; zit.: *Schäfer*, NJW-Beilage 2016, 45.
Schirrmacher, Carsten	Der Haftungsmaßstab in der Personengesellschaft nach dem MoPeG, ZHR 186 (2022), 250; zit.: *Schirrmacher*, ZHR 186 (2022), 250.
ders.	Notgeschäftsführung in der Personengesellschaft, NJW 2018, 3348; zit.: *Schirrmacher*, NJW 2018, 3348.

Schlegelberger, Franz Schlegelberger Handelsgesetzbuch Kommentar, Band III/1. Halbband, §§ 105–160, erläutert von Geßler, Ernst; Hefermehl, Wolfgang; Hildebrandt, Wolfgang; Schröder, Georg; Martens, Klaus-Peter; Schmidt, Karsten; 5. Auflage, München, 1992; zit.: *Bearbeiter*, in: Schlegelberger, HGB.

Schmid, Michael Minderheitenschutz im Wohnungseigentumsrecht – Ausgleich für die Vergesellschaftung des Wohnungseigentums, namentlich unter Heranziehung der Wertungen des AGB-Rechts, NZM 2011, 865; zit.: *Schmid*, NZM 2011, 865.

Schmidt, Karsten Gesellschaftsrecht, 4. Auflage, Köln, Berlin, Bonn, München 2002; zit.: *Karsten Schmidt*, Gesellschaftsrecht.

ders. Gesellschaftsrecht und Zivilprozessrecht: Verhältnis der actio pro socio zur Klage der Gesellschaft – Rechtsmissbrauch; Anmerkung zu BGH, Versäumnisurteil vom 22.01.2019 – II ZR 143/17, NZG 2019, 702; JuS 2019, 817; zit.: *Karsten Schmidt*, JuS 2019, 817.

ders. Neuregelung des Rechts der Personengesellschaften -Vorüberlegungen für eine konsistente Reform -, ZHR 177 (2013), 712; zit.: *Karsten Schmidt*, ZHR 177 (2013), 712.

Schnellbacher, Felix Der Hamburg Karlsruher Fenstersturz, ZWE 2019, 484; zit.: *Schnellbacher*, ZWE 2019, 484.

Schnorr, Randolf Die Gemeinschaft nach Bruchteilen (§§ 741–758 BGB), Tübingen 2004; zit.: *Schnorr*, Bruchteilsgemeinschaft.

Schulteis, Thomas Das Recht der Gesellschaft bürgerlichen Rechts nach dem Regierungsentwurf zum Personengesellschaftsrechtsmodernisierungsgesetz – MoPeG, GWR 2021, 112; zit.: *Schulteis*, GWR 2021, 112.

Schulze, Reiner Bürgerliches Gesetzbuch, Handkommentar, 12. Auflage, Baden-Baden 2024; zit.: *Bearbeiter*, in: Schulze, BGB.

Sester, Peter Treupflichtverletzung bei Widerspruch und Zustimmungsverweigerung im Recht der Personenhandelsgesellschaften, Baden-Baden 1996; zit.: *Sester*, Treupflichtverletzung.

Skauradszun, Dominik Anmerkung zu BGH, Urteil vom 25.09.2015 – V ZR 246/14 in NJW 2016, 1310; zit.: *Skauradszun*, NJW 2016, 1314.

ders. Das Verhältnis der rechtsfähigen Gemeinschaft zu den Wohnungseigentümern und die Nadelöhrdoktrin, ZWE 2020, 105; zit.: *Skauradszun*, ZWE 2020, 105.

Soergel Bürgerliches Gesetzbuch mit Einführungsgesetz und Nebengesetzen:

- Band 5/3, Schuldrecht 3/3 (§§ 328–432) herausgegeben von Pfeiffer, Thomas, 13. Auflage, Stand August 2009, Stuttgart 2010; zit.: Bearbeiter, in: Soergel (2010), BGB.
- Band 11/1, Schuldrecht 9/1 (§§ 705–758 BGB), herausgegeben von Hadding, Walther, 13. Auflage, Stuttgart 2012; zit.: *Bearbeiter*, in: Soergel (2012), BGB.
- Band 4, Schuldrecht III §§ 705–853, herausgegeben von Siebert, Wolfgang, 11. Auflage, Stuttgart, Berlin, Köln, Mainz, 1985; zit.: *Bearbeiter*, in: Soergel (1985), BGB.

Sommer, Michael Die Notgeschäftsführung oder: Wenn sich die Gemeinschaft in Not befindet; WEG-Novelle 2020 Erfahrungen und Erkenntnisse, Festschrift für Michael Drasdo zum 65. Geburtstag herausgegeben von Burgmair, Alice; Heilmann, Beate; Martin, Christine; München 2023, 235; zit.: *Sommer*, in: Festschrift Drasdo 2023, 235.

Staub Handelsgesetzbuch Großkommentar begründet von Herrmann Staub, Dritter Band §§ 105–160, 5. Auflage, Berlin 2009, herausgegeben von Canaris, Claus-Wilhelm; Habersack, Mathias; Schäfer, Carsten; zit.: *Bearbeiter*, in: Staub, HGB.

Staudinger Kommentar zum Bürgerlichen Gesetzbuch mit Einführungsgesetz und Nebengesetzen

- Buch 2, Recht der Schuldverhältnisse, §§ 397–432 (Erlass, Abtretung, Schuldübernahme, Mehrheit von Schuldnern und Gläubigern); Neubearbeitung 2022 von Busche, Jan; Looschelders, Dirk und Rieble, Volker; Berlin 2022; zit.: Staudinger/*Bearbeiter* (2022).
- Buch 2 Recht der Schuldverhältnisse §§ 705–740 (Gesellschaftsrecht), 13. Bearbeitung 2003 von Habermeier, Stefan; zit.: Staudinger/*Bearbeiter* (2003).
- Buch 2, Recht der Schuldverhältnisse, §§ 741–764 (Gemeinschaft, Leibrente, Spiel); Neubearbeitung 2021, von Eickelberg, Liebrecht, von Proff und Schönenberg-Wessel; Berlin 2021; zit.: Staudinger/*Bearbeiter* (2021).
- Buch 2, Recht der Schuldverhältnisse §§ 741 764; Neubearbeitung 2008 von Engel, Norbert; Langhein, Gerd Hinrich; Mayer, Jörg; zit.: Staudinger/*Bearbeiter* (2008).
- Zweites Buch, Recht der Schuldverhältnisse §§ 741–764, Dreizehnte Bearbeitung 1996 von Amann, Hermann; Engel, Norbert; Langhein, Gerd-Hinrich; zit.: Staudinger/*Bearbeiter* (1996).
- Zweites Buch, Recht der Schuldverhältnisse §§ 741–822 erläutert von Amann, Hermann; Engel, Norbert; Horn, Norbert; Huber, Ulrich; Lorenz, Werner; Marburger, Peter; 12. Auflage, Berlin 1986; zit.: Staudinger/*Bearbeiter* (1986).

- Fünftes Buch, Erbrecht §§ 1967–2063 (Rechtsstellung des Erben), Neubearbeitung von 2020, Dobler, Kathrin; Kunz, Lena; Raff, Thomas; Löhnig, Martin; Marotzke, Wolfgang; zit.: Staudinger/*Bearbeiter* (2020).

Storz, Johanna — Der Mauracher Entwurf für ein Gesetz zur Modernisierung des Personengesellschaftsrechts (MoPeG), GWR 2020, 257; zit.: *Storz*, GWR 2020, 257.

Teichmann, Arndt — Die Personengesellschaft als Rechtsträger, Archiv für civilistische Praxis 179 (1979), 475; zit.: *Teichmann*, AcP 179 (1979), 475.

Tröger, Tobias
Happp, Benedikt — Unzulängliche Institutionenbildung im Beschlussmängelrecht der Personengesellschaft, NZG 2021, 133; zit.: *Tröger/Happ*, NZG 2021, 133.

Ulrich, Carolin
Jäckel, Holger — Drittfeststellungsklagen im Gesellschaftsrecht und ihre Überschneidung mit der actio pro socio, NZG 2009, 1132; zit.: *Ulrich/Jäckel*, NZG 2009, 1132.

Verhandlungen des 71. Deutschen Juristentages — Verhandlungen des 71. Deutschen Juristentages, Essen 2016 herausgegeben von der ständigen Deputation des Deutschen Juristentages, Band II/2, Sitzungsberichte – Diskussion und Beschlussfassung, München 2017, Teil O: Empfiehlt sich eine grundlegende Reform des Personengesellschaftsrechts?

- zit.: *Teilnehmer*, in: 71. Deutscher Juristentag 2016.
- zit.: 71. Deutscher Juristentag 2016, Beschluss.

Wertenbruch, Johannes — Die Vertretung der GbR in der Reform des Personengesellschaftsrechts, NZG 2019, 407; zit.: *Wertenbruch*, NZG 2019, 407.

Wicke, Hartmut — Mehrheitsentscheidung in Personengesellschaften, MittBayNot 2017, 125; zit.: *Wicke*, MittBayNot, 2017, 125.

Wiedemann, Herbert — Die Personengesellschaft – Vertrag oder Organisation?, ZGR 1996, 286; zit.: *Wiedemann*, ZGR 1996, 286.

ders. — Zu den Treuepflichten im Gesellschaftsrecht, Festschrift für Theodor Heinsius zum 65. Geburtstag herausgegeben von Friedrich Kübler, Berlin, New York 1991, 949; zit.: *Wiedemann*, in: Festschrift Heinsius 1991, 949.

Wilhelm, Jan — Paradigmenwechsel im Recht der bürgerlichrechtlichen Gesellschaft – Der Mauracher Entwurf eines Gesetzes zur Modernisierung des Personengesellschaftsrechts, NZG 2020, 1041; zit.: *Wilhelm*, NZG 2020, 1041.

Zöller, Richard — Zivilprozessordnung mit FamFG (§§ 1–185, 200–270) und Gerichtsverfassungsgesetz, den Einführungsgesetzen, mit Internationalem Zivilprozessrecht, EuGVVO und weiteren EU-Verordnungen, Kostenanmerkungen, Kommentar, 35. Auflage, Köln 2024; zit.: *Bearbeiter*, in: Zöller, ZPO.

Zöllner, Wolfgang — Die Schranken mitgliedschaftlicher Stimmrechtsmacht bei den privatrechtlichen Personenverbänden, München und Berlin 1963; zit.: *Zöllner*, Schranken mitgliedschaftlicher Stimmrechtsmacht.

ders. — Die sogenannten Gesellschafterklagen im Kapitalgesellschaftsrecht, ZGR 1988, 392; zit.: *Zöllner*, ZGR 1988, 392.

Zühlsdorff, Marcel — Kein Ersatzanspruch des Wohnungseigentümers bei irrtumsbedingt selbst vorgenommener Instandsetzung von gemeinschaftlich verwaltetem Eigentum, LMK 2019, 421239; zit.: *Zühlsdorff*, LMK 2019, 421239.

www.ingramcontent.com/pod-product-compliance
Ingram Content Group UK Ltd.
Pitfield, Milton Keynes, MK11 3LW, UK
UKHW022101051026
15623UKWH00003B/615

9 783631 929261